पाठकों की ओर से 'इफ़ ट्रुथ बी टोल्ड' किताब की प्रशंसा

''इस किताब को पढ़ते हुए मैं रोया, मुस्कराया और हँसा भी। मुझे निराशा, दुविधा तथा आनंद जैसे भाव महसूस हुए। मुझे किताब पढ़ने में बहुत मज़ा आया।''

–अनुगत महापात्रा

''परमेश्वर का आभार कि हम ऐसे महान संत के युग में जी रहे हैं। यह किताब आपको जीवन के प्रत्येक क्षेत्र में प्रेरणा देगी।''

–शुभम चौहान

''यह उनकी श्रेष्ठ कृतियों में से एक है। यदि आप उनके किसी शिष्य से बात करेंगे तो वे असंख्य बार इसका उल्लेख करेंगे। यह इतनी अच्छी है❤।''

–अनन्या हज़ारिका

''यदि आप आध्यात्मिक व्यक्ति नहीं हैं, तो भी आपको यह किताब पढ़ने में बहुत आनंद आएगा। मैंने जब इसे पढ़ना आरंभ किया, तो मैं इसे छोड़ नहीं पाई। मुझे यह देखकर बहुत अच्छा लगा कि लेखक ने अपने सांसारिक जीवन के साथ-साथ आध्यात्मिक जीवन पर भी प्रकाश डाला है। साथ ही, नक़ली गुरुओं के साथ उनके अनुभव भी साझा किए हैं। मुझे यह बात भी बहुत पसंद आई कि अंत में यह किताब पाठकों पर किसी विशेष आदर्श को नहीं थोपती, अपितु उन्हें अपना मार्ग स्वयं बनाने के लिए प्रेरित करती है।''

–श्रीलक्ष्मी

''इस किताब को पढ़ते हुए आपको लगता है कि वे, हम में से ही एक हैं। फिर भी श्रेष्ठ हैं, सर्वोत्तम हैं। उन्होंने अध्यात्म के प्रति सच्चे दृष्टिकोण को उजागर किया है। इस किताब को पढ़ने के बाद सबसे महत्त्वपूर्ण भाव यह उठता है कि प्रत्येक व्यक्ति निर्वाण प्राप्त कर सकता है, ईश्वर तक पहुँच सकता है।''

–सुहास जलगांवकर

''मैं ओम स्वामी की किताब पढ़कर विस्मित हूँ। वह एक समर्पित, परिश्रमी, सकारात्मक एवं शुद्ध आत्मा हैं। उनसे बहुत कुछ सीखा जा सकता है। इस किताब ने मेरे भीतर यह प्रश्न उठाया है कि मैं अपने वर्तमान जीवन में क्या कर रहा हूँ और यदि मैं समर्पित होकर कार्य करूँ, तो मैं क्या कुछ प्राप्त कर सकता हूँ। सचमुच, कुछ भी असंभव नहीं है।''

–गिरीश शेखर

''यह अत्यंत प्रेरणादायक और बहुत अच्छी किताब है।''

–साहिल

''इस किताब ने मेरे भीतर आशा और सकारात्मकता की किरण जगाई है। मैं स्वामी जी की बहुत आभारी हूँ, जिन्होंने मुझे उन बातों का स्मरण कराया, जिन्हें मैं जिया करती थी – प्रत्येक चीज़ का आनंद लेना, वर्तमान क्षण में जीना और जीवन को युद्ध या प्रतिस्पर्धा की तरह नहीं देखना।''

–आशी

''बहुत बढ़िया किताब। इसे सभी को अवश्य पढ़ना चाहिए। ओम स्वामीजी का धन्यवाद।''

–अनुराग सिंह

''एक प्रेरणादायक संस्मरण।''

–अरविंद कुमार

''मैंने अपने जीवन में पहली बार कोई किताब पूरी पढ़ी है। मुझे बहुत ख़ुशी है कि मैंने इसे पढ़ा और इससे मुझे एक अंतर्दृष्टि प्राप्त हुई है।''

–अमित शुक्ला

''मैं कुछ वर्षों से साधना कर रहा हूँ। मैंने ओम स्वामी के प्रवचन सुने हैं और इस किताब को पढ़ने के बाद सत्य की खोज करने का मेरा संकल्प और दृढ़ हुआ है। इसने मुझे अपने लिए सही मार्ग चुनने और उस पर चलने के लिए प्रेरित किया है। मैं इस किताब की अनुशंसा करता हूँ। यह नेत्रों के लिए उपहार है तथा सीधे आत्मा को तृप्त करती है।''

–सदानंद

''हर बार मैं जब यह किताब पढ़ता हूँ, तो मुझे कुछ नई जानकारी मिलती है। मैं पूर्ण निष्ठा तथा सच्चाई के साथ कह सकता हूँ कि यह किताब किसी भी सजग पाठक को परिवर्तित कर सकती है। यह किताब सत्य की खोज करने के मानवीय प्रयास में कालजयी कृतियों में अपना स्थान बनाएगी। संभव है कि यह अपने लिए वह स्थान पहले ही बना चुकी हो!''

–अमरेंद्र ओम कुमार शर्मा

''यह ऐसी किताब है, जो सबको पढ़नी चाहिए... आत्मकथात्मक लेखन का सर्वश्रेष्ठ उदाहरण।''

–रवि कृष्णमूर्ति

''यह किताब आध्यात्मिक पथ पर बढ़ने की इच्छा को प्रज्ज्वलित करती है... यह उन लोगों के लिए बहुत अच्छी किताब है, जो पहले से दिव्यता की खोज कर रहे हैं।''

–अर्चना जी

''यह उन सब लोगों को पढ़नी चाहिए, जो जीवन का वास्तविक अर्थ जानना चाहते हैं और भौतिकतावादी जगत एवं आध्यात्मिक संसार के बीच सत्य की खोज करने के इच्छुक हैं।''

–अभीर धर

''आत्म-साक्षात्कार के लक्ष्य के प्रति एक दृष्टिकोण बनाने के लिए इस किताब को अवश्य पढ़ना चाहिए। इसमें कठोर सत्य को सरल ढंग से वर्णित किया गया है।''

–संजीव शुक्ला

''यह किताब निष्पक्ष ढंग से सकारात्मक और नकारात्मक दोनों तरह के विचारों और भावनाओं को व्यक्त करती है, जिनका सामना व्यक्ति को आत्म-साक्षात्कार की राह पर करना पड़ता है। यह किताब आपको जहाज़ चलाने की विधि के बारे में अधिक जानकारी नहीं देती, किन्तु यह अवश्य बताती है कि तट छोड़ने के बाद आगे की किन चुनौतियों, मार्ग में होने वाली कौन-सी उथल-पुथल, और कैसे-कैसे विस्मयकारी अनुभवों का आपको सामना करना पड़ सकता है। अंत में, यह आपको उस सुंदर और आनंदमय द्वीप के विषय में भी बताती है, जहाँ आप पहुँच सकते हैं।''

–रविकांत एम

''यह किताब आपको सत्य खोजने के लिए प्रेरित करेगी और उस मार्ग पर चलने के लिए प्रेरित करेगी, जिस पर कम ही लोग जा पाते हैं। यह किताब सदा मेरे लिए प्रेरणा और प्रोत्साहन का स्रोत रहेगी।''

–शालिनी

''यह किताब प्रत्येक साधक को अवश्य पढ़नी चाहिए। यह एक अविश्वसनीय यात्रा एवं अवर्णनीय रहस्योद्घाटन है। यह सदा मेरा मार्गदर्शन करेगी।''

–कुशाग्र

''यह मेरे लिए अब तक के सर्वश्रेष्ठ संस्मरणों में से एक है। ओम स्वामी अपनी प्रत्येक बात में बहुत सच्चे हैं और उनके जीवन से बहुत कुछ सीखा जा सकता है।''

–राम

हिमालय में तेरह मास

एक भिक्षु का साधना-वृत्तान्त

ओम स्वामी

अनुवाद : आशुतोष गर्ग

MANJUL

मंजुल पब्लिशिंग हाउस

MANJUL

मंजुल पब्लिशिंग हाउस

कॉरपोरेट एवं संपादकीय कार्यालय

• द्वितीय तल, उषा प्रीत कॉम्प्लेक्स, 42 मालवीय नगर, भोपाल-462 003

विक्रय एवं विपणन कार्यालय

• सी-16, सेक्टर 3, नोएडा, उत्तर प्रदेश, 201301

वेबसाइट : www.manjulindia.com

वितरण केन्द्र

अहमदाबाद, बेंगलुरू, कोच्चि, कोलकाता, चेन्नई,
हैदराबाद, मुम्बई, नई दिल्ली, पुणे

ओम स्वामी द्वारा लिखित मूल पुस्तक
Thirteen Months In The Himalayas का हिन्दी अनुवाद

Thirteen Months In The Himalayas by Om Swami - Hindi Edition

यह हिन्दी संस्करण 2025 में पहली बार प्रकाशित
तृतीय आवृत्ति 2026

ISBN 978-93-5543-644-3

आवरण रूपरेखा : रजतवीर सिंह
लेखक चित्र : आनंद बी. कुमार

अनुवाद : आशुतोष गर्ग

मुद्रण व जिल्दसाज़ी : रेप्रो इंडिया लिमिटेड

इस पवित्र भारतवर्ष में सनातन धर्म के अनुयायियों ने मुझे संत, स्वामी, गुरु तथा और न जाने और कितनी प्रेम-भरी उपाधियाँ दे डालीं। परंतु हे देवी माँ, आप और मैं दोनों जानते हैं कि ऐसा मेरी योग्यता नहीं, अपितु उनके प्रेम मात्र के कारण है। आज भी, आपका यह अज्ञानी पुत्र आपके दर्शन एवं शरण को ही अपना परम लाभ मानता है।

सो सब तव प्रताप रघुराई, नाथ न कछू मोरि प्रभुताई।

यह सब तो हे रघुनाथ जी, आपका प्रताप है।
इसमें मेरी शक्ति कुछ नहीं है।

***–रामचरितमानस**, 5.33.5*

नारायणः परो ज्योतिरात्मा नारायणः परः,
नारायणः परो ध्याता ध्यानं नारायणः परः।
यच्च किञ्चिजगत्सर्वं दृश्यते श्रूयतेऽपि वा,
अन्तर्बहिश्च तत्सर्वं व्याप्त नारायणः स्थितः।

नारायण सर्वोच्च प्रकाश, सर्वोच्च चेतना हैं। वे सर्वश्रेष्ठ ध्यानी और ध्यान हैं। इस ब्रह्मांड में जो कुछ भी देखा, सुना या अनुभव किया जाता है, वह सब भीतर और बाहर के संसार में नारायण के अलावा कुछ नहीं है।

–नारायण सूक्तम, स्व–अनूदित

विषय-सूची

प्रस्तावना

आप वन को जलाना चाहें अथवा माचिस की तीली को, लेकिन उसका आरंभ एक चिंगारी से ही होता है। यह हम सबके भीतर होती है। चिंगारी। वह निष्क्रिय, जीवन के बोझ तले सुप्तावस्था में हो सकती है अथवा संभव है कि वह आत्म-संदेह के नीचे दबी पड़ी हो, परंतु वह होती अवश्य है। उन्मत्तता की चिंगारी।

और यह हम पर निर्भर है कि हमारे भय और आस-पास के नकारात्मक लोगों द्वारा यह चिंगारी बुझा दी जाए, उसके पहले हम उन्माद की इस चिंगारी को भीषण दावानल में परिवर्तित कर दें। अत: वास्तविक चुनौती, इस चिंगारी को खोजने की नहीं, अपितु इसे बुझने न देने की है। और मैं अपनी आध्यात्मिक खोज के दौरान यही करने का प्रयास कर रहा था: चिंगारी को सुरक्षित रखना।

मैं सदा इस बात पर विचार करता था कि मुझे मंत्र साधना से शास्त्रों में वर्णित परिणाम क्यों नहीं मिल पाए। एक जुआरी की भाँति, जो अपनी क्षति-पूर्ति की आशा में पराजय स्वीकार नहीं करता, मैं साधना के प्रयास करता चला गया। मैंने सोचा, संभवत: एक दिन मेरी चेतना के पटल पर सभी पाँचों छवियाँ उन्हीं देवी माँ की होंगी, और कोई बड़ा पारितोषिक सामने दिख जाएगा।

आख़िर, मेरे गुरु नागा बाबा ने एक बार मुझसे कहा था, *'अँधेरे में भी पत्थर मारते रहेंगे, कभी एक बार तो निशाने पर लगेगा।'*

एक बार।

यही मुख्य बात है। साधना के मार्ग पर आपको मात्र 'एक बार' सही होने की आवश्यकता है। यदि आप एक बार भी सही हो गए, तो वह अनुभव आपको सदा के लिए परिवर्तित कर देगा। एक गेंदबाज़ को बल्लेबाज़ को आउट करने के लिए केवल एक अच्छी गेंद की आवश्यकता होती है, हालाँकि उस 'एक बार' सही को पाने के लिए जीवन-भर तैयारी करनी पड़ सकती है।

मैं सामान्य बच्चे की तरह मन में आशा एवं स्वप्न के साथ बड़ा हुआ, परंतु मैं वास्तव में अपने जीवन का उद्देश्य, यदि वह कुछ होता है, समझना चाहता था। *मैं यहाँ क्यों हूँ?* बालपन से ही मंत्रों के संपर्क में रहने के कारण, मैं साधना के मार्ग की ओर आकर्षित हुआ, और मेरे लिए यही वह चिंगारी थी। भौतिक समृद्धि और सफलता, हालाँकि सरलता से प्राप्त नहीं होतीं, फिर भी साधना की तुलना में उनकी प्राप्ति बच्चों का खेल प्रतीत होती थी।

श्रीकृष्ण कहते हैं, *'आत्मानेव आत्मनतुष्ट, स्थितप्रज्ञ तत् उचयते।'* इसका अर्थ है कि जो पार चला गया, उसी का अपनी चेतना में निवास होता है।

मेरे भीतर आनंद का सागर कभी अपर्याप्त सिद्ध नहीं हुआ। मैं हिम के अंतहीन मैदान में भटकने वाला एकमात्र ध्रुवीय भालू था। मेरी उन्मत्तता की चिंगारी यह थी कि मैं अपनी भौतिक संपदा को आध्यात्मिक निधि के साथ बदलना चाहता था। मैं यह जानने को उत्सुक था कि क्या कोई अब भी मानव जाति को ज्ञात वेदों में वर्णित परम सत्य को प्राप्त कर सकता है। देवी माँ की गोद में खेलने तथा परम चेतना की सतत अवस्था का अनुभव करने की तीव्र इच्छा मुझे पूर्ण रूप से लील गई थी।

मुझे पता था कि एक दिन मेरे शरीर में पहले-सी ऊर्जा नहीं रहेगी और संभवत: मेरा मस्तिष्क पहले जैसा उत्साहित नहीं रहेगा, अत: मैं सदैव ही तत्परता के साथ कार्य करता था। मैंने तीस वर्ष की आयु में साधना के मार्ग पर चलने के लिए प्रत्येक वस्तु और प्रत्येक व्यक्ति को त्याग दिया। मैंने वह सब पीछे छोड़ दिया, जिससे मैं प्रेम करता था और मैंने जो कुछ भी मेहनत से बनाया था, मानो मुझे किसी की परवाह नहीं थी। और मुझे सचमुच किसी की परवाह नहीं थी। हिमालय में व्यतीत मेरे उन तेरह माह का प्रत्येक पल, निराशा और गंभीरता से परिपूर्ण था।

अपना संस्मरण (इफ़ ट्रुथ बी टोल्ड, 2014) लिखने के दस वर्ष के उपरांत, मैं अपने वचनानुसार, रिक्तियों को भरने के लिए अपनी किताब लेकर उपस्थित हूँ।

नहीं, दस वर्ष के लंबे अंतराल को भरने के लिए नहीं, अपितु हिमालय में व्यतीत किए गए तेरह माह की स्मृतियों की पूर्ति करने के लिए। आपके हाथों में जो किताब है, वह कोई साधना की मार्गदर्शिका नहीं है, अपितु एक प्रकार का यात्रा-वृत्तांत है।

ध्यान रहे, इस किताब को लिखने में मुझे सात वर्ष लग गए। मैंने जुलाई 2017 में इस पर कार्य करना आरंभ कर दिया था। एक अध्याय को छोड़कर इसे लिखना कठिन नहीं था। वह था, अध्याय 18 - *तूफ़ान से पहले शांति।* मैं इस पर सात वर्ष तक विचार करता रहा। जी हाँ, सात वर्ष!

परम चेतना का मेरा अनुभव, इतना विस्तृत और परिवर्तनकारी था कि मैंने इसे बहुत लंबे समय तक सँभालकर रखा। मैं अठारहवें अध्याय को छोड़कर, शेष

अध्यायों को लिखता रहा। और फिर 2019 से 2024 तक, मुझे उस एक अध्याय को लिखने में छह बार एकांतवास में रहना पड़ा (मैं अपना अधिकांश समय एकांतवास में व्यतीत करता हूँ)। मैं कुछ ही वाक्य लिख पाता कि मेरी चेतना फिर से उस दिन में पहुँच जाती। मेरी आँखें अश्रुओं से भर जातीं, मैं आनंद में डूब जाता तथा मुझे अपने आस-पास के भौतिक जगत की सुध-बुध तक नहीं रहती थी। मेरे लिए शेष दिन-भर, एक भी शब्द और लिख पाना असंभव हो जाता। अनेक दिनों पर तो मैंने यह आशा ही छोड़ दी कि मैं उस दर्शन की व्याख्या करने में सक्षम भी हो पाऊँगा।

ध्यान रहे कि इस संदर्भ में आशा का खो जाना, गाड़ी की चाबी खो जाने जैसा नहीं, अपितु घास के ढेर में सुई खो जाने के समान था।

आप में से बहुत-से लोगों ने मुझे अनेक अवसरों पर उस दर्शन के विषय में बोलने को कहा है। मेरा विश्वास कीजिए, मैं जान-बूझकर स्वयं को रोकने का प्रयास नहीं कर रहा था और न ही इसे आपके साथ साझा न करने के पीछे मेरा कोई निजी उद्देश्य था, परंतु मुझे पता था कि मुझे इसे सावधानीपूर्वक और धीरे-धीरे अपने से बाहर निकालना होगा। आप अपने जीवन-काल में कई बोतल रक्तदान कर सकते हैं, किन्तु आप यह काम एक बार में नहीं कर सकते, भले ही आप कितने भी उत्सुक या स्वस्थ क्यों न हों। इस अनुभव को एक बार में कह डालने के बाद मुझे इस शरीर को तुरंत त्याग देने की इच्छा होती, क्योंकि मेरी आत्मा, परमात्मा में विलीन होने के लिए तत्पर हो जाती।

और हाँ, यदि किसी को इस पर संदेह है, तो मैं आपको लिखित में यह दे सकता हूँ, भले ही आपको विश्वास न हो, मैं स्वेच्छा से सात मिनट से भी कम समय में अपना शरीर त्याग सकता हूँ। मैंने सदा ही अपने बारे में सब कुछ कम करके कहा है, विशेषकर जब बात ओम स्वामी की क्षमता की होती है। मुझे चकाचौंध से दूर रहने में शांति और प्रसन्नता मिलती है। मुझे विद्यालय में भी पीछे की बेंच पर बैठकर अपने शिक्षक को आश्चर्यचकित करना अच्छा लगता था। मैं उस छात्र जैसा नहीं था, जो पहली पंक्ति में बैठकर प्रतिभाशाली दिखना चाहता है। मैं सदा ही कोई बड़ा दावा करने से बचता रहा हूँ, यहाँ तक ऐसा दावा भी, जो पूर्णतः सत्य हो, परंतु केवल इस बार, मैं अपनी इस अनिच्छा को दूर करते हुए आपको यह बताने की अनुमति चाहता हूँ कि मैंने नारायण के दर्शन के विषय में इसलिए कुछ नहीं कहा, क्योंकि उनके पावन स्मरण के बिना मेरे पास जीने का कोई कारण शेष नहीं है। यही कारण है कि मुझे इसे लिखने में सात वर्ष लग गए, और इसीलिए मैंने इसे काग़ज़ पर लिखने के बाद इसकी पुनः समीक्षा नहीं की। मैंने अपने सबसे प्रिय आध्यात्मिक अनुभव को यह प्रथम और अंतिम बार लिपिबद्ध किया है।

मैं इस किताब में आपके साथ अपना अनुभव 'साझा' अवश्य कर रहा हूँ, परंतु यह इसे संसार को स्थानांतरित करने के समान है। यह अब मेरे पास नहीं रहा। मैंने अपनी सबसे महत्त्वपूर्ण वस्तु को स्वयं से अलग कर दिया है। मेरी निधि का कोहिनूर अब आपके दर्शन के लिए एक साहित्यिक संग्रहालय (इस किताब) में रखा रहेगा। किसी भी दिव्य अनुभव की पवित्रता उसी क्षण समाप्त हो जाती है, जिस क्षण हम अपने चेतन मस्तिष्क द्वारा उसे समझने और वर्णित करने की चेष्टा करते हैं। तथापि मुझे लगा कि यह मुझ पर आपका ऋण है। मुझे इसका कारण नहीं पता, परंतु मुझे लगता है कि मैंने जो किया है, आप भी वही करने के लिए प्रेरित हो सकते हैं। इस संसार में आगे बढ़ने के लिए, मुझे लगता है, मैं भी वही करूँगा, जो सारा संसार करता है; सांसारिक कार्य, जिससे मैं अपने आस-पास के जगत में प्रासंगिकता प्राप्त कर सकूँ। साथ ही, मैं एकांत में अधिक समय व्यतीत करूँगा, जिससे मैं आपके लिए उपयोगी हो सकूँ, क्योंकि मुझे आपकी अधिक सेवा करने के लिए एकांत की आवश्यकता है। संभवत: यही मूल्य है, जो आपको और मुझे चुकाना होगा।

इस किताब के पीछे मेरा उद्देश्य, हिमालय में की गई अपनी साधना के दिनों को पुन: जीना है, परंतु इस बार एक मुख्य अंतर है। आप मेरे सहयात्री हैं। अपने सत्य के मूल्य का प्रतिपादन करने के दौरान मैं चाहता हूँ कि आप मेरे जीवन की सबसे महत्त्वपूर्ण यात्रा में मेरे साथ रहें। मैं कैसे रहा, मैंने कौन-सी साधनाएँ कीं, मैं दिन-भर क्या करता था, मेरे मस्तिष्क में क्या चल रहा था और मैं अपने सत्य तक कैसे पहुँचा, सब कुछ। पूरी कहानी।

यदि आप चाहें, तो मेरे साथ जुड़ सकते हैं। यह समझ लीजिए कि यह एक दुर्लभ अवसर है, क्योंकि मैं इस तरह के किसी अभियान पर फिर कभी नहीं जाऊँगा, चाहे वह इस जीवन में हो या किसी अन्य जीवन में।

आइए, अपना सामान बाँधिए, हम चलते हैं। समय हो गया है।

1

बद्रीनाथ में शरण

प्रथम माह, अगस्त 2010

मुझे अब भी अच्छी तरह स्मरण है कि जब मैं पहली बार अपनी गुफ़ा में बैठा था, तो मुझे कैसा लगा था। मुझे ऐसा लगा, मानो यह एक संपूर्ण संसार है, मानो मुझे किसी अन्य वस्तु की आवश्यकता नहीं है। और सचमुच ऐसा ही था। मेरे सिर पर एक छत थी, जो चट्टान की तरह दृढ़ थी, क्योंकि वह गुफ़ा एक विशाल चट्टान के नीचे ही स्थित थी। उसमें एक छोटा-सा द्वार था, जो तीन फ़ीट ऊँचा और दो फ़ीट चौड़ा था तथा उसमें एक छोटा जालीदार झरोखा भी था। एक कोने में एक सिलेंडर के साथ छोटा-सा गैस स्टोव तथा कुछ महीने तक चलने वाली खाद्य सामग्री रखी थी। एक तिरपाल ने फ़र्श, छत के कुछ भागों और तीन दीवारों को ढक रखा था।

जीवन को मितव्ययी ढंग से जीने में एक आश्चर्यजनक बात यह है कि आपको यह समझ में आ जाता है कि प्रसन्न रहने के लिए कितनी कम वस्तुओं की आवश्यकता है।

वह गुफ़ा इतनी छोटी थी कि आप अंदर सीधे खड़े भी नहीं हो सकते थे और मुझे वैसे भी गुफ़ा के भीतर खड़े होने की आवश्यकता नहीं थी। इसके बजाय, मेरे लिए यथासंभव सीधा बैठना आवश्यक था। सामने भव्य नारायण पर्वत, दाईं ओर नीलकंठ और बाईं ओर बद्रीनाथ की पवित्र घाटी के बीच स्थित आपका निवास दिव्य आकाश में रहने के समान था। बादल, बड़ी सहजता से इधर-उधर घूम रहे थे। नीचे बहती पवित्र नदी निरंतर यह स्मरण कराती थी कि आप हिमालय में हैं।

पता नहीं क्यों, किन्तु पर्वत, मुझे सदा से आकर्षित करते रहे हैं। हिमालय में मुझे घर जैसा महसूस होता था।

मेरा हृदय, केवल अलौकिक शांति पाकर ही प्रसन्नता से नहीं भरा था। इसका कारण था- मुक्ति। मैं अपने आस-पास मौजूद लोगों के बंधनों में जकड़ा हुआ नहीं था, न ही संसार के उन बंधनों ने मुझे बाँध रखा था, जहाँ स्वयं को उनके अनुकूल ढालना पड़ता है। यह मेरे गुरु का आश्रम नहीं था, जहाँ मुझे समय की माँग रहती थी, जिसके कारण मुझे साधना के लिए बहुत कम या तनिक भी समय नहीं मिलता था, हालाँकि मेरे गुरु, नागा बाबा और मेरे आस-पास के लोगों का ऐसा मानना था कि मुझे साधना करने की आवश्यकता नहीं है और यह कि मेरी सेवा ही मेरी साधना थी, परंतु मुझे कुछ भिन्न महसूस होता था। मैं वेदों की सत्यता को स्वयं सत्यापित करके देखना चाहता था। मुझे यह जानना था कि क्या मेरी मान्यताएँ सत्य पर आधारित थीं।

आगे क्या है, यह देखने के लिए आपको मार्ग पर चलना पड़ता है। उस गुफ़ा के भीतर मुझे लगा कि मैं अपनी इच्छानुसार ध्यान कर सकता हूँ और उस प्रकार का जीवन जी सकता हूँ, जिसका बतौर साधु मुझसे वादा किया गया था अथवा उससे भी महत्त्वपूर्ण बात, मैं एक अनासक्त संन्यासी की भाँति स्वतंत्रता के साथ जी सकता हूँ। पूर्ण स्वतंत्रता। कोई सांसारिक बंधन नहीं, कोई दिखावा करने की आवश्यकता नहीं, कोई समय-सीमा, लक्ष्य अथवा बैठकें नहीं। आपके संसार में मात्र आप।

हालाँकि, केवल स्वतंत्रता की ही बात नहीं थी, जिसने मेरी स्थायी प्रसन्नता को गहन आनंद में बदल दिया था, बल्कि मेरा मानना है कि इसके पीछे वास्तविक उत्प्रेरक आशा थी। मुझे न केवल यह विश्वास था कि देवी माँ वास्तव में थीं, अपितु यह आशा भी थी कि वे दर्शन देंगी। यह आशा कि मैं सारा दिन और सारी रात उनके स्वरूप का ध्यान करूँगा और एक दिन, वे प्रकट होंगी। धर्म के शास्त्रों में यही वर्णित है।

बाहर ठंड थी। फिर भी, मैंने अपने वस्त्र उतारे, उन्हें ठीक से तह करके रख दिए और लंगोटी में बैठ गया। नागा बाबा ने मुझे बताया था कि एक अच्छे साधु को सिले हुए वस्त्र नहीं धारण करने चाहिए, जब तक कि वह एक निश्चित स्तर तक न पहुँच जाए और पक्का न हो जाए। वे इसे परिपक्वता कहते थे, अर्थात ज्ञान-प्राप्ति की अपरिवर्तनीय अवस्था।

मेरे गुरु के साथ मेरा संबंध वैसा कदापि नहीं था, जैसा मैंने अनेक लोकप्रिय किताबों में पढ़ा था। और मैं किसी भी दृष्टि से आदर्श शिष्य नहीं था। यदि मैं होता, तो उन्हें क्यों छोड़ता? परंतु एक काम, जो मैंने इन चौदह वर्षों में कभी नहीं किया, वह है उनके किसी भी निर्देश का उल्लंघन। उन्होंने आदेश दिया था कि 'साधना के दौरान कोई सिला हुआ वस्त्र नहीं धारण करना।' और इसलिए मेरे शरीर पर कोई

सिला हुआ वस्त्र नहीं था। इसके अतिरिक्त, मैं अपने शरीर की सीमाओं की जाँच करना चाहता था।

मेरे लकड़ी के तख़्ते के निकट एक और छोटा-सा तख़्ता था, जिस पर मैंने एक लाल वस्त्र बिछाया था तथा उस पर भगवान नारायण की चतुर्भुज रूप वाली मूर्ति एवं एक दीप रखा था। यह लगभग बारह इंच ऊँची एक मूर्ति थी, जिसे मैं देवी माँ मानता था। वास्तव में, मैंने इसी मूर्ति में वैदिक ग्रंथों में वर्णित देवी-देवताओं के प्रत्येक संभव स्वरूप के दर्शन किए थे। मुझे विश्वास था और हृदय से यह आशा भी थी कि इस बात की बहुत संभावना थी कि एक दिन देवी माँ इस मूर्ति से प्रकट होंगी और मुझे दर्शन देंगी। मुझे अब और प्रतीक तथा संकेत नहीं चाहिए थे, मैं उनका स्पष्ट दर्शन करना चाहता था। मुझे पता है यह उन्माद अथवा संभवत: अज्ञानता की पराकाष्ठा है, किन्तु फिर भी मैंने कभी समझदार या बुद्धिमान होने का दावा नहीं किया। इस जटिल संसार से पार पाने के लिए आपके भीतर उन्मत्तता का तत्त्व होना आवश्यक है। आपकी अभिलाषा जितनी वृहद् होगी, आपको उतना ही अधिक उन्मादी होना पड़ेगा।

गुफ़ा में प्रवेश करने से पूर्व मैं इस विषय में अत्यंत स्पष्ट था कि मैं कौन-सी साधना करने जा रहा हूँ। मुझे पता था कि मुझे कहाँ से आरंभ करना है, परंतु एक सप्ताह पूर्व, माँ भैरवी से हुई आकस्मिक भेंट ने मेरी योजना को परिवर्तित कर दिया था। उन्होंने इस पर बल दिया कि मैं अपनी साधना के साथ-साथ उनके द्वारा दी गई साधना भी करूँ। मैंने उस भेंट के अधिकतर विवरण, अपने संस्मरण, *इफ़ ट्रुथ बी टोल्ड* में साझा किए थे, किन्तु मैंने उसमें यह साझा नहीं किया कि माँ ने मुझे कौन-सी साधना प्रदान की थी।

यद्यपि मैं अपनी गुफ़ा में और अधिक समय, यदि आवश्यकता होती, तो अनेक वर्षों तक रहना चाहता था, परंतु बद्रीनाथ, 10,800 फ़ीट की ऊँचाई पर स्थित होने के कारण लगभग छह माह के लिए बाहरी जगत से कटा रहता है। 12,000 फ़ीट पर स्थित मेरी गुफ़ा और भी ऊँचाई पर थी। शरद-काल के आरंभ होने से पहले मेरे पास लगभग दो माह थे। अत: मुझे एक अधिक उपयुक्त स्थान को खोजना आवश्यक था। मैं संपूर्ण, समग्र एवं निरा एकांत चाहता था। संपूर्ण इसलिए कि मैं अपनी ही मन:स्थिति में स्थिर रह सकूँ, समग्र इसलिए कि मैं शेष जगत से पूरी तरह कटा रहूँ और निरा एकांत इसलिए कि मेरे पास हर समय ईश्वर के विचारों के अतिरिक्त और कुछ न हो। मैं अभी तक विचार शून्यता की स्थिति में नहीं पहुँचा था तथा हृदय में देवी माँ के नाम का दीप जलाए रखने से प्राप्त हुआ आनंद मुझे पहले कभी अनुभव नहीं हुआ था। देवी का विचार आते ही मेरा हृदय तत्काल ही पिघल जाता था।

एक बात निश्चित रूप से मेरे पक्ष में थी कि न तो इस स्तर का एकांत और न ही साधना की अवधारणा मेरे लिए नई थी। मैं इससे पहले भी अनेक अवसरों पर एकांत में रह चुका था। मैं बीस वर्ष से अधिक समय से साधना कर रहा था। सच कहूँ तो सर्वस्व त्याग कर इस गुफ़ा में निवास करने का एकमात्र कारण यही था कि मैं स्वयं को इस मार्ग पर पूर्णकालिक रूप से समर्पित कर देना चाहता था।

मैं जब गुफ़ा के भीतर बैठा, तो वहाँ अँधकार, ठंड और नमी थी, परंतु वहाँ एक विशेष तरह की ऊष्मा भी थी – दिव्यता की ऊष्मा। यद्यपि संसार गर्म और ठंडा होता रहता है, किन्तु देवी माँ की गोद में सदा वात्सल्य की ऊष्मा रहती है, वह सदा ही सर्वाधिक सुरक्षित स्थान प्रतीत होता है। मेरी योजना उस गुफ़ा में चालीस दिनों की दो साधनाएँ करने की थी। एक मेरी अपनी और दूसरी भैरवी माँ द्वारा बताई गई साधना, जिसे चंद्र पंचांग के अनुसार आगामी पंद्रह दिवस तक आरंभ नहीं किया जा सकता था। मैंने अपनी दैनिक दिनचर्या लिख ली। वह तिथि 9 अगस्त 2010 थी। 10 तारीख़ को प्रारंभिक जप के उपरांत मेरी अपनी साधना 11 तारीख़ को आरंभ होने वाली थी।

मंत्र योग के मार्ग पर, किसी भी साधना को आरंभ करने से पूर्व यह अनिवार्य है कि जब तक गुरु द्वारा अन्यथा निर्दिष्ट न किया गया हो, साधक को सोने से पहले बैठकर सवितुर गायत्री मंत्र का दस सहस्र बार जप करना चाहिए। चेतना की उन्नत अवस्था में आपको दर्शन या स्वप्न का अनुभव हो सकता है, जिसमें देवी आपको अनुमति देती हैं अथवा आपको सुगंध की लहर का स्पष्ट अनुभव हो सकता है। अनेक लोगों का ऐसा मानना है कि देवी आपको कोई संकेत देकर अपनी सहमति भी प्रकट कर सकती हैं, परंतु जहाँ तक मेरा प्रश्न है, मेरी संकेतों में कोई रुचि नहीं रह गई थी। मैं आरंभ से ही इस बात को लेकर बहुत स्पष्ट था कि मैं कुछ वास्तविक अनुभव करता हूँ,या नहीं, मुझे व्याख्या में नहीं पड़ना था। देवी, या तो थीं अथवा नहीं थीं। मैंने या तो कुछ अनुभव किया अथवा कुछ भी अनुभव नहीं किया। मैं तितली अथवा मधुमक्खी के सहसा प्रकट होने को संकेत नहीं मानना चाहता था। मैं इस बात को वनस्पति विज्ञानियों पर छोड़ देना चाहूँगा।

मैं रात को लंगोट पहने हुए ही बाहर निकल आया। चारों ओर गहन अँधकार था और प्रचंड ठंड थी। ठंडी वायु के झोंके मेरी रीढ़ को मानो भेद रहे थे।

मेरा आत्म-प्रशिक्षण काम आया, क्योंकि मैं पिछले तीन वर्षों से ठंडे पानी से स्नान कर रहा था। यद्यपि वहाँ की शीत ने मेरे शरीर की प्रत्येक हड्डी को कँपा दिया था, किन्तु उससे भी मेरा स्वास्थ्य नहीं बिगड़ा। आरंभ में थोड़ी कँपकँपी महसूस हुई किन्तु मैं जल्द ही सामान्य हो गया।

सत्य कहूँ, तो बाहर मुझे थोड़ा डर लग रहा था। ऐसा लगा, मानो कोई वन्य पशु, हिमालयी भालू, शूकर अथवा हिम तेंदुआ मुझे जीवित खा जाएगा, परंतु इसी डर ने असाधारण सजगता और शांति को भी मेरे भीतर उत्पन्न कर दिया। ध्यान में लीन होकर प्राण त्याग देना मुझे स्वीकार्य था। मुझे लगा कि अंत समय में मुझे किसी विशाल पशु के बदबूदार और नुकीले दाँतों को देखते हुए नहीं, अपितु देवी माँ के मनोहर रूप को निहारते हुए उनका विचार करना चाहिए। क्षणभर के लिए मेरे भीतर एक अनजाना भय जाग उठा कि मैं लुप्त हो जाऊँगा और संसार में किसी को इस बात का पता भी नहीं चलेगा। यद्यपि मैं ठीक इसी तरह – बिना चर्चा, बिना रुदन, अज्ञात – प्रस्थान करना चाहता हूँ, परंतु मेरे लिए यह, पूर्णत: हास्यास्पद नहीं, तो अस्वीकार्य अवश्य होगा कि मेरी यात्रा का अंत दिव्य सत्य की खोज बिना ही हो जाए।

भयभीत कौन है? अहंकार? वन्य पशु क्या ले सकता है? मेरा शरीर? यदि मेरे शरीर का यही अंत होना निश्चित है, तो फिर ऐसा ही सही! आपको हर रात्रि में बाहर निकलना होगा। आप या तो भयभीत रह सकते हैं अथवा आपको अपने विकल्प को स्वीकार करना तथा उसके परिणाम के साथ जीना होगा। यह चयन आपका है। वह स्वयं को दिया गया तर्क जैसा भी था, कारगर सिद्ध हुआ और मृत्यु का भय मुझे छोड़कर चला गया।

मेरे पास बाहर पानी से भरी एक बाल्टी और एक तौलिया था, जो पहले से ही गीला था। गीला तौलिया, ठंडे भोजन की तरह होता है: उससे उद्देश्य तो पूरा हो जाता है, परंतु ठीक वो बात नहीं आती। मैंने तापमान जाँचने के लिए पानी में हाथ डाला और एक क्षण के बाद मुझे लगा, मानो मेरा हाथ ही नहीं था। मैंने इतने ठंडे पानी में पहले कभी हाथ नहीं डाला था। ध्यान रहे कि मैं शीत के माह में भी बर्फ़ीले कैनेडा में ठंडे पानी से स्नान करता था, अत: मुझे भली-भाँति पता है कि मैं क्या बात कर रहा हूँ।

प्रात:काल के आरंभिक कुछ घंटों में मैंने अपनी गुफ़ा के बाहर धीरे-धीरे आराम से स्नान करने का प्रयास किया, परंतु मैं ऐसा नहीं कर सका। वह स्नान कम और एक कठिन परीक्षा अधिक प्रतीत हुआ। अत: मैंने यह कार्य यथाशीघ्र संपन्न कर लिया। दूसरे शब्दों में, मैंने अपने शरीर पर पानी से कुछ मग उँड़ेले, उस छोटे-से तौलिये से अपना तन पोंछा, उसे निचोड़ा और किसी स्नाइपर की बंदूक से निकली गोली की तरह तीव्रता और सटीकता से मेरी गुफ़ा में फिर घुस गया।

ठंडे पानी से मेरे शरीर पर चकत्ते पड़ गए और थोड़ी खुजली भी होने लगी, परंतु मैंने स्वयं को कंबल से ढक लिया और प्रात:काल की पूजा करने के लिए बैठ गया।

2

एक आकस्मिक हत्या

10 अगस्त 2010 की प्रात: घड़ी में 3:55 बजे थे। मैं बीते पच्चीस मिनट से बाहर शरीर को भीतर तक कँपा देने वाली शीतलहर में खड़ा था, फिर मैं बैठ गया और मैंने एक दीप को प्रज्वलित किया। मुझे सोलह घंटे गायत्री मंत्र का जप करना था, जिससे मैं अगले दिन साधना आरंभ कर सकूँ। आठ-आठ घंटे के दोनों सत्र होने थे; प्रात: 4 से अपराह्न 12 बजे तक और फिर सायं 4 से रात्रि के 12 बजे तक। मैंने विचार किया, *इससे मेरा शरीर मौसम के अनुकूल ढल भी जाएगा।*

मैंने उत्कट इच्छा से सम्मुख रखी श्री हरि की छोटी-सी मूर्ति को देखा, जिसके ऊपर नन्ही लौ का प्रकाश झिलमिला रहा था। वह एक दैवीय दृश्य था, परंतु मेरा शरीर और मेरे हाथ शीत से मानो जम गए थे और अंतस में अगला विचार यही आया कि क्या मेरा यह निर्णय सही है, क्या यह कठोर तपस्या ही देवी तक पहुँचने का मार्ग है। मेरा संकल्प विकल्प के लिए भटक रहा था, मैं स्वयं से संवाद करने लगा, फिर मैंने चित्त को शांत कर दिया। सजग होने का अर्थ मात्र अपने विचारों और क्रियाओं के प्रति ही जागरूक होना नहीं, अपितु यह ज्ञात रखना भी है कि अंतस में हो रहे कोलाहल की कब उपेक्षा करनी है। यदि आप उसे आदेश दें, तो वह शांत हो जाता है।

घड़ी में अब सुबह के 4:02 बजे थे। मैंने बिना विचार किए अपनी नित्य पूजा आरंभ कर दी। अपने परिवेश का शुद्धिकरण करके मैंने भगवान गणेश का आह्वान समाप्त ही किया था कि मुझे कुछ आहट सुनाई दी। चप-चप-चप-चप। चप-चप-चप-चप। चप-चप-चप-चप। चप-चप-चप-चप। आहट और निकट से आने लग गई थी। मैंने बाईं ओर सिर घुमाकर उस आहट का कारण जानने का

प्रयास किया। वह एक शिशु समान छोटा-सा मूषक था और वह आहट तिरपाल से ढकी धरती पर उसके चलने से आ रही थी।

मैं साफ़-सफ़ाई और स्वच्छता को लेकर सदा बहुत सतर्क रहता था और मुझे संभवत: यह सोचकर ही अनावश्यक विकलता हो रही थी कि मेरे साथ एक मूषक भी वहाँ निवास करने लगा था।

पिछले 20 वर्षों की अपनी साधना के अंतराल में, जब भी मैंने एक बार आसन लगा लिया और साधना आरंभ कर दी, तो उसे छोड़कर मैं कभी नहीं उठा। वह मेरे संकल्प और आस्था की परीक्षा होती थी कि क्या मैं शारीरिक, मानसिक और मनोवैज्ञानिक बाधाओं को पार कर सकता हूँ। आज का दिन भी कुछ अलग नहीं था। मैं शुद्धिकरण की प्रक्रिया आरंभ कर चुका था, इसलिए मैंने अपना अनुष्ठान जारी रखा।

मैं शुद्धिकरण के विभिन्न चरणों, न्यास, मुद्रा आदि का पालन करता रहा। इस बीच, वह मूषक मेरी छोटी-सी कुटिया की छानबीन करता रहा। सच कहूँ, तो मैं अपने चित्त को एकाग्र नहीं कर पाया। मुझे लगा मेरे साथ कोई विश्वासघात हुआ है और मैं खीझने लगा। मैं यहाँ शांति एवं एकांत के लिए आया था, जबकि पहले ही दिन एक मूषक बिन बुलाए अतिथि की तरह सामने आ गया था।

मैंने वेदमाता गायत्री का जप आरंभ कर दिया और समर्पण भाव से उनका आह्वान करने लगा। यद्यपि मेरा ध्यान तनिक भटका हुआ था, लेकिन मैं जप करता रहा। एक घंटे के बाद जब मूषक ने हलचल बंद कर दी, तो मेरा चित्त भी पुन: शांत और स्थिर हो गया।

चौथा घंटा आरंभ होते-होते मेरे घुटनों में कष्ट होने लगा और पीठ अकड़ गई। नीचे की सतह कठोर थी। लकड़ी के फट्टे पर मात्र एक कंबल बिछा था। यद्यपि इससे पहले नागा बाबा के साथ बिताए चार माह के अंतराल में मैं कठोर सतह पर बैठने और सोने का अभ्यस्त हो चुका था, लेकिन यह पहला अवसर था, जब मैंने इतने समय तक लगातार बैठकर जप किया था। चार घंटे पूरे होने पर भी मैं बैठा रहा, परंतु अपने पैर तनिक-से सीधे कर लिए।

वह बाल-मूषक भी फैलने लगा। वह सर्वत्र व्याप्त हो गया, किन्तु मुझे अब पहले-सा कष्ट नहीं था और मैं जानता था कि मुझे जप पर ध्यान केंद्रित करना है। मैं जब कहता हूँ कि मुझे ध्यान केंद्रित करना था अथवा मुझे एकाग्रता बनाए रखनी थी, तो भले ही मैं वैज्ञानिक शब्दावली में बात कर रहा हूँ, और इस बात को भी अस्वीकार नहीं करता कि मैं व्यक्तिपरकता को यथासंभव दूर रखने के उद्देश्य से दोहराए जाने वाले प्रतिकृत्यात्मक अनुभवों की तलाश में था, तथापि सत्य यही है कि मैं देवी माँ से बहुत प्रेम करता था। और इसी कारण, भक्ति का एक निरंतर तत्त्व

सदैव मेरे साथ रहता था। अतः मैं जब यह कहता हूँ कि मैं जप पर ध्यान केंद्रित कर रहा था, तो मैं वास्तव में यह कह रहा हूँ कि मेरे अस्तित्व के रोम-रोम तथा प्रत्येक श्वास के साथ, मैं देवी माँ से प्रार्थना कर रहा था। इसके लिए मंत्र एकमात्र माध्यम था।

प्रत्येक घंटे पर, मैं एक ओर मुड़ता और पैरों को तनिक सीधा कर लेता, क्योंकि मेरे पैरों में शीघ्र ही थकान लौट आती थी। घड़ी में सुबह के 10.35 बजे थे। जप का सातवाँ घंटा चल रहा था। मुझे छाती में जकड़न महसूस हो रही थी तथा श्वास लेने में भी कठिनाई होने लगी थी। मुझे लगा कि संभवतः वातावरण में परिवर्तन के कारण ऐसा हो रहा था।

मैं आजीवन दमा से पीड़ित रहा हूँ, इसलिए मैंने अपने शरीर की बात को सुनना सीख लिया था। बीते तीस वर्षों में मैंने संभवतः कम से कम एक हज़ार बार इनहेलर का प्रयोग किया होगा। मैं भली-भाँति जानता था कि श्वसन नली में सूजन आने से वायु-मार्ग जब अवरुद्ध होता है, तब कैसा लगता है। आपकी गति धीमी हो जाती है, आप हाँफने लगते हैं, आप फेफड़ों में वायु भरने का प्रयास करते हैं किन्तु आपका मस्तिष्क थक जाता है, क्योंकि उसे सामान्य से कम ऑक्सीजन मिल रहा होता है। तब आपको ऐसा लगता है, जैसे कोई आपका गला घोंट रहा है। मुझे दमा के गंभीर दौरे पड़ते थे और मुझे उनसे निपटना भी आता था, परंतु यह आभास उससे भिन्न था। और फिर मुझे बात समझ में आई। मैं बहुत अधिक ऊँचाई पर था और वहाँ ऑक्सीजन का अभाव होता है।

मैं घबरा गया।

ऐसा इसलिए नहीं कि मुझे लगा कि मैं मर जाऊँगा, हालाँकि जब आप श्वास नहीं ले पाते, तो ऐसे विचार आना स्वाभाविक है। मैं इसलिए घबराया, क्योंकि मुझे लगा कि पूर्णतः श्वास न ले पाने की स्थिति में मैं एकाग्रचित्त कैसे रह पाऊँगा, ध्यान कैसे लगाऊँगा अथवा कोई भी अन्य कार्य कैसे कर पाऊँगा। प्रातः लगभग 11 बजे थे और अभी नौ घंटे से अधिक जप का समय शेष था। और यह तो उस दिन की बात थी। आगामी कुछ माह में मुझे और अधिक जप करना था।

मेरा ध्यान अब जप पर केंद्रित नहीं था। मैं सोचने लगा, क्या मुझे ऐसी स्थिति में घाटी में नीचे उतरकर ऑक्सीजन के कुछ सिलेंडर ख़रीद लेने चाहिए। मैं चाहता था कि कोई मुझे सिलेंडर लाकर दे दे, किन्तु मेरे पास किसी से संपर्क के लिए फ़ोन भी नहीं था। यदि मैं प्रातः जप के बाद दोपहर 12.30 बजे भी चला जाता, तो भी मेरे लिए दोपहर के सत्र का जप आरंभ करने के लिए समय पर लौटना संभव नहीं था। मुझे अर्द्ध-रात्रि से पूर्व आठ घंटे जप करना था।

मेरी आँख से आँसू की एक बूँद बह गई। मैं अपनी साधना को एक क्षण के लिए भी टालना नहीं चाहता था, किन्तु मुझे नियत कार्यक्रम के लिए संघर्ष करना पड़ रहा था।

'हे देवी माँ,' मैंने कहा। 'मुझे नहीं पता कि आप मेरी परीक्षा ले रही हैं अथवा मुझे मज़ाक़ में छेड़ रहीं हैं। मैं केवल यही आशा कर रहा हूँ कि आप मुझे अस्वीकार अथवा त्याग न दें। जो भी हो, किन्तु यह आपके लिए अंतिम अवसर है। इस बार, मैं इस शरीर को चलाने के लिए जो भी आवश्यक है, वह करूँगा, परंतु इसके बाद, आप मेरे रास्ते में कोई भी बाधा डालें, किन्तु मैं आपको पुकारते हुए अपने प्राण त्याग दूँगा। मुझे साधना के मार्ग पर चलने देने का दायित्व मुझ पर नहीं, अपितु आप पर है। मैं आपको केवल इतना बता सकता हूँ कि मेरी पराजय स्वीकार करने की कोई मंशा नहीं है।'

मैं दोपहर 12.30 बजे उठा। मैंने बीते आठ घंटे जप करते हुए व्यतीत किए थे, किन्तु मुझे पता था कि मैं किसी को छल नहीं रहा, पर जो कर रहा था, उसे साधना कहना तो बहुत दूर की बात थी। मेरा मस्तिष्क इतनी वार्ता एवं आत्म-संवाद से थक चुका था तथा ऑक्सीजन के अभाव से मेरा मस्तिष्क और संपूर्ण शारीरिक तंत्र धीमा होने लगा था। मैं नीचे घाटी में गया और रात्रि में देर से लौटा। हिमालय में भयानक सन्नाटा छाया था। वह लंबा और थका देने वाला काम था। मुझे भूख लगी थी, किन्तु अँधकार हो गया था और देर भी हो चुकी थी। अत: मैंने केवल अपने वस्त्र तह किए और उन्हें बैग में रखकर सो गया। मेरी साधना आरंभ करने की अगली चंद्र तिथि तीन दिन बाद थी।

मैं अर्द्ध-रात्रि में फिर उसी आवाज़ से जाग गया। चप-चप-चप-चप। यदि वह मूषक, पत्थरों अथवा खाली ज़मीन पर इधर-उधर घूम रहा होता, तो मेरी नींद में व्यवधान नहीं पड़ता। संभवत: मैं उसे सुन तक नहीं पाता, परंतु तिरपाल पर उसका चलना, घोड़े के चलने जैसा सुनाई दे रहा था। वह मेरे सिर से कुछ ही इंच की दूरी पर था। 'कृपया मुझे अकेला छोड़ दो,' मैंने कहा। 'या फिर किसी कोने में जाकर बैठ जाओ। तुम्हारे लिए यहाँ कुछ नहीं है, मुझे परेशान मत करो।'

मैंने उसे डराने का प्रयास किया, परंतु वह निडर था। ऐसा संभवत: इसलिए कि वह बच्चा था और उसने अभी तक भयभीत होना अथवा संसार की चतुराई को सीखा नहीं था। मूषक के जीवन और मेरे जीवन से जुड़े विचारों की इस धारा से घिरे होने के बाद मुझे ठीक से पता नहीं चला कि मैं कब फिर सो गया।

साधना आरंभ होने में तीन दिन शेष थे, इसलिए मैंने सोचा कि मैं प्रतिदिन कुछ घंटे ध्यान लगाऊँगा, स्वयं को तनिक और ढालूँगा तथा कुछ टिप्पणियाँ तैयार करूँगा। एक प्रकार से, यह अच्छा ही था कि मुझे वह अतिरिक्त समय मिल गया,

क्योंकि मैंने उस दौरान आगामी पचास दिनों में अपने ध्यान के सत्रों को चिह्नित करने के लिए एक तिथिवार तालिका बना ली।

मैं नदी के पास स्नान करके प्रात:काल अपनी टिप्पणियों पर काम करता था। पूरी दोपहर ध्यान करने के बाद संध्या होने पर जब अँधेरा होने लगता था, तो मैं दीप प्रज्ज्वलित कर देता था। माचिस की डिब्बी में दो ही तीलियाँ बची थीं। एक प्रकार से, मेरा शरीर भी उस माचिस की डिब्बी की तरह था, जिसके अंदर की दो तीलियाँ, उस द्वंद्व का प्रतीक थीं, जिससे मैं जूझ रहा था। वे मेरे अहंकार और प्रवृत्तियों का भी प्रतिनिधित्व करती थीं। मुझे परम सत्य को प्राप्त करने तथा स्वयं को मुक्त करने के लिए उन दोनों को जला देना था। चिंगारी को बुझने से पहले उसे किसी बड़ी दिव्य अग्नि को प्रज्ज्वलित करना था।

अभी तो दीपक की झिलमिलाती लौ पीतल की लघु मूर्ति पर चमक रही थी। यह अत्यंत सुंदर एहसास था, मानो मूर्ति सजीव हो उठी थी। एक क्षण भगवान के चेहरे का बायाँ हिस्सा चमका और फिर दायाँ। अब दीपक की नन्ही लौ मूर्ति के वक्ष पर थी और फिर उनके हाथ पर। मैं ईश्वर की अद्भुत उपस्थिति का आनंद ले रहा था कि तभी एक परिचित-से स्वर ने मुझे टोक दिया। चप-चप-चप-चप-खटर-पटर। मैंने सिर घुमाकर देखा कि वही छोटा मूषक गत्ते के डिब्बे के ऊपर बैठा था, जिसमें मूँगफली के पैकेट रखे थे। मैंने तख़्ते पर थपथपाकर, फुफकारने की ध्वनि निकालकर और ताली बजाकर उसे डराने का प्रयास किया, किन्तु वह मुझसे अधिक दृढ़ निश्चयी निकला।

दिव्यता की समस्त भावनाएँ लुप्त हो गईं और मैं पहले से भी अधिक हताश हो गया। मैंने माचिस की डिब्बी उठाई और उसे मूषक पर फेंका। उसकी आवाज़ बंद हो गई। कोने में अँधकार था, किन्तु मुझे लगा कि मैंने मूषक को नीचे लुढ़कते हुए देखा। मेरा कलेजा मुँह में आ गया।

यह अच्छा था कि मैं उस समय साधना नहीं कर रहा था, इसलिए मैं अपने आसन से उठ सकता था। मैं उठा तो मुझे गत्ते के डिब्बे पर रक्त दिखाई पड़ा।

मैंने टॉर्च पकड़ी और डिब्बे को हिलाया, किन्तु मुझे मूषक नहीं दिखा। मैंने घबराकर डिब्बे को खोला, तो देखा कि वह उसके अंदर गिरा पड़ा था। उसके मुँह पर तनिक रक्त लगा था। वह मूँगफली के पैकेट पर गिरा हुआ था और उसके पैर हवा में ऊपर की ओर थे।

वह मर चुका था। मैं उसे मारना तो दूर की बात है, चोट भी नहीं पहुँचाना चाहता था, परंतु मैं अब पूरी तरह बिखर गया था। मैंने साधना आरंभ करने से पहले ही एक जीव को मार डाला था। जीव हत्या अर्थात किसी को मार डालना सबसे बड़े ग़ैर-आध्यात्मिक कृत्यों में से एक है।

मैंने डिब्बे को बाहर निकाला और उसे वहीं छोड़ दिया। मुझे समझ में नहीं आया कि जो कुछ हुआ, उसके विषय में क्या करूँ या क्या सोचूँ। यह मेरे लिए बहुत बड़ी बात थी, क्योंकि मुझे याद नहीं पड़ता कि मैंने कभी किसी जीव को जान-बूझ कर चोट पहुँचाई हो, और यहाँ मैंने एक बाल-मूषक के प्राण हर लिए थे!

'कृपया मुझे क्षमा कर दीजिए, देवी माँ,' मैंने विलाप करते हुए कहा। 'मुझे अत्यंत दुख है। मैंने जो किया है, उसके लिए मुझे बहुत खेद है। कृपया मुझे क्षमा कर दीजिए। कृपया इस मूषक को मुक्ति प्रदान कीजिए। इसे जन्म और मृत्यु के अंतहीन चक्र से मुक्ति दीजिए।'

फिर मैंने हाथ में जल लेकर संकल्प किया; 'मैं इस मूषक के उद्धार के लिए गायत्री मंत्र का एक पुरश्चरण समर्पित करता हूँ।'

पुरश्चरण, एक संस्कृत शब्द है, जिसका अर्थ होता है आह्वान। एक साधक, दीक्षा प्राप्त करने एवं कुछ समय तक किसी मंत्र का अभ्यास करने के उपरांत, प्राय: गुरु की अनुमति से, उस मंत्र की ऊर्जा का आह्वान कर सकता है। 'पुरुष' का अर्थ है 'पुर' अर्थात नगर में प्रवेश करने वाला। हमारे शरीर को नौ द्वारों से युक्त एक नगर माना गया है। 'चरण' का अर्थ है सीढ़ियाँ अथवा चरण। सिर से पैर तक, जब आप किसी मंत्र का आह्वान करते हैं, तो उसे पुरश्चरण कहा जाता है। अथवा, जब आप चरणबद्ध ढंग से मंत्र का आह्वान करते हैं, जिससे एक सजीव ऊर्जा आपके मंत्र के नगर (पुर) में प्रवेश करती है, तो इस प्रक्रिया को पुरश्चरण कहा जाता है।

मैंने अब तक गायत्री मंत्र के चौबीस पुरश्चरण पूर्ण कर लिए थे। प्रत्येक पुरश्चरण चालीस दिनों का था। अत: मैंने उनमें से एक पुरश्चरण, मूषक की मुक्ति के लिए समर्पित कर दिया। *क्या इससे उस मूषक को मोक्ष प्राप्त हो जाएगा? क्या इससे मेरी भूल का परिष्कार हो जाएगा?* मैं नहीं जानता और इससे कोई अंतर भी नहीं पड़ता। निश्चित रूप से, इससे मेरी भूल ठीक नहीं हो सकती, परंतु उस समय मुझे लगा कि यह करना ही सबसे उपयुक्त होगा।

मेरे गालों पर गर्म अश्रुधारा बह रही थी। मैं केवल इसलिए नहीं विलाप कर रहा था कि वह निर्दोष मूषक मेरी उपस्थिति में मरा था, मैंने उसे मार डाला था, अपितु इसलिए कि मुझे घर छोड़े पाँच महीने हो चुके थे और इस बीच जो कुछ ग़लत हो सकता था, वह सब लगभग ग़लत हो ही चुका था। सफलता की एक भी किरण नहीं दिखी थी, अपितु मार्ग में केवल व्यवधान, बाधाएँ और अधिक बाधाएँ उत्पन्न हो रही थीं।

'हे प्रभु,' मैं मूर्ति की ओर देखते हुए बुदबुदाया, 'क्या मेरे कर्म इतने बुरे हैं? क्या मैं इतना अयोग्य हूँ कि आप मुझे अपने पवित्र नामों में डूबने भी नहीं देंगे, मेरी

चेतना को आपकी चेतना में विलीन नहीं होने देंगे? फिर मुझे जीवित ही क्यों रखा हुआ है? वह मूषक ही क्यों? इसके स्थान पर मेरे प्राण ले लीजिए। आप ब्रह्मांड और उसके अनंत ग्रहों को गतिमान बनाते हैं, तो इस चट्टान को तो सरलता से कुछ इंच हिला ही सकते हैं। मुझे कुचलकर मेरे प्राण लेने के लिए इतना ही पर्याप्त होगा। यह कर दीजिए। कृपया इसे कर दो। वहाँ खड़े होकर बस मुस्कराते मत रहो।'

इस विलाप और विनती के दौरान, मुझे नींद लग गई।

3

साधना का आरंभ

13 अगस्त को प्रात: 4 बजे, मैंने वेदमाता गायत्री का जप आरंभ कर दिया। सदा की भाँति मैं कई घंटे तो सहजता से बैठ गया, किन्तु फिर मुझे अपने पैरों, विशेषकर घुटनों को बीच-बीच में आराम देना पड़ता था। फिर भी, मैं अपराह्न 12.30 बजे तक बैठा रहा। फिर मैंने द्वार खोला, तो पाया कि पहले से तय व्यवस्था के अनुसार, द्वार के बाहर दूध की बोतल रखी हुई है।

मेरे पास डिब्बा बंद दूध के अनेक कार्टन भी थे, लेकिन चाय की एक दुकान का मालिक, जो कुछ किलोमीटर दूर रहता था, मेरे लिए हर दिन दूध की एक बोतल लाने पर सहमत हो गया, बशर्ते उस दिन धूप खिली हो। दूध में साबुत गेहूँ की सेंवई, तनिक चीनी और सूखे मेवे मेरा दैनिक भोजन का हिस्सा थे।

मैं बाहर कटोरा और बर्तन धो रहा था कि तभी वह ठेकेदार, जिसने मेरी गुफ़ा बनाई थी, मिलने आया।

मैंने उनसे कहा, 'मुझसे कल रात भूल से एक मूषक की हत्या हो गई। मुझे बहुत दुख हो रहा है।'

'दुखी क्यों हो रहे हैं, महाराज जी?' उन्होंने पूछा और सफ़ाई करने में मेरी सहायता की। 'इन शैतानों को मार ही दिया जाना चाहिए। *कौनसी इनकी पूजा करनी है।*'

उनके जाने के बाद, मैं अपनी दिनचर्या की सारिणी लिखने बैठ गया। मुझे पता था कि भैरवी माँ द्वारा बताई गई साधना को सम्मिलित करने के लिए यह दिनचर्या दस दिनों में बदल जाएगी, किन्तु मैं एक लिखित कार्यक्रम और एक छोटा-सा पंचांग चाहता था, जिसमें मैं सुबह और शाम के सत्र समापन के पश्चात् उन्हें ठीक से चिह्नित कर सकता था।

प्रात: 3.30 – 4.00	सोकर उठना
प्रात: 4 – मध्याह्न 12	साधना
मध्याह्न 12–1	भोजन पकाना, खाना, नदी से पानी लाना, आदि।
अपराह्न 1 – 4	आराम
संध्या 4–5	देवी माँ के लिए विलाप करना
संध्या 5– रात्रि 11	साधना
रात्रि 11 – प्रात: 3.30	भव्य हिमालय की गोद में शयन

मैं समस्त मानवीय एवं सामाजिक क्रिया-कलापों से दूर, अपने सुंदर और छोटे-से आवास में शांति से बैठा था। कोई भी मुझसे समय की माँग नहीं कर रहा था। सब कुछ व्यवस्थित था और मेरे पास अब देवी माँ के साथ एकाकार न होने का कोई कारण नहीं था। गायत्री मंत्र के आठ घंटे के जप के उपरांत तथा और अगले दिन – 14 अगस्त 2010 – से, मैं अपनी प्रथम मुख्य साधना आरंभ करने के लिए तैयार था। *ललिता सहस्रनाम* की साधना। 'सहस्र' का अर्थ है, एक हज़ार और 'नाम' का अर्थ नाम ही है।

मैंने *ललिता सहस्रनाम*, देवी त्रिपुर सुंदरी के एक हज़ार नाम, जिन्हें ललिताम्बिका या केवल आद्या शक्ति भी कहा जाता है, को इसलिए चुना क्योंकि मेरे गुरु ने मुझे इसका पाठ करने और इसे कंठस्थ करने के लिए कहा था। मैं जब बड़ा हो रहा था, उस समय मैंने देवी के इस रूप की उपासना नहीं की, परंतु कुछ तांत्रिक ग्रंथों को पढ़ने के उपरांत मैं उनकी ओर आकर्षित हुआ। यहाँ इस बात का उल्लेख करना उचित होगा कि तंत्र में दस महाविद्याएँ हैं। 'महा' का अर्थ है, महान्, तथा 'विद्या' का अर्थ है ज्ञान अथवा बुद्धि का क्षेत्र, हालाँकि, मंत्र योग में, 'विद्या' शब्द, स्त्रीत्व / देवी ऊर्जा को इंगित करता है। अत: दस महाविद्या का अर्थ है – देवी के दस विभिन्न रूपों के महान मंत्र। ये दस रूप हैं – काली, तारा, त्रिपुर सुंदरी, त्रिपुर भैरवी, भुवनेश्वरी, छिन्नमस्ता, बगलामुखी, धूमावती, मातंगी तथा कमलात्मिका।

अपनी यात्रा पर निकलने से पहले, मैं केवल कुछ वर्षों तक माँ त्रिपुरा सुंदरी से ही परिचित था। इस दौरान मेरी यात्रा में देवी काली की उपासना करना सम्मिलित था और साथ ही, मैंने वैदिक स्तुति 'श्री सूक्तम' के अनेक पुरश्चरण भी कर लिए

थे। मैं सदा से यह मानता आया कि 'श्री सूक्तम', वैदिक रूप में माँ लक्ष्मी अथवा तांत्रिक पूजा में देवी कमलात्मिका से संबंधित है। मुझे नहीं पता था कि 'श्री सूक्तम' की माँ त्रिपुर सुंदरी के आह्वान में भी महत्त्वपूर्ण भूमिका है।

जब नागा बाबा ने मुझे *ललिता सहस्रनाम* कंठस्थ करने को कहा, तो मुझे नहीं लगा कि मैं यह कर पाऊँगा, क्योंकि मैं दिन-भर उनके आश्रम में काम करता था और उसके बाद पढ़ने अथवा कुछ भी स्मरण याद करने का समय नहीं बचता था। फिर भी, मैंने एक बार में दो श्लोक याद किए। मैंने प्रति दिन दो नए श्लोक कंठस्थ करने और पहले कंठस्थ की गए श्लोकों की पुनरावृत्ति का संकल्प लिया। अत: प्रथम दिवस पर मैंने दो श्लोक कंठस्थ किए। दूसरे दिन मैंने दो और श्लोक कंठस्थ किए और बीते दिवस के श्लोक की पुनरावृत्ति करके उन्हें स्मरण किया। तीसरे दिवस पर मैंने पाँचवें और छठे श्लोक कंठस्थ किए और साथ ही, एक से चार तक के श्लोकों को फिर से स्मरण किया। दूसरे शब्दों में, मेरा कार्य प्रति दिन बढ़ता गया।

हर रात सोने से पूर्व, मैं *ललिता सहस्रनाम* को कंठस्थ करने के लिए समय निकालता था। नागा बाबा के पास यदा-कदा आगंतुक आ जाते थे, किन्तु रात्रि भोजन के तुरंत बाद मैं आश्रम में कुछ देर टहलता और फिर अपना अभ्यास पूर्ण करता था।

इसमें 182 श्लोक हैं, जिनमें देवी माँ के सहस्र नाम वर्णित हैं। मैंने भास्कर राय द्वारा किए गए अनुवाद को भी अनेक बार पढ़ा, क्योंकि मैं प्रत्येक नाम के अर्थ पर विचार करना चाहता था।

मैं यह स्वीकार करता हूँ कि *ललिता सहस्रनाम* का जप करना और उसे कंठस्थ करना एक दिव्य अनुभव था। उसने मुझे देवी माँ के प्रति आनंद और भक्ति से भर दिया। प्रत्येक नाम कंठस्थ करने के साथ, देवी के प्रति मेरी लालसा और बढ़ती गई। *जब वह, सृष्टिकर्ता, मेरी माँ थी, तो मुझे किस बात का भय या चिंता हो सकती थी?* मुझे लगा कि अपनी पूरी शक्ति से उनकी प्रार्थना करने से अधिक सार्थक कोई अन्य कारण नहीं है। यदि समय एक पात्र होता, तो मैं उसे केवल देवी के दिव्य नामों और विचारों से भरना चाहता।

नब्बे दिन के बाद मैंने नागा बाबा को साष्टांग प्रणाम किया, जैसा कि मैं वहाँ आने के बाद से प्रतिदिन कम से कम दो बार किया करता था। सच कहूँ, तो अपने गुरु के समक्ष मस्तक झुकाकर उन्हें प्रणाम करना मेरे मनपसंद कार्यों में से एक था। मैं चाहे उनसे रेलवे स्टेशन पर, होटल में, शहर में, उनके आश्रम में या किसी अन्य स्थान पर मिलता, तो सर्वप्रथम और मैं तुरंत ज़मीन पर लेटकर उन्हें साष्टांग प्रणाम करता था। मेरे पास केवल दो जोड़ी वस्त्र हुआ करते थे, जिनका साफ़ रहना

आवश्यक था, क्योंकि मैं गुरुजी की व्यक्तिगत सेवा में था, फिर भी मैंने किसी तरह काम चला लिया।

'बाबा, आपकी दिव्य कृपा से मैंने *सहस्रनाम* कंठस्थ कर लिया है,' मैंने कहा और प्रसाद के रूप में उनका मनपसंद पान, मिठाई, वस्त्र और कुछ पैसे अर्पित किए।

बाबाजी मुस्कराए। 'संपूर्ण?'

'आपकी कृपा है, बाबा।'

'पूर्ण हो गया?'

'जी, बाबा।'

'तो फिर मुझे सुनाओ!'

मेरे शरीर में घबराहट की तरंग दौड़ गई। मुझे पसीना आने लगा और मेरे सिर पर खुजली होने लगी। अरे, मुझे यह सब इसलिए नहीं हो रहा था कि मुझे चिंता थी कि मैं श्लोक भूल जाऊँगा और मूर्ख दिखूँगा। यह केवल इसलिए हो रहा था, क्योंकि मेरे गुरु ने मुझे कुछ करने का आदेश दिया था और मैं उस कार्य को श्रेष्ठता से करना चाहता था।

मैंने देवी माँ से प्रार्थना की, बाबा के सामने सिर झुकाया और *ललिता सहस्रनाम* का जप आरंभ कर दिया। मेरे लिए, समय मानो ठहर गया था। बाहर अँधकार था, क्योंकि बिजली चली गई थी। आकाश में तारे टिमटिमा रहे थे, बाबा एक लकड़ी की चौकी पर विश्राम कर रहे थे और मैं नीचे धरती पर बैठा था। सामान्य तौर पर, चौकी का अर्थ एक छोटा लकड़ी का आसन होता है, किन्तु यहाँ उनका लकड़ी का बिस्तर, जिसका वे प्रायः उपयोग करते थे, चौकी कहलाता था।

इस समय मेरे मन में दो विचार चल रहे थे। एक ओर मेरे गुरु का स्थिर छायाचित्र रूप देखना अत्यंत सुंदर लग रहा था और दूसरी ओर, देवी माँ मुझे अपनी उपस्थिति का आभास करा रही थीं। बीते तीन माह से उनसे जुड़ने का मेरा यही तरीक़ा था कि मैं आँखें बंद करके उनके पवित्र नाम का जप करता था।

तभी मुझे लगा कि धरती पर कुछ हिल रहा है। वहाँ एक अथवा दो नहीं, अपितु तीन बिच्छू इधर से उधर भाग रहे थे। मैंने बाबा की ओर देखा, फिर अपनी आँखें बंद कीं और जप करना जारी रखा। मेरे मन के एक भाग ने कहा, 'हे देवी माँ, मैं यहाँ अपने गुरु की उपस्थिति में बैठा हूँ और आपके पवित्र नाम का जप कर रहा हूँ। भगवान शिव के जीव इधर-उधर घूम रहे हैं। उन्हें डंक मारने और उनका विष मेरी नसों में प्रवाहित होने दीजिए तथा मेरे शरीर को ले जाइए, क्योंकि इससे सुंदर मृत्यु नहीं हो सकती।'

उसके बाद मेरी चेतना के द्वार पर किसी अन्य विचार ने दस्तक नहीं दी। मैं सहस्रनाम जप पर ध्यान केंद्रित करता रहा। मैं कठिनाई से आधा ही जप कर पाया था, जब बाबा की देखभाल करने वाली किशोरी वहाँ आई। उसका नाम निक्की था और वह उनसे बात करने लगी। उससे मेरी एकाग्रता प्रभावित हो गई, किन्तु मैंने जप करना जारी जारी रखा, हालाँकि, मेरे कान उनकी बातों को अनसुना नहीं कर सके। वह बाबा से पूछ रही थी कि रात्रि भोजन के लिए क्या पकाना है। देवी माँ के भव्य स्वरूप पर मेरा ध्यान उसी तरह भंग होने लगा, जैसे भूकंप में कोई पुरानी इमारत ढहने लगती है, परंतु मुझे कोई आपत्ति नहीं थी, क्योंकि मुझे पता था कि गुरु का भोजन मेरे सहस्रनाम जप से अधिक महत्त्वपूर्ण था, जिसमें लगभग पैंतीस मिनट लगते थे।

मुझे अब भी वह क्षण याद है, मैंने जैसे ही *'उन्मेष-निमेष उत्पन्न विपना भुवनावली'* का पाठ किया, अर्थात पलक झपकते ही, वह (देवी) अस्तित्व के असंख्य मैदानों का निर्माण और विनाश कर देती हैं, तभी मैंने निक्की की हृदय-विदारक चीख सुनी।

'उनके आसपास दसियों बिच्छू घूम रहे हैं,' निक्की ने मेरी ओर संकेत करते हुए बाबा से कहा। 'ऐसा लगता है, जैसे वह बिच्छुओं के गाँव से घिरे हैं। वे आपकी चौकी पर भी चढ़ जाएँगे, बाऊ जी।'

बाबा ने मुझे तुरंत जप रोक कर वहाँ से हटने को कहा। यह उनके सामने पाठ करने का मेरा प्रथम और अंतिम अवसर था। मुझे इस बात का कदापि अनुमान नहीं था कि वहाँ इतने सारे बिच्छू एकत्रित हो गए थे कि वे सरलता से उनके बिस्तर पर चढ़ सकते थे।

मैं जान-बूझकर नागा बाबा को कभी संकट में डालना नहीं चाहता था। जहाँ तक मेरा प्रश्न है, मैं देवी माँ के नाम का जप करते हुए प्राण त्याग देने से अच्छी मृत्यु की आशा नहीं कर सकता था। और हाँ, यदि दो या तीन विषैले बिच्छू आपको एक साथ काट लें, तो आपकी सरलता से मृत्यु हो सकती है, विशेषकर तब जबकि निकटतम अच्छा अस्पताल वाराणसी में कम से कम साठ किलोमीटर की दूरी पर था।

फिलहाल, मैंने यही निश्चय किया कि मैं अपनी गुफ़ा में ही अगले चालीस दिवस में एक सहस्र बार *ललिता सहस्रनाम* का जप करूँगा। मेरी साधना कुछ इस प्रकार थी:

ललिता सहस्रनाम साधना	
लक्ष्य	ललिता सहस्रनाम का 1000 बार जप
निर्धारित समयसीमा	40 दिन
दैनिक पाठ	25 बार
औसत समय प्रति पाठ	32 मिनट
कुल दैनिक समय	32 मिनट x 25 बार = 800 मिनट (लगभग 13.5 घंटे)
13.5 घंटे तक सजग रहने के लिए मैंने अपने अभ्यास को दो सत्रों में विभाजित कर दिया:	
प्रात:काल सत्र	7.5 घंटे
संध्याकाल सत्र	6 घंटे
चूँकि सहस्रनाम में देवी माँ के एक सहस्र नाम हैं, इसलिए एक सहस्र बार उनका जप करने का अर्थ यह था कि मुझे देवी के नाम का 1,000,000 बार जप करना था।	

यद्यपि मैंने इसे सीखने के दौरान बीते कुछ माह में अनेक बार सहस्रनाम का पाठ किया था, परंतु मैंने साधना के रूप में यह कभी नहीं किया था।

मेरा एकमात्र उद्देश्य था कि मैं इसका पूरी सजगता के साथ जप करने का प्रयास करूँ। जब आप मन में, स्मृति के आधार पर किसी लंबे स्तोत्र का जप करते हैं तो आपको अत्यंत एकाग्र और सतर्क रहने की आवश्यकता होती है, अन्यथा जैसे ही विस्मृति प्रवेश करती है, आप भूल जाते हैं कि आप कहाँ थे।

मेरे साथ कुछ दिनों में कम से कम एक बार ऐसा होता ही था। मेरा ध्यान भटक जाता था और मैं भूल जाता था कि मैं कहाँ था, फिर मुझे शुरू से आरंभ करना पड़ता था। सहस्रनाम का पुन: जप करना, मेरे लिए दंड के साथ-साथ पुरस्कार स्वरूप भी था। दंड इसलिए, क्योंकि इस प्रयास से अत्यधिक थकान हो जाती थी और एकाग्रता बनाए रखते हुए इसके लिए समय निकालना अत्यंत कठिन था। और पुरस्कार इसलिए, क्योंकि यह देवी माँ की कृपा ही थी, जिसके कारण मैं उनके पवित्र नाम का जप अपेक्षा से अधिक कर सकता था।

मैं जब बच्चा था, तो मेरी माँ, अधिकतर माताओं की भाँति मुझे स्नेहवश अनेक नामों से पुकारती थीं; कान्हा, कन्हैया, श्याम, बेटा, पुत्र (या पंजाबी में पुत्त), पंडित जी और न जाने क्या-क्या! और जब मैं नाराज़ होता, तो वह मुझे यह कहकर हँसाती थीं, *'श्याम हँसे ते मन मेरे बसे, श्याम रूसे ते लगे मैनु प्यारा।'* यानी माँ यशोदा कह रही हैं कि जब श्रीकृष्ण अप्रसन्न होते हैं, तो वे प्यारे लगते हैं और जब श्रीकृष्ण ख़ुश होते हैं, तो वे मनमोहक लगते हैं, वे उनके हृदय में बसते हैं।

मेरी मानसिक अवस्था अथवा व्यवहार कैसा भी हो, मेरी माँ ने कभी मुझे प्रेम करना नहीं छोड़ा। वह मुझसे केवल इतना चाहती थीं कि मैं अपना ध्यान रखूँ और मेरा जीवन सार्थक हो जाए।

इन भूमिकाओं को उलट दें, तो देवी माँ के साथ मेरा संबंध बहुत भिन्न नहीं था। उन्होंने मुझे जिस तरह भी रखा, मुझे वह स्वीकार्य था। सभी परिस्थितियों में, वे प्यारी थीं या मनमोहक थीं या फिर दोनों, परंतु हाँ, मेरी माँ मुझसे जो चाहती थीं, मैं उससे अधिक देवी माँ से चाहता था। मेरे लिए यह पर्याप्त नहीं था कि वह वायु की भाँति आकाश में विचरण करती थीं, मेरे लिए यह भी पर्याप्त नहीं था कि मैं जहाँ भी रहूँ, वे मेरी देखभाल करती थीं। मुझे उनसे और अधिक चाहिए था। मैं चाहता था कि वे मुझे अपने स्वरूप का दर्शन कराएँ। ऐसा होने तक, सब कुछ केवल मेरी 'आस्था' पर टिका था। कर्म की रणभूमि में अपने जीवन के रथ को खींचने के लिए, *'मुझे विश्वास है' से 'मुझे पता है'* की ओर बढ़ने की आवश्यकता थी। यह अनुभव वास्तविक, निष्ठावान और सत्य होना चाहिए।

अत: *ललिता सहस्रनाम* का पाठ कोई साधारण क्रिया मात्र नहीं थी, जिसे मैं पूर्ण करना चाहता था। यह मैं अपने हृदय और चेतना की संपूर्ण शक्ति, आस्था और प्रेम के साथ देवी माँ को पुकार रहा था। मेरा यह विश्वास, यदि बचकाना नहीं, तो कुछ सीमा तक महत्त्वाकांक्षी था कि यदि मैं देवी का नाम दस लाख बार पुकारूँगा, तो वे संभवत: एक बार तो अवश्य दर्शन देंगी। मैं इसी विचार को सुनकर बड़ा हुआ था कि 'जो एक बार भी भगवान को सच्चे मन से बुलाता है, वे तुरंत चले आते हैं।'

प्रतिदिन लगभग चौदह घंटे देवी के नाम का जप करना मेरे लिए संभव था। मुझे अच्छी तरह से पता था कि जब मैं भैरवी माँ की साधना शुरू करूँगा, तो मैं और अधिक व्यस्त हो जाऊँगा, क्योंकि उसके लिए प्रतिदिन चार अतिरिक्त घंटे चाहिए होंगे। फिर भी, मैं दिन-रात देवी के पवित्र नाम के जप में स्वयं को डुबो देने के लिए तरसता रहता था। भगवान जानते हैं कि यदि मुझे भगवान से भी अधिक कुछ चाहिए तो वह था, अपना सारा समय भगवान को समर्पित कर देने का सामर्थ्य।

मैंने दोपहर में वेदमाता गायत्री का शेष आठ घंटे तक जप किया और फिर अलार्म लगाकर सो गया। कहते हैं, कभी-कभी गायत्री देवी आपको स्वप्न में संकेत

देती हैं, परंतु मैं गहरी निद्रा में था, क्योंकि मुझे बहुत थकान हो गई थी। मुझे कोई स्वप्न भी याद नहीं आ रहा था। मुझे चिंता थी कि यदि अलार्म घड़ी की बैटरी समाप्त हो गई और मैं सोता रह गया, तो क्या होगा, किन्तु सौभाग्य से, मैं सुबह 3.30 बजे जोश और ऊर्जा से भरा हुआ उठा। मैं कंगारू के बच्चे जैसी ऊर्जा के साथ स्नान के लिए बाहर निकला। मेरा हृदय तेज़ी से धड़क रहा था, मानो हिमालय में बतौर संन्यासी यह मेरी प्रथम साधना नहीं थी, जिसकी मैं तैयारी कर रहा था, अपितु मानो देवी माँ ने मुझसे कहा हो, 'एक क्षण के लिए ठहरो, मैं अभी तुम्हारे पास आती हूँ।' किसी अज्ञात कारण से मुझे लगा कि एक निश्चित भाव मेरे भीतर झुरझुरी पैदा कर रहा था, मेरी त्वचा के रोंगटे खड़े हो गए थे, मानो देवी गुफ़ा में आने वाली थीं।

मैंने दीप प्रज्ज्वलित किया, गणेश वंदना करके हाथ में थोड़ा जल लिया और कहा, 'हे देवी माँ, यह अज्ञानी बालक, कामौली के निर्वाण दर्शन मुनि उदासीन नागा बाबा का पुत्र स्वामी सर्वानंद, आगामी चालीस दिवस तक एक सहस्र बार आपके एक सहस्रनाम का जप करने का संकल्प लेता है। मैं प्रतिदिन आपके लिए एक घंटा विलाप भी करूँगा। यदि, इन चालीस दिनों में, आपको एक बार भी ऐसा लगे कि मेरी पुकार शुद्ध और सच्ची है, यदि मेरे आँसू की एक बूंद भी सच्ची है, तो कृपया मुझे दर्शन दीजिए। यदि एक दिन भी, मैं आपके लिए विलाप नहीं कर पाया तो मैं मान लूँगा कि आपके दर्शन की मेरी कामना अभी वास्तविक नहीं है।'

विलाप करने के मेरे संकल्प का कारण बहुत सरल था। प्रेम में, लालसा में, वियोग असहनीय हो जाता है। सामान्यत: पुरुष, स्त्रियों की भाँति नहीं रोते, किन्तु दोनों प्रेम को अलग-अलग तरीक़े से व्यक्त करते हैं। मैंने सोचा यदि मैं वास्तव में देवी माँ के लिए व्याकुल हूँ, तो मेरे हृदय को मंत्रोच्चार से परे भी इसका आभास होना चाहिए। और यदि इसे ऐसी लालसा का आभास होता है, तो इसे किसी तरह व्यक्त करना चाहिए। विलाप, मेरे लिए उसी प्रकार की अभिव्यक्ति थी। यही रामकृष्ण परमहंस भी करते थे; वे माँ काली के लिए विलाप करते थे। और इस तरह, मैंने अपनी साधना आरंभ कर दी। मैं अब आपको बता सकता हूँ कि यह मेरी आध्यात्मिक यात्रा का सबसे महत्त्वपूर्ण क्षण था। मेरे हृदय के किसी कोने में मुझे इस बात की आशा थी कि क्या पता, कौन जाने, देवी माँ प्रकट हो जाएँ। संभवत: मैं इतना विशिष्ट था कि वे मुझे मेरी प्रथम साधना में ही दर्शन दे सकती थीं, जो कि दो कारणों से चमत्कारी होता। पहला, आज के युग में ऐसा हो सकता है, यह व्यावहारिक रूप से किसी ने सुना नहीं था; और दूसरा, भले ही मुझे जीवन में वह सब कुछ प्राप्त हो गया था, जो मैं चाहता था, मुझे कुछ भी सरलता अथवा सहजता से नहीं मिला था।

संसार की दृष्टि में, मैं इक्कीस वर्ष की आयु तक ढाई लाख डॉलर कमाने वाला एक सफल व्यक्ति था, जो पच्चीस वर्ष की आयु से पहले ही करोड़पति हो चुका था, किन्तु उस सफलता के पीछे वर्षों का अथक और समर्पित प्रयास था। यह परिणाम था उन सब पार्टियों का, जिनमें मैं सम्मिलित नहीं हुआ, उस सामाजिक मेलजोल का, जो मैंने नहीं किया, उस मौज़-मस्ती का, जिससे मैं दूर रहा और वह निद्रा जिसका मैंने त्याग दिया था। उस सफलता के पीछे मेरा असंख्य बार गिरना और उठना, अपने घावों से रक्त साफ़ करना और फिर से चलना भी शामिल था।

मेरे आस-पास अनेक अद्भुत लोग रहे और मैं उनका सदा आभारी रहूँगा, परंतु मुझे किसी से कभी कोई वित्तीय अथवा भौतिक सहायता नहीं प्राप्त हुई। प्रथम प्रयास में कुछ कारगर नहीं हुआ। और, अब मैं अपनी साधना आरंभ करते हुए मन ही मन कुछ सीमा तक अत्यंत महत्त्वाकांक्षी भी महसूस कर रहा था।

मैं आपको बता दूँ कि हम सब अद्वितीय हैं, किन्तु हममें से कोई भी विशिष्ट नहीं है। अपने बारे में हमारा चाहे जो भी मत हो, किन्तु वास्तव में कोई किसी से श्रेष्ठ नहीं होता। वृक्ष की पत्तियों की तरह, हममें से प्रत्येक अनूठा है, किन्तु वृक्ष की एकमात्र विशेष वस्तु उसका मूल है, जिसके बिना वृक्ष का अस्तित्व नहीं हो सकता। मैं मूल तक पहुँचने का प्रयास कर रहा था।

मैंने संकल्प लिया, और मन ही मन *ललिता सहस्रनाम* का जप आरंभ कर दिया। मैंने किताब को अपने निकट रखा, जिससे यदि मैं कोई श्लोक भूल जाऊँ, तो उसे देख सकूँ। इस बीच, बादल गरजने लगे, मानो काल का अंत होने वाला था और फिर निरंतर वर्षा होने लगी। जब भी बादल गरजता, तो उसकी गड़गड़ाहट हृदय के भीतर महसूस होती थी, मानो उसकी आवृत्ति हृदय की धड़कन से मेल खाती हो। वह एक अलौकिक अनुभव था। ऐसा लगा कि बादल मेरे ऊपर नहीं हैं, अपितु मैं बादलों के भीतर हूँ। मैंने जप करना आरंभ कर दिया :

> *ॐ श्रीमाता श्रीमहाराज्ञी श्रीमत सिंहासनेश्वरी,*
> *चिदग्नि कुण्ड स्वरूपा देवकार्य समुद्यता।*

> हे सौंदर्यवान माँ, सर्वोच्च साम्राज्ञी, सम्मान के योग्य, गौरवशाली सिंहासन पर विराजमान देवी। आप चेतना की अग्नि हैं, आप चेतना का अग्निकुंड भी हैं, आप शुद्ध हृदय के महान कार्य को पूर्ण करने के लिए प्रकट होती हैं।

मेरे गालों पर आँसू ऐसे बह रहे थे, जैसे बरसात के मौसम के दौरान अनियंत्रित जलधाराएँ बहती हैं, परंतु मुझे मंत्रोच्चारण पर ध्यान केंद्रित रखना था। इससे पहले

मैंने देवी के नामों पर चिंतन करने और उन्हें समझने में जो समय व्यतीत किया था, उसके कारण मुझे अब बहुत सहायता मिल रही थी। यदि मुझे उन नामों का अर्थ नहीं पता होता, तो मैं उन भावनाओं को कभी महसूस नहीं कर पाता। शाब्दिक अर्थ जानना महत्त्वपूर्ण है, जिससे आप अमूर्त अर्थों को लेकर आगे बढ़ सकें।

उद्यात्-भानु-सहस्राभा चतुर्बाहु समन्विता...
हे देवी माँ, आप सहस्र सूर्यों के समान तेजस्वी हैं, आप चतुर्भुजा हैं...

देवी की चार भुजाएँ मानव अस्तित्व के चार पुरुषार्थ का प्रतिनिधित्व करती हैं, जिनमें सभी प्राणी उलझे हैं: धर्म, अर्थ यानी समृद्धि या भौतिक प्रगति, काम अर्थात, आनंद या इच्छा, और मोक्ष।

मेरे भीतर का एक भाग, मंत्र-पाठ पर केंद्रित था, जबकि दूसरा पूरी निष्ठा से देवी से प्रार्थना कर रहा था। *'मुझे अपने हज़ार सूर्यों वाले महिमामय रूप का दर्शन कराइए माँ।'*

एक दिन पहले ही मैं बाहर से कुछ कंकड़ लेकर आया था, जिससे मैं अपने मंत्रों की गिनती कर सकूँ। मैं इस कार्य के लिए बादाम या जई का प्रयोग नहीं करना चाहता था, क्योंकि एक मूषक के होने का अर्थ था कि वहाँ और भी मूषक हो सकते थे। और यदि वे आकर बादाम या जई खा जाते, तो मेरी गिनती गड़बड़ा जाती।

एक दिन मैंने *ललिता सहस्रनाम* की पच्चीस माला करने के लिए प्रात: चौदह बार और रात्रि में ग्यारह बार जप करने का निश्चय किया। दरअसल, मेरे पास इस संदर्भ में कोई विकल्प नहीं था, क्योंकि दस दिन बाद, भैरवी माँ की साधना आरंभ होनी थी, तो मुझे प्रतिदिन रात्रि के समय नदी-तट पर अनुष्ठान के लिए बाहर निकलना ही था। मुझे इसके लिए भी समय निकालना था।

दो घंटे बाद, मेरे घुटनों में कष्ट होने लगा, किन्तु मैं आसन में बैठा रहा और पैरों को सीधा किया। मैंने जप करना बंद नहीं किया। आपने भी अनुभव किया होगा कि कभी-कभी जब हम स्वयं को जप की एक निश्चित संख्या पूर्ण करने का लक्ष्य देते हैं, तो यह दबाव भक्ति को समाप्त कर देता है। मैं यह नहीं कह सकता कि मुझे भक्ति का आभास नहीं हुआ, किन्तु यह सत्य है कि मेरे लिए प्रतिदिन पच्चीस माला पूरी करना अत्यंत महत्त्वपूर्ण था।

चौदह माला का जप करने में लगभग आठ घंटे लगे और मैंने अपराह्न के बाद ही उसे पूरा कर लिया। मैं बाहर निकलकर तनिक शारीरिक व्यायाम करना चाहता था, किन्तु मूसलाधार वर्षा हो रही थी। मैंने सेंवई ग्रहण कीं, फिर मैं तख़्त

पर कंबल ओढ़कर विश्राम करने लगा। यद्यपि बाहर वर्षा हो रही थी, मानो कल की सुबह नहीं होगी, किन्तु मेरा हृदय एक अद्भुत और सुंदर एहसास से भरा था। मैं यहाँ चट्टान के नीचे एक छोटी-सी गुफ़ा में तिरपाल से सुरक्षित पूर्ण रूप से सूखा हुआ बैठा था। शीत थी, किन्तु मैं कंबल में लिपटा था, इसलिए मुझे ठंड नहीं लग रही थी। मैंने एक दिन पहले जालीदार खिड़की को भी पॉलीथीन के एक छोटे-से टुकड़े से ढक दिया था, क्योंकि उससे आने वाली हवा, रात के समय उबलते पानी को भी जमा देने के लिए पर्याप्त थी।

मैंने छत की ओर देखा, जो तिरपाल से ढकी थी। मैं उस पर टपकती वर्षा की बूँदों का स्वर सुन रहा था। टप-टप-टप-टप-टप। वह ध्वनि लयबद्ध और निरंतर हो रही थी। मैं नारायण के मनमोहक रूप को देखने के लिए पीछे मुड़ा। वह मूर्ति मेरे लिए ब्रह्मांड के पुरुषत्व और स्त्रीत्व दोनों का प्रतिनिधित्व करती थी। भले ही वह नारायण का रूप था, किन्तु सच कहूँ तो उसमें देवी माँ की झलक भी थी। दीपक अब भी प्रज्ज्वलित था।

ऐसे में कोई नास्तिक भी भक्ति और प्रेम में डूब जाता - बाहर वर्षा, ऊपर तिरपाल पर टपकती वर्षा बूँदें, भीतर अंदर अँधकार, सामने एक छोटी-सी मूर्ति, एक छोटा-सा दीपक और मैं, एक दरिद्र भक्त। मूर्ति की छाया दीवार पर पड़ रही थी। लौ के हिलने के साथ मूर्ति की छाया भी मानो नृत्य कर रही थी। ऐसा लग रहा था, जैसे देवी माँ सजीव हो उठी हों।

यह उनकी लीला थी, उनका खेल था। संपूर्ण सृष्टि उनकी क्रीड़ा खेल थी, संपूर्ण ब्रह्मांड और उसमें स्थित समस्त आकाशगंगाएँ, उस नृत्य करती ज्योति के प्रतिबिंब से अधिक कुछ नहीं थीं, जिसमें देवी माँ स्वयं प्रकाश का स्रोत थीं।

मैं एक घंटे तक उस सुंदर दृश्य, उस जीवंत स्वरूप को निरंतर निहारता रहा। मेरा मस्तिष्क शांत हो चुका था। मुझे निद्रा आ रही थी। अपराह्न 2.30 बज रहे थे, मैंने अपना कंबल ठीक किया और आँखें बंद कर लीं।

मैं अपराह्न 3.45 बजे उठा। पंद्रह मिनट बाद जब मैं रुदन ध्यान के लिए बैठा, तब भी वर्षा हो रही थी। मुझे पता है, मैं जानता हूँ कि इसे रुदन ध्यान कहना विचित्र प्रतीत होता है, किन्तु एक प्रकार से यह वही था। अपने संकल्प के अतिरिक्त, मुझे यह जानना था कि क्या मेरे भीतर की निराशा वास्तविक थी। मेले में खोए हुए बालक की भाँति, जो अपनी माँ के अतिरिक्त कुछ नहीं चाहता, क्या देवी माँ का विचार करने पर प्रत्येक बार, किसी भी समय मेरी आँखों में आँसू आ सकते हैं?

भक्ति अथवा आत्म-साक्षात्कार के मार्ग पर कोई उत्तर सही या ग़लत नहीं होता, सबके लिए कोई एक मार्ग भी उपयुक्त नहीं होता। मुझे बहुत पहले ही पता चल गया था कि इसमें कोई मुझे सहयोग नहीं देगा, मैं परीक्षण और त्रुटि द्वारा

प्रत्येक क़दम पर कुछ अवश्य सीखूँगा। ऐसा नहीं था कि किसी ने मुझसे कहा था कि मुझे बैठकर देवी माँ के लिए आँसू बहाने हैं, किन्तु यह मेरी अपनी इच्छा थी और मैंने वही किया।

मैंने संध्या 4 से 5 बजे तक भरपूर रुदन किया। यद्यपि मैं और भी रुदन कर सकता था, किन्तु फिर मैंने कहा, 'हे मेरी देवी माँ, मैंने प्रतिदिन एक घंटे तक आपके लिए रुदन करने का संकल्प किया था। मैंने वही किया, परंतु अब यह स्पष्ट हो गया है कि मेरा एक भी आँसू सच्चा नहीं था, अन्यथा आप अवश्य आ जातीं, परंतु कोई बात नहीं, मैं कल फिर प्रयास करूँगा।'

मैं थक गया था और मुझे हल्का महसूस हो रहा था। मैंने थोड़ा-सा जल पिया और फिर आगे क़दम बढ़ाया। मैं अपना चेहरा धोने के लिए बाहर गया। वर्षा धीमी हो गई थी, किन्तु बूँदाबाँदी जारी थी। अब भी बादल छाए हुए थे। एक क्षण के लिए, जो इतना लंबा लग रहा था कि मैं आज भी उसे याद करता हूँ, मुझे बहुत अकेलापन महसूस हुआ। अपने मन पर ध्यान न देते हुए, मैं वापस अंदर चला गया। मुझे भूख लगी थी, किन्तु मैं भोजन पकाने तथा वस्त्र धोने में समय नष्ट नहीं करना चाहता था।

एक प्रश्न, जिसने सदैव अनैच्छिक एवं स्वारोपित चुनौतियों को पार करने में मेरी सहायता की; मैंने अपना घर क्यों छोड़ा? क्या मैंने खाना पकाने और सफ़ाई करने के लिए अपनी संपत्ति और सुख-सुविधाओं का त्याग कर दिया? अथवा मैंने यह सब इसलिए छोड़ा, जिससे मैं अपनी समस्त ऊर्जा देवी की प्रार्थना में लगा सकूँ?

इससे मुझे सदा चीज़ों को सही परिप्रेक्ष्य में देखने में सहायता मिली। वह चाहे मेरे गुरु के आश्रम की परिस्थितियाँ हों, जहाँ भुखमरी और अन्य चुनौतियाँ शामिल थीं, अथवा मेरी कुटिया बनाने वाले ठेकेदार द्वारा ठगे जाने की बात, अथवा कुछ भी और, 'मैंने अपना घर क्यों छोड़ा' का उत्तर सदा सार्थक को निरर्थक से अलग करने में मेरी सहायता करता था। शेष बातें स्वत: फीकी पड़ गईं। मुझे पता था मेरे लिए क्या महत्त्वपूर्ण है।

मेरी भूख और एकाकीपन का दौर शीघ्र ही लुप्त हो गया, किन्तु मेरे मन की बकबक, किसी गंदे रेलवे प्लेटफ़ॉर्म पर बिखरे कैंडी के काग़ज़ों की तरह चलती रही। *तुम्हें कल दोपहर तक भोजन नहीं मिलेगा इसलिए शिकायत करना बंद करो। यही वह मार्ग है, जो तुमने चुना था। तुम साधना करना चाहते थे। अब तुम यहाँ आ चुके हो। देखो, सब कुछ कितना सुंदर है। अत: अभी जो महत्त्वपूर्ण है, उस पर ध्यान केंद्रित करो। इस तरह वह बकवाद रुक गई।*

मैं शाम को सहस्रनाम का जप करने के लिए छह घंटे के सत्र पर बैठ गया, जो रात्रि 11.30 बजे समाप्त हुआ। मुझे वह दिन बहुत लंबा लगा। कुछ अर्थों में,

वह था भी। कल्पना कीजिए कि यदा-कदा किसी आगंतुक को छोड़कर आप दिन और रात केवल अपने साथ हों। बाहरी संसार से कोई संपर्क नहीं, बात करने के लिए कोई व्यक्ति नहीं, कोई फ़ोन, इंटरनेट, लैपटॉप अथवा किताबें नहीं। मेरे पास केवल *ललिता सहस्रनाम* थी। उसका अनुवाद नहीं, अपितु मूल संस्कृत पाठ और जेब में आने वाली श्रीमद्भगवद्गीता की छोटी सी एक प्रति। मुझे वैसे भी सहस्रनाम के अनुवाद की आवश्यकता नहीं थी, क्योंकि वह सब मेरे मस्तिष्क में था। नागा बाबा के आश्रम में मैंने जो समय व्यतीत किया, उसे पढ़ा और उस पर चिंतन किया, उसका मुझे फल मिला, क्योंकि मैं जब भी कोई नाम लेता तो उसका अर्थ, मेरे मन में देवी माँ के लिए भक्ति, लालसा और प्रेम की भावनाएँ पैदा कर देता था।

इस संदर्भ में यह कहना होगा कि आप जब किसी ऐसे मार्ग पर चलते हैं, जिस पर कम लोग जाते हैं अथवा कोई नहीं जाता, तो आपको नहीं पता होता कि अगला पढ़ाव क्या होगा। आप नहीं जानते कि आप तैयार हैं अथवा नहीं या फिर आप जो कर रहे हैं, वह पर्याप्त होगा या नहीं। मुझे भी नहीं पता था। मुझे केवल इतना पता था कि चाहे जो हो जाए, मुझे चलते रहना है।

4

भैरवी यंत्र

मैं जुनूनी होकर दिन-रात ध्यान करता रहता था। एक सप्ताह बाद, 22 अगस्त के आस-पास, मैंने एक विचित्र घटना देखी। प्रात: उठने पर मेरे दीपक की बाती सदा ही बाहर पड़ी होती थी। केवल बुझी या बुझाई हुई ही नहीं, अपितु वह दीपक के निकट भी पड़ी मिलती थी। मैंने इस रोचक घटना के विषय में गोपाल गिरि नामक एक भ्रमणशील संत को बताया, जो यहाँ मुझसे मिलने नियमित रूप से आते रहते थे।

'महाराज,' उन्होंने कहा, *'वन देवी आती होगी ज़रूर।'*

एक रात, मैंने जागकर उस रहस्य को सुलझाने का फ़ैसला किया। तब पता लगा कि वह वन देवी नहीं, अपितु गणेश की सवारी, एक मूषक था, जो अपने मित्र के साथ आता था। वे संभवत: नाराज़ थे अथवा भूखे। हर रात जब दीपक बुझ जाता तो दो मूषक दीपक की बाती को निकाल लेते थे। विचित्र बात यह थी कि मुझे लगा, जैसे मुझे मूषक की हत्या की मेरी भूल के लिए क्षमा कर दिया गया था।

'हाँ, हाँ,' मैंने उनसे कहा। 'आओ, यहाँ रहो, शोर मचाओ, जो चाहो करो। स्वामी तुम्हें क्षति नहीं पहुँचाएँगे, परंतु यहाँ मल-मूत्र नहीं करना। इस स्थान को स्वच्छ रखने में मेरी सहायता करो।'

मुझे पता है यह पागलपन है, किन्तु ऐसा लगता था, मानो वे मेरी बात सुनते थे। वे हर रात आते, शोर मचाते और दिन होते ही भाग जाते थे। यहाँ तक कि दिन के समय जब गुफ़ा में अँधकार होता, तब भी मैंने उन्हें कभी बाहर घूमते नहीं देखा। उन्होंने कभी किसी वस्तु को कुतरकर मुझे परेशान नहीं किया। हम शांतिपूर्वक सह-अस्तित्व में रहते थे। एकमात्र कार्य जो वे हर रात बिना चूके करते थे, वह दीपक की बाती को बुझाना। हर रात। मैं जैसे ही *ललिता सहस्रनाम* का जप समाप्त करके लेटता, उसके अगले चालीस मिनट में दीपक बुझ जाता था, किन्तु मैं जब

प्रात:काल उठता तो बाती, दीपक से कुछ इंच की दूरी पर पड़ी मिलती थी। वह बाती कभी कटी-फटी नहीं होती थी। केवल दीपक से दूर पड़ी मिलती थी।

यदि प्रतिदिन नहीं, तो हर दूसरे दिवस पर एक गरुड़ मेरी गुफ़ा के ऊपर आकर बैठ जाता था। यदा-कदा मैं वर्षा के समय भी बाहर निकलता, तो भी वह चट्टान पर बैठा होता था। मैंने उस गरुड़ को केवल एक बार अनुपस्थित देखा, जब लगातार चार दिन तक बारिश हुई थी।

मैंने बचपन में असंख्य बार सुना था कि इन विशालकाय पक्षियों की ओर देखना नहीं चाहिए, क्योंकि यह डर रहता था कि वे आपकी आँखें निकाल सकते हैं। यह मान्यता शहरी किंवदंतियों अथवा मिथकों में से एक थी। यद्यपि, गरुड़ को निकट से देखना एक अद्भुत अनुभव होता था। उसकी टेढ़ी चोंच, शांत और तीखी आँखें, विशाल शरीर, नाव के आकार का पेट, विशाल पंख, और धनुषाकार सतहों पर आराम करते हुए पूरी तरह से फैले हुए पंजे देखना अद्भुत था। इस गरुड़ के पंख मानो किसी अलग कालखंड, किसी अलग युग की कहानी को अपने में समेटे हुए थे।

मैं अपनी सुंदर, यद्यपि थका देने वाली दिनचर्या पूरी कर रहा था कि तभी एक दिन दोपहर में एक आगंतुक को देखकर मेरा हृदय हर्ष से भर उठा। एक अन्य मनुष्य को देखकर सदा अच्छा लगता था।

नौ दिन बाद, जिस दौरान कुछ महत्त्वपूर्ण नहीं हुआ, अब भी देवी माँ का कोई संकेत नहीं मिला था। मैं भैरवी माँ द्वारा दी गई साधना आरंभ करने के लिए तैयार हो गया। साधना के विषय में एक रोचक बात यह है कि जब आपको कोई आध्यात्मिक अभ्यास करने को दिया जाता है, जिसका किसी पूर्व अभ्यासकर्ता ने जीवन में पालन किया है, तो यह अलग ढंग से कार्य करता है अर्थात इसमें अधिक शक्ति, बल एवं सच्चाई दिखती है। मेरे लिए किसी किताब से साधना के विषय में पढ़ना और स्वयं उसका अभ्यास करना एक समान नहीं है। मैं यह नहीं कहूँगा कि इसका फल नहीं मिलता, फल तो मिलता है और किसी भौतिक गुरु की अनुपस्थिति से आपको हतोत्साहित नहीं होना चाहिए, हालाँकि यदि कोई गुरु आपको साधना में दीक्षा दें, तो निश्चित रूप से यह एक श्रेष्ठ विकल्प है। किसी साधना को पढ़ना और उसे स्वयं करना तथा किसी मौजूदा गुरु से आशीर्वाद प्राप्त करना - इन दोनों में वही अंतर है, जो किसी अरबपति की चेकबुक चुरा लेने और किसी धनाढ्य व्यक्ति द्वारा स्वयं आपको चेक थमा देने में है। आपके पास पूरी चेकबुक है, किन्तु यदि उस पर हस्ताक्षर नहीं किए गए हैं, तो उसका कोई लाभ नहीं है। आप धोखाधड़ी से हस्ताक्षर करने में भी सफल हो सकते हैं, किन्तु ऐसा करने से आपको क़ानूनी, नैतिक और अन्य परेशानियों का सामना करना पड़ सकता है।

भैरवी माँ ने मुझे देवी की साधना प्रदान की थी। उन्होंने मेरी गुफ़ा के सामने एक विशाल पर्वत की ओर संकेत करते हुए कहा था, *'इसी पर्वत पर गंधर्व आकर तुम्हें गान सुना के जाएँगे।'* निस्संदेह, मुझे पता था कि यह प्रतीकात्मक था, परंतु उनके वचन का सम्मान करने के लिए, मैंने साधना करने का निश्चय किया विशेषकर इसलिए कि उन्होंने मुझसे वचन लिया था।

मुझे एक साधारण यंत्र बनाकर उसमें कुछ अंक लिखने थे। उसे बनाते समय मुझे उनके बताए मंत्र का जप करना था। उसके बाद मुझे नदी पर जाकर मंत्र का जप करते हुए यंत्र को नदी में विसर्जित करना था। यंत्रों को दिन भर बनाया जा सकता था, किन्तु उनका विसर्जन रात्रि में ही करना था। भैरवी माँ ने मुझे भोजपत्र पर कुमकुम से यंत्र बनाने को कहा था। इस पर मैंने उत्तर दिया कि मेरे लिए इतने भोजपत्र जुटाना संभव नहीं होगा और न ही कुमकुम से लिखने का समय होगा। संयोग से, भोजपत्र मेरे लिए नई वस्तु नहीं थी। मैं जब बड़ा हो रहा था, तो उस दौरान ज्योतिष और साधना करते हुए मैंने उन पत्तों पर कई सौ यंत्र बनाए होंगे।

'कोई समस्या नहीं है,' उन्होंने कहा, 'साधारण काग़ज़ पर साधारण क़लम से लिखो। यह तो तुम कर सकते हो न?'

सच कहूँ तो यदि वे इतना बल न देतीं, तो मैं संभवतः इस बात को अनदेखा कर देता, परंतु सत्य तो यह था कि मैं सहमत हो गया और मैं अपनी बात पर अटल रहने वाला था। यंत्र इस प्रकार था:

8	**1**	**6**
3	**5**	**7**
4	**9**	**2**

जैसे ही उन्होंने मुझे यंत्र दिया, मैंने कहा, 'आह, मुझे पता है। यह तो प्रसिद्ध पंडरिया यंत्र है।'

'पंडरिया' अँग्रेज़ी में 'पंद्रह' शब्द के लिए प्रयुक्त होने वाला एक विशेषण है। मुझे यह उनसे प्राप्त करके बहुत हर्ष हुआ था। यह यंत्र देखकर आप सोच में पड़ जाएँगे कि क्या प्राचीन भारत के ऋषि सुडोकू खेलते थे। यह वास्तव में उससे बिल्कुल भिन्न था।

पंडरिया यंत्र में, आप विकर्ण, ऊर्ध्वाधर या क्षैतिज पंक्ति में किसी भी तरह अंकों को जोड़ते हैं, तो उनका कुल योग पंद्रह ही आता है। मेरा बारह वर्ष की आयु में पहली बार यंत्रों के संसार से परिचय हुआ था, जब मैंने ज्योतिष सीखना आरंभ किया था। हम नियमित रूप से विभिन्न ग्रहों के लिए यंत्रों की प्राण-प्रतिष्ठा करते थे। प्रत्येक ग्रह के लिए एक यंत्र है और सभी ग्रहों का एक सामूहिक यंत्र भी है। आपके पास ऐसे यंत्र हैं, जिनका कुल योग दस (दसिया), पंद्रह (पंडरिया), बीस (बीसा), चालीस (चालिया) आदि होता है। सोलह वर्ष की आयु तक, मैं ग्रहों के लिए यंत्रों की कला और दर्शन में विश्वास करता और उसका अभ्यास करता था, किन्तु फिर मैं उन्हें पीछे छोड़ चुका था।

आप ग़लत न समझें, क्योंकि मैंने अपनी पूजा में, केवल ग्रहों की तुष्टि के लिए नहीं, यंत्रों और मंडलों का उपयोग करना जारी रखा। यंत्रों का उपयोग करने का मुख्य कारण वैदिक धर्म, अपने वंश और अपने गुरु के वचन का सम्मान करना था। मेरा मानना है कि कोई मुझे साधना देकर मुझे यंत्र बनाने को कहता और यदि ऐसा करने की मेरी इच्छा नहीं है, तो मुझे उसे प्राप्त करते ही अपनी बात स्पष्ट कर देनी चाहिए। दूसरे शब्दों में, यह शिष्य पर निर्भर नहीं करता कि वह साधना में अपनी इच्छानुसार मंत्र की ऊर्जा जागृत करे। सिद्धि प्राप्त करने अथवा उसे सफलता मानने के बाद ही आप उसमें किसी प्रकार का परिवर्तन करने के अधिकारी हैं।

पंडरिया यंत्र की बात करें, तो देवी पूजा के अनेक रूपों में इसका बहुत महत्त्व है, क्योंकि 'पंद्रह', चंद्र पंचांग के पंद्रह दिनों का प्रतिनिधित्व करता है, जिसमें प्रत्येक दिन, एक अलग प्रकार की ऊर्जा का प्रतिनिधि है। कभी-कभी अंकों को अलग ढंग से व्यवस्थित किया जा सकता है, परंतु विचार (और कुल योग) एक ही रहता है। आपको यह यंत्र अनेक किताबों में मिल जाएगा, किन्तु इसे किसी ऐसे व्यक्ति से, जिसने इसे सिद्ध कर लिया हो, से प्राप्त करने से परंपरा का सम्मान होता है और वंश का आशीर्वाद प्राप्त होता है। आपसे पूर्व गुरुओं द्वारा की गई तपस्या के कारण पहला, धर्म को बनाए रखता है और दूसरा, यंत्र की सामूहिक ऊर्जा को अक्षुण्ण रखता है, जो इस संदर्भ में एक यंत्र है, यद्यपि यह कुछ और भी हो सकता है।

अत: जब उन्होंने मुझे साधना प्रदान की और मुझे उसे करने का निर्देश दिया, तो मुझे विरोध करने की कोई वजह नज़र नहीं आई। इस बात की क्या संभावना है कि इस विशाल ब्रह्मांड में, आप किसी से दो घंटे से भी कम अवधि के लिए मिलते हैं और वह व्यक्ति यह भविष्यवाणी कर देता है कि आपको दिव्य दर्शन कब होगा, वह आपको असाधारण विश्वास और सटीकता के साथ कहता है कि वह जो साधना आपको प्रदान कर रहा है, उसका परिणाम क्या होगा, वह आपका भविष्य

ऐसे बताता है, मानो कोई किताब पढ़ रहा हो और इतना ही नहीं वह आपके उद्देश्य और पहचान की घोषणा भी कर देता है? यह कहना एक अल्पकथन है कि वह पूर्णतः मुक्तिदायक क्षण होता है, जब आप जान लेते हैं कि आप कौन हैं और इस ग्रह पर क्या कर रहे हैं, क्योंकि ऐसा क्षण न केवल मुक्ति प्रदान करता है, बल्कि पूर्णतः रूपांतरित भी कर देता है।

उन्होंने मुझे बताया था कि यंत्र बनाते समय मुझे 'ॐ ह्रीं श्रीं ह्रौं' मंत्र का जप करना है। यह देवी और शिव का मंत्र था। मैंने जब इस सरल मंत्र का उच्चारण किया, तो उसे सुनकर वे बहुत प्रसन्न हुईं, क्योंकि अनेक साधक 'ह्रीम्' या 'ह्रींग' का उच्चारण करते हैं और उसमें 'ग' पर बहुत बल देते हैं, जबकि अंत का 'ग' केवल एक कोमल-सी नासिका ध्वनि होना चाहिए। उनसे भेंट होना, मेरी आध्यात्मिक यात्रा का एक सुंदर और निर्णायक क्षण था, क्योंकि उन्होंने मुझे यह आशा प्रदान की थी कि देवी माँ के दर्शन करना संभव है और मुझे उनके दर्शन अवश्य होंगे। यद्यपि उनके अंतिम शब्द, मैंने अपनी किताब 'इफ़ ट्रुथ बी टोल्ड' में साझा नहीं किए। मैं अब तक यह निश्चय नहीं कर पाया हूँ कि मैं उनके शब्दों को सार्वजनिक करने के लिए तैयार हूँ अथवा नहीं।

अपनी विदाई के शब्दों के तुरंत बाद उन्होंने कहा, 'जब आपको मालूम है कि आप कौन हैं, तो फिर किसी और तरह का व्यवहार मत कीजिए। स्वयं को आवश्यकता से अधिक कठोर तपस्या करने की स्थिति में मत डालिए।'

'क्या आप मेरी बात पर विश्वास करते हैं?' उन्होंने फिर पूछा।

मैंने बस सिर हिला दिया था।

'तब आपको निश्चित ही पता होगा कि आपको यह सब करने की आवश्यकता नहीं है।'

गुफ़ा में लौटकर मुझे इस साधना के लिए साढ़े तीन घंटे का समय निकालना था। मैं प्रतिदिन एक सहस्र बार यंत्र बनाता था, जिसमें मुझे लगभग तीन घंटे लगते थे, और मंत्र का जप करते हुए उन्हें नदी में विसर्जित करने में लगभग बीस मिनट का समय लगता था।

प्रात:काल का पूरा समय *ललिता सहस्रनाम* के जप में व्यतीत हो जाता था। पुरश्चरण के अनुष्ठान को ध्यान में रखते हुए मैं अपनी वर्तमान दिनचर्या को परिवर्तित करने के लिए तैयार नहीं था। एक निश्चित समयावधि में मंत्र का जप करते हुए पुरश्चरण के लिए आपको प्रतिदिन एक ही समय पर इसका जप करना अनिवार्य होता है। यह आपके मस्तिष्क को अकल्पनीय रूप से प्रशिक्षित करता है। यदि आप प्रतिदिन एक-सी दिनचर्या का पालन करते हैं, तो आप उसी समय पर उठते और तैयार होते हैं, उसी समय पर बैठकर साधना आरंभ करते हैं, लगभग उसी समय पर

उसे समाप्त भी कर लेते हैं। यह आपके मस्तिष्क में एक खाँचे का निर्माण करता है, जो एक प्रकार का नवीन तंत्रिका मार्ग बन जाता है।

प्रतिदिन साढ़े तीन घंटे निकालने का एकमात्र तरीक़ा यह था कि मैं अपराह्न 12 बजे से 1.30 बजे के बीच का समय इस कार्य के लिए निकालूँ और संध्या के समय सहस्रनाम का पाठ करने के बाद बाक़ी कार्य पूर्ण करूँ। इस साधना की अच्छी बात यह थी कि मैं इसे दिन में किसी भी समय कर सकता था। इसका केवल एक नियम था कि मुझे भैरवी माँ के निर्देशानुसार, सूर्यास्त के बाद और सूर्योदय से पूर्व नदी पर जाना होता था। अत: मेरी नई दिनचर्या इस प्रकार थी:

सुबह 3.30 – 4 बजे	**सोकर उठना**
सुबह 4.00–दोपहर 12.00 बजे	**ललिता सहस्रनाम साधना**
दोपहर 12–1.30 बजे	**यंत्र बनाना**
दोपहर 1.30 – 2.30 बजे	**भोजन पकाना, खाना, नदी से पानी लाना आदि।**
दोपहर 2.30 – 4.00 बजे	**विश्राम**
संध्या 4.00–5.00 बजे	**देवी माँ के लिए रुदन करना**
संध्या 5.00– रात्रि 11.00	**ललिता सहस्रनाम साधना**
रात्रि 11.00 बजे से रात्रि 12.45 बजे तक	**भैरवी यंत्र एवं नदी में विसर्जन**
रात्रि 1.00 – प्रात: 3.30	**भव्य हिमालय की गोद में शयन**

पहले तो यह दिनचर्या बहुत कठिन प्रतीत हो रही थी। और कठिन थी भी। मुझे दोपहर में लगभग नब्बे मिनट और रात्रि में ढाई घंटे का ही विश्राम मिलता था। इतनी निद्रा पर्याप्त नहीं थी और साथ ही किसी प्रकार की आकस्मिक स्थिति के लिए भी इसमें गुंजाइश नहीं थी। यदि दोपहर में कोई अतिथि आ जाए अथवा रात्रि में चूहे मुझे सोने न दें, तो मैं अगले दिन साधना के लिए कैसे उठ पाता? फिर भी, कोई व्यक्ति केवल इतनी ही योजना बना सकता है।

सच कहूँ, तो मेरे मन में यह विचार आया कि मुझे अभी भैरवी माँ की साधना आरंभ नहीं करनी चाहिए। इसे बाद में करना सरल होगा, किन्तु कभी-कभी आपको

प्रवाह के साथ चल देना चाहिए, कभी-कभी हमें केवल अपने वचन का सम्मान करना होता है। मुझे आशा नहीं थी कि कोई दिव्य प्राणी मेरे लिए वहाँ आएगा और मुझे गान सुनाएगा, न ही मैं किसी प्रकार की सिद्धियाँ चाहता था। मुझे केवल एक ही बात की चिंता थी, और वही एकमात्र कारण था, जिसके लिए मैंने गेरुआ वस्त्र धारण किए थे। और वह कारण था, देवी माँ के साथ एकाकार और केवल एक बार उनके दर्शन करना।

अत: 24 अगस्त 2010 को मैंने अपनी दिनचर्या में इस नई साधना को सम्मिलित कर लिया। मैं लगभग पंद्रह दिनों से अपनी गुफ़ा के भीतर था और दस दिनों से *ललिता सहस्रनाम* का पाठ कर रहा था। मैंने प्रात:कालीन साधना और देवी माँ की उपासना पूर्ण की और फिर एक संकल्प लिया; 'हे माँ, अगले चालीस दिनों तक मैं भैरवी माँ द्वारा दिए गए यंत्र को प्रतिदिन एक सहस्र बार बनाऊँगा और रात्रि में उनके निर्देशानुसार नदी में विसर्जित करूँगा। यदि इस साधना में एक क्षण के लिए भी आपको मेरा प्रेम और मेरी भक्ति सच्ची प्रतीत हो, तो कृपया मुझे दर्शन दें। मुझे और कुछ नहीं चाहिए।' मैं यंत्र बनाना आरंभ करने ही वाला था, किन्तु इस संकल्प ने मुझे भावुक कर दिया। मेरे हृदय से निकली भावनाएँ शब्दों के रूप में होंठों पर आ गईं;

न मोक्षस्याकांक्ष न च विभववाश्चपि च न मे
न विज्ञानपेक्षाशशिमुखी! सुखेच्छपि न पुन:
अत स्त्वं सम्यचे जननी जननं यातु मम वै
मृडानी रुद्राणी शिव शिव भवनीति जपत:।

हे देवी माँ, मैं मुक्ति नहीं चाहता, न ही मैं इस संसार के वैभव की खोज कर रहा हूँ। हे तेजस्विनी माता! मुझे इस या उस ज्ञान में महारत हासिल करने की कोई इच्छा नहीं है! मुझे इस संसार के सुखों की कामना नहीं है। देवी माँ, मैं इस जन्म अथवा भी किसी अन्य जन्म में निरंतर आपको स्मरण करता रहूँ। मेरे होंठ आपके मृडानी, रुद्राणी, शिवा, भवानी और अन्य नामों का उच्चारण करते रहें।

'आपके बिना, मैं समस्त वैभव अथवा किसी अन्य वस्तु को लेकर क्या करूँगा? मैं तेज़ाब के पात्र में पड़ी मछली की तरह छटपटा रहा हूँ। हे माँ, मुझे कृपा करके केवल एक बार अपने दर्शन दे दीजिए,' मैंने कहा। मैंने शीघ्रता से अपने आँसू पोंछे, क्योंकि प्रत्येक मिनट का हिसाब था और फिर मैंने अपनी साधना आरंभ कर दी।

5

ललिता सहस्रनाम साधना

एक ख़ूबसूरत बात यह हुई कि इतनी बार जप करने के उपरांत मेरा मन जप के अनुकूल ढल गया। मैं *ललिता सहस्रनाम* का जप अब अधिक सरलता से कर लेता था और इस बीच, मेरी सजगता भी उत्कृष्ट स्तर की रहती थी। अब मुझे प्रत्येक माला को पूर्ण करने में बत्तीस मिनट नहीं, अपितु लगभग अट्ठाइस मिनट लगते थे। चूँकि मैंने सुबह चौदह माला का जप किया था, अत: इससे मुझे छप्पन मिनट की बचत हुई। इसका अर्थ यह था कि मैं प्रात: काल अतिरिक्त एक घंटा भैरवी माँ की साधना को समर्पित कर पाता था।

मुझे आशा है कि आप इस विरोधाभास को समझ पाएँगे। एक ओर मैं देवी माँ की साधना में पूर्ण रूप से डूब जाना चाहता था और दूसरी ओर, मैं प्रसन्न था कि मुझे इसमें लगभग एक घंटा कम लग रहा था। मेरे जैसे अनेक साधक इसी जगह आकर भटक जाते हैं और हम साधना को ही अपना लक्ष्य बना लेते हैं। मुझे यह समझ जाना चाहिए था कि अंत में महत्त्व इस बात का नहीं है कि मैंने कितनी बार जप किया, अपितु महत्त्वपूर्ण यह है कि क्या मेरा मन प्रत्येक क्षण देवी के विचार और हृदय में उनके लिए प्रेम से भरा है।

मैंने अपनी साधना को एक तरह की रूपरेखा की तरह देखा, जिसने मेरे समय और मेरी दिनचर्या को एक प्रकार की संरचना के साथ जोड़ने का कार्य किया, अन्यथा, भव्य हिमालय की गोद में, एकांत का आनंद लेते हुए सब कुछ भूल जाना बहुत सरल है।

जब मैं ऐसे साधुओं से मिला, जो एकांत में रहते थे, किन्तु वे भक्ति या साधना में संलग्न नहीं थे, तो मैं विनम्रतापूर्वक यह कहना चाहता हूँ, मुझे वे लोग हिमालय के गाँवों अथवा कोलाहल से भरे महानगरों में रहने वाले लोगों से किसी

भी तरह से भिन्न प्रतीत नहीं हुए। दूसरे शब्दों में, एकांत में रहना पर्याप्त नहीं होता। सारा अंतर इस बात से पड़ता है कि हम एकांत में करते क्या हैं। मेरे गुरु ने कहा था कि साधना ही मार्ग है और मैं बचपन से ही उस मार्ग की ओर गहराई से आकर्षित था। सबसे महत्त्वपूर्ण यह था कि मेरे अंतर्मन में निरंतर आवाज़ आती थी, जो मुझे यह स्मरण कराती रहती थी कि मैंने साधना करने के लिए ही अपना घर और भौतिक संसार का त्याग किया है। संभवत: एकमात्र संतोष इसी बात का था कि मैं भैरवी माँ के निर्देशों का सम्मान करने का प्रयास कर रहा था और इस प्रक्रिया में अधिक साधना भी कर रहा था, साथ ही, मैं अपने मन को कड़े रूप से प्रशिक्षित भी कर रहा था।

यंत्र बनाते हुए मात्र चालीस मिनट हुए थे और मेरा हाथ अभी से थकने लगा, परंतु मैंने एक के बाद एक यंत्र बनाते हुए *'ॐ ह्रीं श्रीं ह्रौं'* का धीमे स्वर में उच्चारण जारी रखा। मुझे यंत्र बनाने में अधिक समय लग रहा था, क्योंकि मेरा ध्यान सब अंकों को सही ढंग से लिखने पर था। दूसरा घंटा आरंभ हुआ, तो पूरा यंत्र बनाना मुझे सरल लगने लगा। निश्चित रूप से यह सहायक रहा कि मुझे वे यंत्र, भोजपत्र पर चाँदी की लेखनी अथवा किसी टहनी से नहीं बनाने पड़े, जिसे हर कुछ सेकंड के बाद सिंदूर की स्याही में डुबाना पड़ता। ऐसा करने से इस प्रक्रिया में छह गुना अधिक समय लग सकता था। भैरवी माँ इतनी दयालु थीं कि उन्होंने मुझे काग़ज़ पर रोलरबॉल पेन से लिखने की अनुमति प्रदान कर दी थी। फिर भी, पहले दिन मुझे अधिक समय लगा।

मैंने सुबह तीन घंटे और रात्रि में चालीस मिनट तक लगातार सहस्रनाम का जप किया। अर्द्ध रात्रि से लगभग पंद्रह मिनट पूर्व मैं अपने बनाए यंत्र और एक छोटी-सी टॉर्च लेकर बाहर निकला। मौसम बहुत ठंडा था और ओस पड़ रही थी। यदि मेरे तन पर लंगोटी के अतिरिक्त भी अधिक कुछ होता, तो संभवत: इतनी ठंड नहीं लगती। एक क्षण के लिए, बाहर का लुभावना सौंदर्य मेरी समस्त असहजता पर हावी हो गया।

आकाश में पूर्णिमा का चाँद था और शांत हिमालय पर असंख्य तारे टिमटिमा रहे थे। मेरे सामने और पीछे दोनों ओर विशाल पर्वत थे। यदि आप कभी अवकाश पर जाना चाहते हों, तो हिमालय के एकांत में समय व्यतीत करना सर्वोत्तम विकल्प हो सकता है। हिमालय, आध्यात्मिक यात्रा पर निकले किसी भी सच्चे साधक से प्रेम करता है और उसका मार्गदर्शन भी करता है। प्रात: और संध्या काल में नीलकंठ पर्वत का शिखर सुनहरा हो जाता था, किन्तु लगता ऐसा था, मानो चाँदी जैसे चमकदार पारे से बना हो। मानो भगवान शिव और देवी माँ का दिव्य मिलन हो रहा हो और उनके गणों, उनकी सेना ने पर्वत को सजा दिया हो।

मेरे सामने बहती नदी की सतह पर चमकती चाँदनी ने उसे पिघली हुई रजत-धारा में परिवर्तित कर दिया था। नदी का प्रवाह धीमा नहीं था, अपितु वह हर्षित होकर कल-कल कर रही थी, मानो वह इस अविश्वसनीय क्षेत्र के विशाल मैदानों को पार करके समुद्र में विलीन होने को व्याकुल हो। रात्रि के सन्नाटे में प्रत्येक ध्वनि और अधिक मुखर सुनाई दे रही थी। शीतल वायु मेरी त्वचा को जैसे चीर रही थी।

मैं नदी की ओर चला गया, जहाँ एक विशेष स्थान पर पहुँचकर वह कई फ़ीट नीचे गिरकर शोरगुल और उत्तेजना से भरे भँवर में परिवर्तित हो गई, संसार की उस स्थिति की भाँति जहाँ अराजकता ही उसका प्राकृतिक क्रम है। मेरी गुफ़ा से यह पैदल यात्रा कुछ मिनटों से अधिक की नहीं थी। संभवत: सात मिनट लगे होंगे, परंतु रात्रि में, जंगल और शीत के समय इतनी यात्रा भी अधिक लंबी प्रतीत होती थी।

क्या होता यदि कोई हिम तेंदुआ, बाघ अथवा कोई और बड़ी जंगली बिल्ली मेरे पीछे से आ जाए! मेरे पास आत्म-रक्षा का कोई उपाय नहीं था। हथियार के तौर पर मेरे पास बीस रुपये की छोटी-सी टॉर्च के अतिरिक्त कुछ नहीं था। *क्या देवी माँ मेरे रक्षा करेंगी? मुझे ऐसा नहीं लगता। वह कहेंगी यदि तुम मूर्खता करने का निश्चय करते हो, तो मैं इसमें कुछ नहीं कर सकती। मुझे जंगली जानवर भी उतने ही प्रिय हैं।*

'अरे, अरे, अरे, स्वामी,' मैंने स्वयं से कहा। 'कल्पना छोड़ो। शांत रहो और साधना पर ध्यान दो। यदि तुम्हारे तन को जीवित भी खा लिया जाए, तो भी यह कोई बुरी मृत्यु नहीं होगी। इसे गले लगाओ।' मेरी नसें शांत हो गईं और मुझे फिर से आभास हुआ कि ठंडी हवा मेरी त्वचा में झुरझुरी पैदा कर रही थी और उसने मेरी हड्डियों को कँपा दिया था।

मैं नदी के निकट बैठा था। यदि मेरा पैर फिसल जाता, तो मैं पानी में डूब जाता, क्योंकि मुझे तैरना नहीं आता, परंतु मैं तैरकर नदी पार करने नहीं गया था, अपितु संसार रूपी समुद्र को पार करने गया था। धरती इतनी गीली थी कि मैं पालथी मारकर नहीं बैठ सकता था, इसलिए मैं एक चट्टान के निकट बैठ गया और मैंने विसर्जन की प्रक्रिया आरंभ कर दी।

'ॐ ह्रीं श्रीं ह्रौं,' मैंने बार-बार मंत्र धीमे स्वर में दोहराते हुए उस यंत्र को नदी में विसर्जित कर दिया। मैं चाहता था कि मेरा समूचा अस्तित्व, कंपन के साथ प्रतिध्वनित होने लगे। कुछ ऐसा, जिसकी आप मंत्र साधना के शिखर पर पहुँचकर आशा कर सकते हैं, परंतु इसके बजाय, मैं इस बात की उपेक्षा नहीं कर सका कि वहाँ कितनी ठंड थी। मैं ध्यान केंद्रित नहीं कर पा रहा था। मेरे हाथ और शरीर हर बीतते क्षण के साथ सुन्न होते जा रहे थे, इसलिए भक्ति को महसूस करना कठिन था। मेरे कान इस सीमा तक जम गए थे कि उनमें पीड़ा होने लगी थी। मेरी

नाक बर्फ़ की भाँति ठंडी हो गई थी और लगा कि वह शरीर से अलग होकर गिर जाएगी।

जब विसर्जन क्रिया संपन्न हुई, तब मुझे इतनी ठंड लग रही थी कि मैं नाक तक साफ़ नहीं कर पा रहा था, जो अब बहने भी लगी थी। मैं अपनी गुफ़ा में लौट गया, तो तनिक राहत और विजयी होने जैसा आभास हुआ। मैंने सितारों और चंद्रमा पर एक सरसरी दृष्टि डाली। 'धन्यवाद, पर्वतों! आभार, हिमालय!' जैसे ही मैं भीतर गया, मुझे लगा मैंने उस चट्टान के ठीक ऊपर कुछ देखा, जिसके नीचे मेरी गुफ़ा स्थित थी, किन्तु मेरा अनुमान ग़लत भी हो सकता था।

मैंने अंदर जाकर अपने पैर पोंछे और स्वयं को कंबल में लपेट लिया। आह... वह एहसास! मेरी चेतना लौटी, तो मैंने अपने हाथों को ज़ोर से अपनी बाँहों पर रगड़ा। मेरे शरीर में खुजली होने लगी, क्योंकि मेरी शिराओं में रक्त वापस बहने लगा था। मेरी बॉहों, पेट और कंधों पर लालिमा उभर आई और चकत्ते पड़ गए। मैंने धीरे-से अपने कानों की मालिश की। उस समय रात के लगभग 1.30 बजे थे और मुझे प्रात: साढ़े तीन बजे फिर उठना था।

मैंने नदी पर जिस तरह वह अनुष्ठान किया, मैं उससे प्रसन्न नहीं था। वह अनुभव भक्ति से रहित था। मैंने सब कुछ किया, जो मुझे करना चाहिए था, किन्तु शीत के कारण हो रही असुविधा के चलते वह समस्त अनुष्ठान यांत्रिक-कर्म बनकर रह गया था। मेरी गुफ़ा में सुख-सुविधाएँ अथवा विलासिता का कोई साधन नहीं था। वहाँ भी शीत थी, किन्तु अंदर ठंडी वायु मेरी हड्डियों को भेद नहीं रही थी। मैं गुफ़ा के अंदर किसी तरह से रह सकता था, किन्तु बाहर की स्थिति कुछ और ही थी।

ऐसा अक्सर होता है, यहाँ तक कि हममें से सबसे श्रेष्ठ लोगों के साथ भी ऐसा होता है। हम भूल जाते हैं कि हमने कोई कार्य आरंभ क्यों किया था और फिर बाद में वह अनुष्ठान, बाहरी क्रिया-कलाप बनकर रह जाता है। *मेरे अंदर की आवाज़ मुझे फटकार रही थी; क्या भैरवी माँ ने आपको शीत में नग्न होकर बाहर जाने को कहा था? यह आपके शरीर के लिए किस तरह का प्रशिक्षण है? यदि आप बीमार पड़ गए, तो हो चुका ध्यान और साधना! क्या आप नदी में यंत्रों को विसर्जित करते हुए एक मिनट के लिए भी ध्यान केंद्रित कर पाए? आपका तो बस अपने शरीर पर ध्यान केंद्रित था। आपको यह सब पहले से पता होना चाहिए था।* मेरी अंतरात्मा की आवाज़ मुझे लगातार डाँट रही थी।

मेरी आध्यात्मिक यात्रा पर, जहाँ हर क्षण मेरे लिए महत्त्वपूर्ण था, मुझे लगा कि भैरवी माँ द्वारा दी गई साधना की प्रथम रात्रि को मैंने जो कुछ किया, उसमें मेरा समय नष्ट हुआ और केवल नाम के लिए अनुष्ठान पूरा करने का कोई लाभ नहीं था।

यह अच्छा हुआ कि मैं इतना थका हुआ था कि मुझे नींद आ गई, अन्यथा मुझे नहीं पता कि मैं उस अपराध बोध से बाहर कैसे निकल पाता।

मैं प्रात: 3.30 बजे बिस्तर से बाहर निकला। सदा की भाँति उस मौसम में नहाना पेट पर झटका लगने जैसा महसूस हुआ। मैंने हाथ-पैर धोए, एक हाथ में मग पकड़ा, चेहरे पर बर्फ़ीला पानी डाला और दूसरे हाथ से उसे साफ़ किया। आरंभ में, मैंने एक के बाद एक मग शीघ्रता से अपने ऊपर उंड़ेलने का प्रयास किया, जैसा कि मैंने अपने गुरु के आश्रम में किया था, किन्तु आपको बता दूँ कि 12,000 फ़ीट की ऊँचाई पर आप ऐसा नहीं कर सकते। आपको क्षणिक रूप से शीत का झटका लगता है, हृदय गति और रक्तचाप कम हो जाता है। आपकी श्वास फूलने लगती है और वायु का अभाव होने लगता है। आपको धीरे-धीरे स्नान करना चाहिए। हाथ-पैर, चेहरा, छाती, कंधे, सिर, फिर पूरा शरीर - यही मेरा क्रम था।

गुफ़ा में वापस आकर दिन का सबसे सुंदर क्षण आया; दीपक प्रज्ज्वलित करना, ध्यान मुद्रा में बैठना और प्रात: 4 बजे *ललिता सहस्रनाम* का जप शुरू करना *श्रीमाता श्रीमहाराज्ञी श्रीमत सिंहासनेश्वरी।*

इन श्लोकों को हज़ारों बार कहने-सुनने के बाद, आज भी हर बार, इन्हें सुनकर मेरा हृदय तुरंत पिघल जाता है। इसका जप करने और सुनने से मुझे तुरंत शरीर त्यागकर देवी माँ में विलीन हो जाने की इच्छा होती है। *क्या इस संसार में और कुछ भी देखने योग्य है?* निस्संदेह, सुख महत्त्वपूर्ण होते हैं, लेकिन मुक्ति उससे भी अधिक मूल्यवान होती है। हाँ, सफलता अद्भुत लगती है, परंतु उससे भी अधिक अद्भुत, वह चेतना है, जो सफलता, प्रसिद्धि और धन से परे है।

एक-एक करके मैंने एक सहस्र बार नाम का जप किया और गिनती के लिए कंकड़ एक ओर रखता गया। कुछ घंटों के बाद मेरे पैरों में पीड़ा होने लगी अत: मैंने जप करते हुए पैरों को तनिक फैला लिया। कभी-कभी, मैं अपने सामने श्री हरि की सुंदर मूर्ति को देखता था, अन्य समय मैं कंकड़ों को देखकर यह सुनिश्चित कर लेता था कि वे अपनी सही जगह पर रखे हुए हैं। यद्यपि, मैं देवी माँ के प्रत्येक नाम का ध्यान करते हुए अधिकांश समय अपनी आँखें बंद रखता था। अधिकतर दिनों में, मैं मन ही मन कामना करता, संभव है कि आज देवी प्रकट हो जाएँ। मैंने अनेक बार यहाँ तक कल्पना कर ली कि देवी प्रकट हुई हैं और और मैं उनसे वार्तालाप कर रहा हूँ। कई बार, मेरे आँसू बहने लगते थे। वे आँसू केवल भक्ति के ही नहीं थे, उनमें निराशा के अश्रु भी सम्मिलित रहते थे, फिर ऐसे क्षण भी आए, जब मैं निराश हो गया, यहाँ तक कि स्वयं को मूर्ख समझने लगा।

दिन बीतते गए और रात्रि के समय विसर्जन-कर्म धीरे-धीरे सहज होता गया, क्योंकि मैं कंबल लपेटकर बाहर निकलता था। कुछ और रातों के बाद, कंबल की

आवश्यकता समाप्त हो गई। संभवत: मेरे शरीर ने वातावरण के अनुकूल स्वयं को ढाल लिया था, अथवा हो सकता है वह हठ हो, किन्तु मेरा शरीर, केवल लंगोट में भी ठंड को सहन कर पा रहा था।

आपको याद है कि मैंने गुफ़ा के ऊपर किसी चीज़ के बैठे होने की बात की थी? वह गरुड़ था। मुझे नहीं पता कि यह वही पक्षी था अथवा कोई अन्य, किन्तु वह निडर अवश्य था और मुझसे अधिक दृढ़ निश्चयी भी। मैंने उसे भगाने का प्रयास किया, तो भी वह अपने स्थान से नहीं हिला। वह केवल तभी दूसरी चट्टान पर बैठता था, जब कोई मनुष्य मुझसे मिलने आता था। समय के साथ मेरा उससे भी एक संबंध बन गया था। वह निश्चित रूप से मेरे पास भोजन की आशा लेकर नहीं आता था, क्योंकि मेरे पास तो उसे देने के लिए कुछ भी नहीं था। संभव है कि वह श्री हरि के लिए वहाँ आता हो, जो मेरी गुफ़ा में रहते थे।

यदि आपने कभी भक्ति की लहर को महसूस किया है, तो आपने कभी न कभी जीवन में ईश्वर की उपस्थिति का भी अनुभव किया होगा। इस छोटी-सी गुफ़ा में, मैं उसे हर समय महसूस करता था।

अगस्त के अंत में एक सूक्ष्म परिवर्तन होने लगा। पहले किसी मनुष्य को देखकर अथवा जब कोई मुझसे मिलने आता था, तो मैं प्रसन्न होता था, किन्तु मन को इस भाव से अलग करने में तीन सप्ताह से कुछ कम का समय लगा। मैं गुफ़ा का द्वार अधिकतर बंद रख सकता था, किन्तु प्रात:कालीन सत्र के बाद मुझे सेंवई का बर्तन धोने, पानी लाने और तनिक प्रकाश के लिए बाहर निकलना पड़ता था। अत: बहुत कम अवधि के लिए गुफ़ा का द्वार खुलता था अथवा मुझे नीलकंठ जाने वाले तीर्थयात्री बाहर देख पाते थे और उनमें से कुछ लोग विशेष रूप से मुझसे मिलने भी आ जाते थे।

अब मुझे किसी व्यक्ति का मिलने आना नापसंद था। 'नापसंद' कठोर शब्द है, किन्तु कमोबेश मुझे ऐसा ही आभास होता था, क्योंकि किसी से भेंट करना मुझे देवी माँ से दूर ले जाता था। अधिकतर आगंतुक, मौसम, मेरे अतीत, मैं यहाँ कितने समय से हूँ, मुझे किन चुनौतियों का सामना करना पड़ा, मैं यह क्यों कर रहा हूँ, आदि के विषय में सांसारिक बातें करते थे। किसी ने मुझसे यह नहीं पूछा कि क्या मैं इस गुफ़ा में स्वयं को ईश्वर के निकट महसूस कर पाता हूँ, अथवा मैं यहाँ क्या कर रहा हूँ, आदि। मैं यह कहना चाहता हूँ कि जब आप स्वयं भक्ति में डूबने का प्रयास करते हैं, तो सामाजिक वार्तालाप आपके मस्तिष्क को और अधिक उलझा देता है।

जिस दिन कोई मुझसे मिलने आ जाता था, उसी दिन अपराह्न में ध्यान की गुणवत्ता कम हो जाती थी, क्योंकि उस दिन फिर *ललिता सहस्रनाम* का पाठ करते

समय आगंतुकों के चेहरे सामने आ जाते थे और कभी-कभी, उनकी बातें दिमाग में चलने लगती थीं। इससे केवल ध्यान नहीं भटकता था, अपितु ये पूर्ण भटकाव सिद्ध होता था, क्योंकि तब मेरा मस्तिष्क एक अलग ही दिशा में चल पड़ता था। लगभग तीन सप्ताह तक ध्यान करने के बाद, मुझे लगा कि खाना बनाने और बर्तन धोने में भी समय नष्ट होता था और मुझे किसी को भी देखकर प्रसन्नता नहीं होती थी। मैं केवल शांत रहकर देवी माँ के विषय में सोचना चाहता था।

यदि मैं इसे ग़ालिब के शब्दों में कहूँ, तो ये कुछ ऐसा होगा:

रहिए अब ऐसी जगह चल कर जहाँ कोई न हो,
हम-सुखन कोई न हो और हम-ज़बाँ कोई न हो।
बे-दर-ओ-दीवार सा इक घर बनाना चाहिए,
कोई हम-साया ना हो और पासबाँ कोई ना हो।
पड़िए गर बीमार तो कोई ना हो तीमारदार,
और अगर मर जाए तो नौहा ख्वाँ कोई ना हो।

मुझे ऐसी जगह जाकर रहना चाहिए, जहाँ कोई और न हो,
कोई मेरी प्रसन्नता या विचारों को बाँटने वाला न हो,
मुझे एक ऐसा घर चाहिए, जिसमें द्वार या दीवार न हो,
जिससे मेरा कोई पड़ोसी या रक्षक न हो
यदि मैं बीमार पड़ जाऊँ तो मेरी देखभाल करने वाला कोई न हो,
और यदि मैं मर जाऊँ, तो मेरे लिए रोने वाला कोई न हो।

आप व्यस्त शहरों में रहते हुए भी अपनी इच्छानुसार ध्यान कर सकते हैं, किन्तु कुछ चीज़ें आपको केवल एकांत में ही प्राप्त होती हैं। आरंभ में, एकांत में रहना कठिन होता है। यह स्थिति सर्वाधिक प्रशिक्षित लोगों के लिए भी निराशाजनक हो सकती है, परंतु जैसे-जैसे आपका संकल्प दृढ़ होने लगता है, आपका मस्तिष्क परिवर्तित हो जाता है और आप उस कार्य में लगे रहते हैं। हम सामाजिक प्राणी हैं, और समुदाय में रहकर प्रसन्न रहते और समृद्ध होते हैं, किन्तु आत्म-साक्षात्कार की यात्रा इससे भिन्न होती है। इसमें न केवल आप अकेले हैं और आपको अकेले चलना है, अपितु आपको इस तथ्य से भी प्रेम होना चाहिए कि आप पूर्ण रूप से स्वयं पर निर्भर हैं और जागृति का मार्ग कभी-कभी पीड़ादायक होता है।

भोजन पकाना, खाना और जल पीना कुछ ऐसे कार्य थे, जिनके बिना काश, मैं रह पाता। मैं अब किसी आगंतुक का स्वागत नहीं करना चाहता था, सिवाय एक

के यानी देवी माँ के: मैंने उन्हीं के लिए अपने हृदय का आसन और मस्तिष्क की वेदी तैयार की थी। केवल उनका दर्शन, उनके विचार, उनका स्मरण और उनके मंत्र। किसी अन्य वस्तु अथवा व्यक्ति के लिए कोई स्थान नहीं था, *लेकिन वे थी कहाँ? क्या वे यहाँ, वहाँ या कहीं भी उपस्थित थीं?* फिर भी, मुझे वही करना था, जिसका मैंने संकल्प लिया था, जिससे मैं शांति और मुक्ति को लेकर किसी निष्कर्ष पर पहुँच सकूँ।

यह बात जैसे-जैसे प्रचारित होती गई, आगंतुकों का आना-जाना चलता रहा। मुझे लगा कि मैं ग़लत स्थान पर आ गया हूँ। आख़िर, यह एक प्रसिद्ध तीर्थस्थान था और धूप वाले दिन यहाँ सदा ही यात्री आते रहते थे। मैं यह आशा नहीं कर सकता था कि मेरी गुफ़ा के दरवाज़े पर दस्तक न हो, भले ही वह सिर्फ़ जिज्ञासावश ही क्यों न हो। दोपहर में मेरे पास लगभग तीन घंटे थे और मैं उनका उपयोग विश्राम करने और देवी माँ के ध्यान में डूबे रहने के लिए करना चाहता था।

मुझे किसी सुदूर स्थान पर चला जाना चाहिए। मुझे समुद्र के किनारे ध्यान करना चाहिए। मैंने समुद्र के निकटस्थ स्थानों के विषय में सोचना आरंभ कर दिया, कोई ऐसा स्थान, जहाँ मैं जा सकूँ, जहाँ भीड़ न हो, जहाँ आध्यात्मिक वातावरण हो, और जहाँ मैं शांति से साधना कर सकूँ। यह कितना अच्छा होगा, यदि कोई मुझे चौबीस घंटे में एक बार भोजन दे सके और मैं अपना सारा समय देवी माँ के आह्वान में लगा सकूँ। *मेरी सहायक, भैरवी माँ कहाँ हैं? मुझे कहाँ जाना चाहिए?*

मुझे भारतीय भूगोल का गहन ज्ञान नहीं था, किन्तु मुझे मेरी माँ ने बताया था कि गुजरात में द्वारका, तमिलनाडु में रामेश्वरम और जगन्नाथ पुरी समुद्र के निकट हैं। मुझे नहीं पता क्यों, किन्तु मैंने अपनी वर्तमान साधना समाप्त होने के बाद जगन्नाथ मंदिर जाकर समुद्र के निकट ध्यान लगाने का निश्चय किया।

अगले दिन प्रदीप ब्रह्मचारी नाम के एक व्यक्ति मुझसे भेंट करने आए, जिन्हें मैंने बाद में स्वामी राघवानंद ओम या रघु स्वामी के नाम से दीक्षा दी। मैं और आस-पास के लोग उन्हें प्यार से इसी नाम से बुलाते हैं। मैंने उन्हें जगन्नाथ पुरी की अपनी योजना के विषय में भी बताया।

उन्होंने कहा, 'जगन्नाथ पुरी में एशिया की सबसे बड़ी भोग मंडी है। यहाँ स्वादिष्ट पकवानों से भरी दुकानों की कतारें हैं।'

मेरी कल्पना चरम पर थी। मैंने सोचा मंदिर परिसर में ही सात्विक, स्वादिष्ट प्रसाद मिलना कितना अद्भुत होगा।

बाद में, मैं ध्यान में बैठा सहस्रनाम का पाठ कर रहा था, तो मुझे अधिकतर समय यही विचार आता रहा कि पुरी मंदिर में प्रसाद कितना स्वादिष्ट होगा। पूरी,

खीर, सब्ज़ी, अचार, चावल, दाल, दही, रायता, पापड़ और भी बहुत कुछ। *धन्यवाद भगवान जगन्नाथ। आप बहुत दयालु हैं।*

मैंने अपनी अंगुलियों को तनिक चटकाया, किन्तु मैं अपना ध्यान केंद्रित नहीं कर सका। *क्षमा करें, देवी माँ, किन्तु आज मुझे जगन्नाथ में मिलने वाले अद्भुत भोजन पर विचार करने दीजिए।* आख़िरकार, *या देवी सर्व भूतेषु क्षुधा रूपेण संस्थिता* अर्थात, आप समस्त प्राणियों के भीतर क्षुधा रूप में विद्यमान हैं।

मैंने जैसे ही यह कहा, मेरा मन शांत हो गया। इससे मुझे एक महत्त्वपूर्ण बात का आभास हुआ; आप मन से नहीं लड़ सकते, हर समय तो कदापि नहीं! आप जैसे ही जागरूक रूप से अपने मन को वह सोचने की स्वतंत्रता देते हैं, जो वह सोचना चाहता है, तो वह स्वत: शांत हो जाता है।

अगले दिन संध्या के समय साधना बहुत अच्छी तरह हो पाई और समय मानो उड़ रहा था। एकमात्र संतोष का विषय यह था कि मेरी उत्तेजना के बावजूद, संध्या 4-5 बजे तक, मैं लगातार देवी माँ के लिए विलाप कर सकता था। उस एक घंटे के दौरान, मैंने भोजन या समुद्र-तट पर ध्यान लगाने की प्रसन्नता अथवा किसी अन्य वस्तु के विषय में नहीं सोचा। जब मैं सहस्रनाम पाठ करने का प्रयास कर रहा था, तब मन की समस्त समस्याएँ उभर कर सामने आ गईं, जिससे मुझे एक नवीन अंतर्दृष्टि यह मिली कि जब मन में प्रेम होता है, तो वह स्वत: ध्यान केंद्रित कर लेता है, किन्तु जब आप जागरूक रूप से ध्यान केंद्रित करने का प्रयास करते हैं, तो आप उसे अन्य विचार न करने का निर्देश नहीं दे सकते। देवी माँ के लिए विलाप करना विशुद्ध प्रेम का विषय था, इसलिए मुझे ध्यान लगाने में कोई कष्ट नहीं हुआ, किन्तु सहस्रनाम का जप करना एक दिनचर्या पर टिके रहने के समान था। दूसरे शब्दों में, मेरी साधना हृदय की नहीं, अपितु मस्तिष्क की क्रिया बन गई थी। सफल होने के लिए, इसमें दोनों पहलुओं का होना आवश्यक था।

उस रात्रि नदी से लौटने के बाद, मैं गुफ़ा के बाहर खड़े होकर गरुड़ को एकटक देख रहा था। वह चट्टान की भाँति स्थिर बैठा था। हम एक-दूसरे को अपलक देखते रहे। उस क्षण मुझे पता था, यदि मैं देवी माँ के विचार में स्वयं को दृढ़ता से स्थापित करने के प्रति गंभीर हूँ, तो मुझे मन की सर्वोच्च स्थिरता प्राप्त करनी होगी।

मुझे बहुत खेद है, माँ। आज, मैंने पूरी दोपहर बर्बाद कर दी। मैं इतना मूर्ख कैसे हो सकता हूँ कि मैंने भोजन को आपके दर्शन से ऊपर रख दिया? मुझे क्षमा कर दीजिए, हे देवी माँ। मैं आपसे आग्रह करता हूँ कि आप मुझे इन बातों से न लुभाएँ और यदि ऐसा करना ही पड़े, तो कृपया मुझे बुद्धि और शक्ति प्रदान करें। माँ, आपके लिए मैं कुछ भी त्याग सकता हूँ। मुझे स्वादिष्ट भोजन या सुविधाओं की

आवश्यकता नहीं है। मुझे कुछ नहीं चाहिए। मैं केवल आपके दर्शन का अभिलाषी हूँ। यदि आप मुझे आदेश दें, तो मैं यहीं रहते हुए प्राण त्याग दूँगा। मुझे क्षमा कर दीजिए, क्षमा कर दीजिए, हे दयालु माँ। मैं बहक गया था। मैंने आपके नाम का जप किया, किन्तु मुझे पता है कि मेरे शब्द खोखले थे। मुझे दुख है कि मैंने उसे आपके और अपने मध्य आ जाने दिया। मेरी प्रत्येक श्वास आपकी है, हे देवी माँ। कृपया मुझे क्षमा कर दीजिए।

मैं अगले पंद्रह मिनट तक रोता रहा और ख़ुद को रोक नहीं पाया। और फिर मैं आख़िर किसी तरह सो गया। प्रात:काल का दृश्य वैसा ही था, जैसा प्रतिदिन होता था। दीये की बाती बाहर पड़ी थी और भव्य हिमालय पर्वत शान से खड़ा था। वर्षा की बूँदें टपक रही थीं।

मुझे आशा थी कि संध्या तक नहीं, तो रात्रि होने तक वर्षा रुक ही जाएगी, अन्यथा नदी पर जाना और यंत्र क्रिया को पूर्ण करना कठिन हो जाएगा, परंतु वर्षा निरंतर चलती रही। अगले दो दिनों तक वर्षा जारी रही और बीच में कुछ मिनटों के लिए भी नहीं थमी। मैं वर्षा तो पहले भी देख चुका था, किन्तु इस तरह की बाढ़ कभी नहीं देखी थी। चट्टान से बहते पानी का स्वर और मेरे सिर के ठीक ऊपर तिरपाल पर पानी गिरने की आवाज़ तीन दिन बाद मेरे दिमाग़ में बैठ गई थी। टप-टप-टप-टप-टप। उसकी लयबद्धता पागल कर देने जैसी थी।

तीन दिन बाद आख़िरकार वर्षा रुक गई। संध्या 5 बजे मैंने विलाप के साथ अपना ध्यान समाप्त किया और मैं बाहर निकला। आकाश नीला था, मानो उसे नीले रंग से धो दिया गया हो और जो कुछ उसमें से गिरा था, वह वर्षा नहीं, अपितु आकाश के धुल जाने के बाद उसके अवशेष थे। वह पूर्ण रूप से नया हो गया, हलका नीला, जिसमें कुछ बादल बिखरे हुए इधर-उधर मँडरा रहे थे। मैं वहीं खड़ा मौसम के फिर से बदलने से पहले सब कुछ देखता रहा। दूर, घाटी में, घने बादल तैर रहे थे। ऐसा लग रहा था, जैसे धूल का तूफ़ान आपकी ओर बढ़ रहा हो, अंतर केवल इतना था कि वे बहुत सुंदर मलमल जैसे धुँधले बादल थे।

मैंने पहले कभी ऐसा कुछ न देखा और न महसूस किया था कि आप खड़े हैं और कुछ दूरी से बादलों को अपनी ओर बढ़ते हुए देख रहे हैं। दाईं ओर एक पर्वत शिखर है और बाईं ओर दूसरा। बीच में आप घाटी की ओर मुँह किए खड़े हैं, जहाँ कम ऊँचाई से कुछ बादल आपकी ओर बढ़ते चले आ रहे हैं।

'जय अम्बे हरे, जगदम्बे हरे। जय, जय जगजननी अम्बे हरे,' मैं यथासंभव ऊँचे स्वर में यह मंत्र गाने लगा। आस-पास कोई ऐसा नहीं था, जो उसे सुनकर परेशान होता। तीन दिनों तक चली निरंतर वर्षा ने आगंतुकों के ऊपर आने पर पूर्ण रूप से रोक लगा दी थी। यदि मुझे कोई सुन सकता था, तो वह स्वयं देवी माँ थीं।

बादलों को अपनी ओर आते देख मेरी आँखों से अश्रुधारा बहने लगी और मैं *जय अम्बे हरे जगदम्बे हरे, जय जय जग-जननी अम्बे हरे* गाता रहा। ऐसा लग रहा था जैसे स्वयं देवी माँ मुझे गले लगाने आ रही थीं।

मैं गाता रहा। गरुड़ कुछ दूर एक चट्टान पर आकर बैठ गया। मैं प्रतीक्षा में था। बादल मेरी ओर बढ़ रहे थे। मैंने बाँहें फैलाकर देवी माँ का स्वागत किया और गाता रहा। शीघ्र ही, पूरी घाटी घने, भूरे बादलों में विलीन हो गई। मैं अब ऊपर आसमान को भी देख नहीं पा रहा था। बादल अपना रास्ता बनाते रहे और मैं अपनी स्तुति गाता रहा।

मुझे संध्या को अपना पाठ आरंभ करना था, किन्तु मुझे उस पाठ को किसी भी मूल्य पर तनिक टाल देने में कोई आपत्ति नहीं थी। क़रीब तीस मिनट बाद, घने बादलों के अतिरिक्त कुछ दिखाई नहीं दे रहा था। मैं वापस अंदर चला गया और फिर से वर्षा आरंभ हो गई।

अंदर जाकर मैंने कुछ देर और विलाप किया, देवी माँ का धन्यवाद किया। पिछले दो घंटे विलाप करने के कारण मेरा सिर भारी हो रहा था, किन्तु आँसू थमने का नाम नहीं ले रहे थे। आज, मैंने देवी का आलिंगन महसूस किया। मुझे लगा कि मैं उनसे घिरा हुआ हूँ। *भयभीत होने की क्या बात थी, किसे पकड़ कर रखना था, जबकि चारों ओर केवल माँ ही उपस्थित थीं?*

6

दैवीय संगीत

सितंबर, 2010

मैं रात्रि के समय नदी की ओर चला गया। उस दिन मुझे यंत्र विसर्जन पूरा करने में सामान्य से अधिक समय लगा। प्रत्येक अर्पण के साथ मुझे आभास हुआ कि मैं देवी माँ के अधिक निकट पहुँच गया हूँ।

मैं शब्दों में इसका वर्णन नहीं कर सकता, किन्तु उस दिन संध्या के अनुभव ने मेरे भीतर बहुत आशा जगा दी। इसमें कोई संदेह नहीं है कि यह हिमालय में हुई एक सामान्य घटना होगी, क्योंकि ये पर्वत, नदियाँ और घाटियाँ हज़ारों वर्षों से यहाँ मौजूद हैं, किन्तु बादलों द्वारा मेरा आलिंगन करने, सहसा गरुड़ के फिर से आने, घटनाओं के धीरे-धीरे घटित होने तथा मेरी अपनी भावनाओं ने मेरी चेतना पर अमिट छाप छोड़ी थी।

और साधना के विषय में यही सबसे शक्तिशाली बात है; कुछ भी व्यर्थ या अनदेखा नहीं रहता। आप जो भी छोटा-मोटा काम करते हैं, वह आपको रूपांतरित अवश्य करता है।

रात्रिकालीन अनुष्ठान के बाद, मैं अपनी कुटिया में वापस आया और गहरे संतोष के साथ सो गया। बाहर अब भी वर्षा हो रही थी।

'सर्वानंद', कोई फुसफुसाया। मैं चौंककर उठ बैठा। 'सर्वानंद', फिर से आवाज़ आई।

आस-पास कोई नहीं था। मैं बाहर निकलकर देखने गया कि कौन मुझे मेरे गुरु के द्वारा दिए गए नाम से पुकार रहा था। वर्षा रुक गई थी, किन्तु नदी ऐसे बह रही

थी, मानो कल की सुबह नहीं होगी। मैं वापस आया, तो मुझे फिर से आवाज़ सुनाई पड़ी।

'मेरी तरफ़ देखो,' आवाज़ ने धीरे-से कहा। मैंने इधर-उधर देखा, तो मेरी दृष्टि सामने खड़ी मूर्ति पर पड़ी। अपनी लघु अलंकरणों से शोभित वह मूर्ति सदा मुस्कराती रहती थी।

'मैं तुम्हारे पास आऊँगी, मैं वचन देती हूँ,' स्वर ने कहा। 'जब कार्य पूर्ण हो जाए, तो कामाख्या अवश्य जाना।'

यह संभवत: मेरी अंतरात्मा की आवाज़ के अतिरिक्त कुछ नहीं था, किन्तु मेरी पूरी गुफ़ा उस मर्मराते स्वर से गूँज उठी। उस दिन मैंने चेतना की उच्चतम अवस्था में वार्तालाप की एक पद्धति विकसित की थी। यह उस आत्म-संवाद से बहुत भिन्न था, जिससे हम सब परिचित हैं। यह महज़ स्वयं से संवाद करना नहीं था, बल्कि यह एक अलग स्थान, युग और क्षण में स्वयं से संवाद करना था। यह स्वर मेरा मार्गदर्शन करने और मेरी दुविधाओं का समाधान करने को तत्पर था।

मेरे रोंगटे खड़े हो गए, क्योंकि साधना के पिछले दो दशकों में मुझे जितने भी अनुभव हुए, उनमें से यह अनुभव पूर्णत: भिन्न था। मैं यह नहीं कहूँगा कि इस अनुभव ने मेरे मस्तिष्क को झकझोर दिया, क्योंकि यह मन और हर उस वस्तु से परे था, जिसे शब्दों में वर्णित किया जा सकता है। फिर भी, साधना का, आत्म-साक्षात्कार का यही मार्ग है और यदि आप इस मार्ग पर चलना बंद नहीं करते, तो आप चेतना के अकल्पनीय दृश्यों के साक्षी बनते चले जाते हैं।

क्या इसका अर्थ यह है कि आपको अलौकिक शक्तियाँ प्राप्त हो जाती हैं? ऐसा आवश्यक नहीं है। मेरे बोध और अनुभव ने मुझे यह सिखाया है कि किसी के पास अलौकिक शक्तियाँ नहीं होतीं। हम जो कुछ करते हैं, वह प्रकृति की सीमा में होता है। यह पूरी तरह संभव है कि आप कुछ ऐसे कार्य कर पाएँ, जो अन्य लोग नहीं कर सकते। साधना आपको वह शक्ति दे सकती है और देती भी है। दूसरे शब्दों में, आपको कुछ असाधारण मिल सकता है, जो संभवत: अन्य लोगों के पास न हो, किन्तु यह कोई अलौकिक वस्तु नहीं होती।

जब आप यह सोचकर आत्म-साक्षात्कार के मार्ग पर चलते हैं कि ऐसे आत्मज्ञानी संत हैं, जो अलौकिक कार्य करने में सक्षम हैं, तो आप बुलबुले में जी रहे हैं। आप स्वयं को निराशा का सामना करने के लिए तैयार रखें। जब आप यह समझ लेते हैं कि आत्मिक जागृति का अर्थ वस्तुओं को उसी तरह देखना, जैसी वे सचमुच हैं और विस्तृत दृष्टिकोण से संसार को देखना है, तो आपके जीने का तरीक़ा परिवर्तित हो जाता है।

आध्यात्मिक मार्ग पर चलने से आपके भीतर सत्य, सहानुभूति, करुणा और प्रेम का संचार होता है। ऐसे गुण आपको और दूसरों को स्वस्थ बनाने में सहायक होते हैं और वे संसार की सेवा में उपस्थित रहने में भी आपकी सहायता करते हैं। आपको स्वाभाविक रूप से किसी बड़े उद्देश्य के लिए कुछ योग्यताएँ प्राप्त हो जाती हैं, किन्तु इसके परे, यह केवल इस बात से जुड़ा है कि हम अपनी यात्रा को कितना महत्त्व देते हैं और यह महत्त्व भी अलग-अलग लोगों के लिए अलग होता है। परिवार का भरण-पोषण करने वाले पिता अथवा माता हिमालय पर रहने वाले किसी साधु के समान ही जागृत हो सकते हैं।

मैंने जो अनुभव किया, वह भले ही अलौकिक न हो, किन्तु असाधारण अवश्य था। क्या यह निद्रा या ऑक्सीजन के अभाव अथवा किसी अन्य कारण से हो सकता है? ऐसा हो भी सकता है, किन्तु मैं आपको बताना चाहता हूँ कि इस अनुभव ने न केवल मुझे अंदर तक झकझोर दिया, अपितु इसने मुझे एक अलग तरह की एक स्पष्ट आंतरिक आवाज़ भी प्रदान की, जिसे मैं देवी माँ का स्वर मानता हूँ। इस स्वर ने पिछले चौदह वर्षों में मुझे हर प्रकार की उलझन से बाहर निकाला है, इसने मेरा मार्गदर्शन किया है और मैंने जब भी इससे संवाद किया, तो इसने मुझे उत्तर दिया है। मैंने इसका उपयोग कभी सांसारिक समस्याओं के समाधान के लिए नहीं किया, क्योंकि मैं इसका सम्मान करता हूँ। यह कहना समुचित होगा कि इसने मुझे सही चलायमान रखा है।

मैं साधना में लगभग पाँच सप्ताह व्यतीत कर चुका था और मेरे बैठने के आसन में बहुत सुधार हुआ था। अब मैं एक बार में तीन घंटे से अधिक बैठ सकता था और फिर भी मुझे अपने पैरों को सीधा करने की आवश्यकता महसूस नहीं होती थी। एक रात, जब मैंने पहली बार किसी को अपना नाम पुकारते सुना, तो मेरा ध्यान सहसा दूर से आने वाले संगीत से बाधित हो गया। वह संगीत ऐसा था, मानो वैदिक मंत्रों को सामूहिक रूप में गाया जा रहा हो, जिसके साथ वीणा, सितार, चाल और मृदंग भी बज रहे थे।

मैंने घड़ी देखी। रात्रि के लगभग 10 बजे थे। घाटी में इतनी रात को कौन इतने ऊँचे स्वर में गा रहा है? वह सुनने में मंत्रोच्चार लग रहा था, किन्तु ये लोग रात्रि में इस समय एकत्र क्यों हुए और वह भी लाउडस्पीकर पर? हालाँकि यहाँ यह भी कहना होगा कि वह संगीत समान रूप से सुंदर और ध्यान भटकाने वाला था। मैं केवल देवी माँ के विषय में सोचना और उनके ही विचारों एवं सहस्रनाम पर ध्यान केंद्रित करना चाहता था, किन्तु वह संगीत इतना मंत्रमुग्ध करने वाला था कि मैं स्वयं को उसे सुनने से भी रोक नहीं पा रहा था।

अरे वाह! भैरवी माँ ने कहा था कि गंधर्व आकर उस पहाड़ पर मेरे लिए गाएँगे। क्या वही हो रहा है? मैं परमानंद और उल्लास से अभिभूत था। यह पहली और एकमात्र बार था, जब मुझसे अपनी संध्या दिनचर्या के समाप्त होने की प्रतीक्षा नहीं की जा रही थी। मैं चाहता था कि मैं शीघ्रता से बाहर निकलकर उस संगीत को और अधिक स्पष्टता से सुन सकूँ। मैंने जप समाप्त किया, जिसमें मुझे अधिक समय लगा, क्योंकि संगीत से मेरा ध्यान बार-बार भटक रहा था। इसलिए बाहर निकलने के बजाय मैंने संगीत सुनते हुए ही यंत्र साधना आरंभ कर दी।

मेरे मस्तिष्क का एक भाग सोच रहा था कि वह संभवत: वायु के प्रवाह से उठ रहा स्वर था, दूसरा भाग यह विचार कर रहा था कि वह घाटी में बज रहे संगीत के कारण हो रहा था और एक तीसरी समानांतर सोच मुझसे कह रही थी कि यह वही संगीत है, जिसका उल्लेख भैरवी माँ ने किया था। मैं गहन ध्यान की अवस्था में *'ॐ ह्रीं श्रीं ह्रौं'* का जप करते हुए यंत्र बनाता रहा और अंतिम दस मिनट का समय शेष था कि तभी संगीत बंद हो गया। मैंने ध्यान से उसे सुनने का बहुत प्रयास किया, किन्तु वह बंद हो चुका था।

मैं नदी किनारे गया, घाटी की ओर देखा और पर्वतों को ताकते हुए मैंने स्रोत का संकेत खोजने का प्रयास किया, किन्तु मुझे कुछ नहीं मिला। मैंने निराश होकर नदी किनारे अपना अनुष्ठान पूरा किया और गुफ़ा में वापस चला गया। गरुड़ अब भी चट्टान के ऊपर बैठा था। *क्या तुम्हारा इस सब से कुछ संबंध था? तुम सदा यहाँ क्यों बैठे रहते हो?* कोई उत्तर नहीं मिला। वह निडर होकर बैठा रहा।

अगले दिन भी वही हुआ। मैंने संगीत सुनना आरंभ किया, मंत्रोच्चार में मुझे अधिक समय लगा और इससे पहले कि मैं यंत्र बनाने का कार्य समाप्त कर पाता, संगीत बंद हो गया।

अगले दिन गोपाल गिरि और नारायण गिरि नाम के दो संत मेरे पास आए। चूँकि उनकी गुफ़ाएँ घाटी के अधिक निकट थीं, इसलिए मैंने उनसे पूछा कि क्या वहाँ कुछ चल रहा है, किन्तु उन्होंने कहा कि ऐसा कुछ भी विशेष नहीं। मैंने उनसे पूछा कि क्या उन्होंने वहाँ कोई संगीत सुना। उन्होंने फिर से सिर हिलाकर मना कर दिया, किन्तु गोपाल गिरी ने कहा कि यह संभव है कि उन्होंने सचमुच कुछ सुना हो, क्योंकि वहाँ रहते हुए कई वर्षों में वे अनेक दृश्य देख चुके थे।

मैं अगले दिन बड़ी उत्सुकता से संध्या साधना के लिए बैठा। क्या मैं फिर से उस संगीत को सुन पाऊँगा? और यद्यपि मैं देवी माँ के लिए अत्यंत व्याकुल था, सत्य यही था कि उस दिन मेरा लगभग सारा ध्यान उस संगीत को सुनने पर ही केंद्रित था, परंतु कुछ नहीं हुआ। मेरी अतिरेक दिनचर्या के अतिरिक्त कुछ भी उल्लेखनीय नहीं हुआ, जिसमें भक्ति, ध्यान या प्रेम कुछ नहीं था।

मैं निराश होकर सोने चला गया और मैंने स्वयं को वचन दिया कि मैं इन विकर्षणों और अनुभवों की चिंता नहीं करूँगा। मुझे उस पाश में फँस जाने के कारण स्वयं पर क्रोध आ रहा था।

अगले कुछ दिन बहुत अच्छे बीते, सिवाय धूप वाले दिनों को छोड़ कर, जब पर्यटक बहुत आते थे।

आख़िरकार, 22 सितंबर की तिथि आ पहुँची। *ललिता सहस्रनाम* की साधना समाप्त होने वाली थी। यह साधना का चालीसवाँ दिन था। मैं तनिक उदास था, क्योंकि देवी माँ अब तक प्रकट नहीं हुई थीं। मैंने प्रत्येक दिन, उनके लिए विलाप किया था, मैंने अपना वचन भी पूर्ण किया और बीते चालीस दिनों में प्रत्येक दिन उनसे प्रार्थना की थी। मैं मानता हूँ कि कुछ दिनों से मैं विचलित था। मैं यह भी स्वीकार करता हूँ कि फुसफुसाहट सुनना और अपनी आंतरिक आवाज़ को विकसित करना मेरे लिए अपूर्व आशीर्वाद था, जिसे मैं आज तक याद करता हूँ और उससे लाभ भी उठाता हूँ। मैं इस तथ्य को पूर्ण रूप से स्वीकार करता हूँ कि मैंने जो संगीत सुना, उसने मेरी आत्मा को न केवल झकझोरा, अपितु पूरी तरह भेद दिया, परंतु मैं इन वस्तुओं के पीछे कदापि नहीं था। मैं देवी माँ के दर्शन करना चाहता था, जिसका कोई संकेत मुझे नहीं मिल रहा था।

'कोई बात नहीं, माँ,' मैंने उस रात्रि अपने समापन मंत्र के बाद कहा, 'आपने मुझे दर्शन नहीं दिए। कोई बात नहीं। मैं यह नहीं कह सकता कि मैं समझता हूँ, किन्तु आपके अवश्य अपने कुछ कारण होंगे। यदि मैंने अपनी जैविक माँ को एक बार भी इतने उत्साह से पुकारा होता, तो वे दौड़कर मेरे पास आ जातीं, लेकिन आप नहीं आईं। कोई बात नहीं। मैं शिकायत नहीं कर रहा हूँ। मैं केवल आपको यह बता रहा हूँ कि मैंने तो अभी आरंभ ही किया है। आप यह खेल खेलना चाहती हैं, तो चलिए, हम खेलते हैं। मैं दाँव बढ़ाने जा रहा हूँ।'

वह रात्रि बीती रातों की ही तरह घटना रहित और सामान्य रही। कोई स्वप्न, अनुभव या दर्शन नहीं हुआ। *ललिता सहस्रनाम* की साधना पूर्ण होने के साथ मेरे पास अब बहुत समय शेष था। मैंने उस रिक्त समय को *'जय अम्बे हरे जगदम्बे हरे, जय जय जग-जननी अम्बे हरे'* के मानसिक जप द्वारा भरने का फ़ैसला किया।

24 सितंबर की रात्रि को जब मैं गुफ़ा में बैठा यंत्र बना रहा था और *'ॐ ह्रीं श्रीं ह्रौं'* का जप कर रहा था, तो मुझे फिर से संगीत सुनाई पड़ा। वह स्पष्ट रूप से वही वैदिक मंत्र और वाद्य थे। ओह, वह कितना भव्य था! वह संगीत, मेरे सामने हिमालय की नदी की भाँति बहता रहा। मुझे यंत्र साधना छोड़कर बाहर जाने की इच्छा हुई, परंतु मुझे चिंता थी कि जब तक मैं बाहर निकलूँगा, तब तक संगीत बंद हो जाएगा।

लेकिन जब मैं यंत्र बना रहा था, तब भी यह जारी रहा। जब मैं लगभग दस यंत्र पूरे करने वाला था, तो यह बंद हो गया। मैंने सुनने की बहुत कोशिश की, लेकिन कुछ नहीं हुआ। ठीक यही बात अगले कुछ दिनों तक होती रही। मुझे यक़ीन हो गया कि यह मेरे दिमाग़ की चालबाज़ी के अलावा कुछ नहीं था। मैंने ख़ुद को याद दिलाया कि इन दिमाग़ी खेलों में मत पड़ो।

30 सितंबर को, वही संगीत फिर से मेरे कानों में गूँज उठा। होगा कुछ, मैंने स्वयं से कहा और उसे अनदेखा कर दिया, परंतु मेरे हृदय में बह रही ध्वनि को अनदेखा करना कठिन था। मुझे पता था कि जब मैं बाहर निकलूँगा, तो वह बंद हो जाएगा। मैं अपनी आशाएँ बढ़ाना नहीं चाहता था। *गंधर्व निस्संदेह लजाते हैं और छिपे रहते हैं*, परंतु अपनी अपेक्षा के विपरीत, मैं जब उस रात्रि नदी की ओर गया, तो संगीत बजता रहा। मैंने अपनी त्वचा को कई बार मला, क्योंकि रोंगटे शांत होने का नाम नहीं ले रहे थे। वैदिक ध्वनियों के प्रत्येक स्वर के साथ, छंद में प्रत्येक परिवर्तन के साथ, मेरा हृदय तेज़ी से धड़क रहा था और शरीर के रोंगटे खड़े हो गए थे। मैंने उस पर्वत की ओर देखा, जहाँ भैरवी माँ ने कहा था कि गंधर्व गाएँगे। मुझे कोई दिखाई नहीं दिया। मैं घाटी की ओर मुड़ा, जो सदा की भाँति शांत थी। मैंने पीछे पर्वतों की ओर देखा, परंतु वे भी पूरी तरह शांत थे। मैंने फिर से नदी और पर्वत का रुख़ किया, किन्तु कोई दिखाई नहीं पड़ा। फिर भी, संगीत बज रहा था। मैंने अपनी दाहिनी ओर नीलकंठ पर्वत को देखा। वहाँ न अँधकार था और न ही प्रकाश, क्योंकि उस रात न अमावस्या थी और न पूर्णिमा। अष्टमी का ढलता हुआ चंद्रमा पर्वत के ऊपर से प्रकाशमान हो रहा था।

मुझे आश्चर्य हुआ। मैं अनुष्ठान पूरा करने के लिए नदी के निकट गया। नदी की तेज़ धारा में संगीत का स्वर धीमा पड़ गया था, क्योंकि वहाँ से वह नदी दसियों फ़ीट नीचे गिरती थी, जिससे एक छोटा-सा भँवर बन जाता था और उसी से तेज़ स्वर उत्पन्न होता था।

यंत्र विसर्जन का अनुष्ठान समाप्त करने के बाद, जैसे ही मैं गुफ़ा की ओर वापस जाने लगा, संगीत फिर से बजने लगा। मैं प्रसन्नता से उछलना चाहता था, परंतु मैं ऐसा तब करता, यदि वहाँ की सतह समतल होती। वहाँ ओस थी, हर आकार के पत्थर थे, जिनमें से अनेक नुकीले भी थे। मैं फिसलना या गिरना नहीं चाहता था, जो मैं पहले भी एक बार कर चुका था। (यदि आपकी इसमें रुचि हो, तो मैंने उस घटना को अपने संस्मरण, *इफ़ ट्रुथ बी टोल्ड* में लिखा है) उस बार प्रकृति ने बहुत उदारतापूर्वक शीघ्र ही मेरा उपचार करके मुझे स्वस्थ कर दिया था, किन्तु मैं फिर से उस तरह का फ़ायदा नहीं उठाना चाहता था।

मैं गुफ़ा के बाहर ही रुक गया। मेरे पास बहुत समय था, क्योंकि सुबह *ललिता सहस्रनाम* साधना के लिए उठने की जल्दी नहीं थी। मैं एक घंटे तक कंबल ओढ़े बाहर बैठा रहा। मेरी गुफ़ा के ऊपर गरुड़ भी चुपचाप मेरे साथ बैठा था। आह, वैदिक मंत्रों के साथ वह अविश्वसनीय संगीत बजता रहा!

एक क्षण के लिए सब सार्थक लग रहा था। मेरा हृदय भैरवी माँ, देवी माँ, हिमालय, मानवता और हर प्रत्येक प्राणी के प्रति कृतज्ञता से भरा हुआ था।

गुफ़ा में लेटे हुए मैंने वैदिक मंत्रों पर ध्यान केंद्रित किया। मैं यजुर्वेद और अथर्ववेद से भली-भाँति परिचित था, किन्तु मैं इन मंत्रों को पूरी तरह से समझ नहीं पाया। वे संभवत: उस युग के थे, जब वेदों का संक्षिप्तीकरण नहीं किया गया था। सोने से पहले मेरे मस्तिष्क में यही अंतिम विचार था।

1 और 2 अक्टूबर को मैंने फिर से संगीत सुना। सदा की तरह, वह रात्रि में देर से आरंभ हुआ। उस समय मैं यंत्र बना रहा था और वह तब तक बजता रहा, जब तक मैं सो नहीं गया। क्या वह सोने के बाद भी बज रहा था? मुझे कैसे पता होगा!

2 अक्टूबर की रात्रि बहुत बढ़िया थी। नहीं, इसलिए नहीं कि देवी माँ ने मुझे अपने स्वरूप के दर्शन दिए थे, अपितु इसलिए कि वह मेरी भैरवी साधना का अंतिम दिन था, मुझे पवित्र अग्नि के समक्ष एक यज्ञ करना था। मैंने भैरवी माँ से कहा था कि मैं विस्तृत सामग्री नहीं जुटा पाऊँगा, जिस पर उन्होंने कहा कि केवल हवन सामग्री, जड़ी-बूटियाँ, पवित्र प्राकृतिक वस्तुओं का मिश्रण तथा घी पर्याप्त होगा। मैं गुफ़ा में जाते समय अपने साथ सामग्री के पैकेट लाया था। दो सप्ताह पूर्व, जिस ठेकेदार ने मेरी गुफ़ा में द्वार लगाया था, वही मेरे लिए यज्ञ की लकड़ी का थैला भी लेकर आया था।

यह बहुत रोचक था कि बिना फ़ोन, बिना गुफ़ा से बाहर निकले, अत्यंत सीमित वार्ता के बावजूद मुझे जब भी किसी वस्तु की आवश्यकता होती, तो सारी व्यवस्था स्वत: हो जाती थी। दूसरे शब्दों में, कुछ भी हो, जीवन चलता रहता है और परिस्थिति के अनुकूल ढल जाता है। भोजन पकाने के अतिरिक्त, उस दिन रात्रि में पहली बार हुआ, जब मैंने आग जलाई। सच कहूँ तो, मैं गर्मी उत्पन्न करने के लिए आग का प्रयोग कर सकता था। मैं धरती पर बिछा तिरपाल फाड़ सकता था और उसका आग जलाने के लिए प्रयोग कर सकता था। ठेकेदार एक अंगीठी भी लाया था, जो गुफ़ा को गर्म रख सकती थी, परंतु मैं जानबूझकर उससे दूर रहा, क्योंकि मैं आग जलाकर उसकी देखभाल में समय नष्ट नहीं करना चाहता था। मैं यह सोचना ही नहीं चाहता था कि मेरे पास जलाने के लिए पर्याप्त लकड़ी है या नहीं, मैं उसे कहाँ जमा करूँ, आदि। मैं अपनी जागृत अवस्था के प्रत्येक क्षण केवल देवी माँ को समर्पित करना चाहता था।

मुझे नहीं पता आपने कभी ऐसा महसूस किया है अथवा नहीं, किन्तु वैदिक मंत्रोच्चार अथवा यज्ञ करने से मैं तत्काल किसी अन्य काल-खंड में पहुँच जाता हूँ। वह अत्यंत आनंदमय स्थिति होती है। इसलिए मैं उस रात्रि को यज्ञ करने के लिए विशेष रूप से उत्साहित था। मैंने गुफ़ा के बाहर एक अग्निकुंड स्थापित किया और चूँकि दिनभर वर्षा हुई थी, इसलिए मैं आकाश में फैले असंख्य सितारों को देखकर बहुत हर्षित था। अग्नि को प्रज्ज्वलित करने और नियंत्रित रखने के लिए, मुझे बारिश और हवा-दोनों की शांति चाहिए थी। मैंने अपने लिए नीचे एक कंबल बिछाया और अग्नि प्रज्ज्वलित कर दी।

मैंने ऊँचे स्वर में स्वस्ति वाचन पाठ आरंभ किया, जो शुभता का आह्वान माना जाता है। यह एक वैदिक स्तोत्र है, जो मुझे अत्यंत प्रिय है।

हरिः ॐ आनो भद्रः क्रतवोजन्तु विश्वतो दब्दहसौ...
स्वस्ति न इन्द्रौ वृद्धश्रवाः स्वस्ति न पूषा विश्वेदाः

मध्य रात्रि में हिमालय की गोद में बैठे हुए, दूर बह रही नदी का स्वर जलधारा से अधिक मंद समीर की भाँति लग रहा था। मेरे सामने वैदिक अग्नि प्रज्ज्वलित थी। उस क्षण में मुझे ऐसी पूर्णता का आभास हो रहा था कि उस क्षण यदि मेरी मृत्यु भी हो जाती, तो मुझे कोई पश्चाताप नहीं होता। हिमालय की भव्यता का अनुभव करने के लिए व्यक्ति का मन शांत और हृदय मौन होना चाहिए। यह एक प्रकार का अद्वितीय सुख है। इसका कोई विकल्प अथवा समतुल्य नहीं हो सकता। जब आपको ऐसे क्षणों का आभास मिलता है, तो आप समझ जाते हैं कि श्रीकृष्ण ने यह क्यों कहा : '*स्थावरणं हिमालयास्मि*' अर्थात समस्त महानतम पर्वतों और सर्वाधिक शांत वस्तुओं में, मैं स्वयं हिमालय हूँ।

प्रारंभिक पूजा के उपरांत मैंने आहुति दी - *ॐ प्रजपतये स्वाहा, ॐ अग्नये स्वाहा* इत्यादि। अनेक बार मुझे लगा कि संभवत: अग्नि में से देवी माँ प्रकट होंगी। एक बार मानक आहुति पूर्ण हो गई, तो मैं यज्ञ के मुख्य भाग पर चला गया, जिसमें '*ॐ ह्रीं श्रीं ह्रौं, ॐ स्वाहा*' का जप करते हुए हवन सामग्री को छोटे-से अग्निकुंड में डाला जाना था। बाहर बहुत अधिक ठंड थी। यदि आप 12,000 फ़ीट की ऊँचाई पर, अक्टूबर की रात्रि में बिना कोई सिले हुए वस्त्र पहने खुले स्थान पर हों, तो कितनी भी अग्नि आपको गरमाहट नहीं दे सकती।

मेरा बायाँ हाथ कंबल के भीतर था। मैं दाहिने हाथ से आहुतियाँ दे रहा था। *ॐ ह्रीं श्रीं ह्रौं, ॐ स्वाहा। ॐ ह्रीं श्रीं ह्रौं, ॐ स्वाहा।*

शीघ्र ही वह संपूर्ण प्रक्रिया लयबद्ध हो गई, मानो मैं किसी ब्रह्मांडीय नृत्य का भाग था, जो ॐ ह्रीं श्रीं ह्रौं, ॐ स्वाहा, ॐ ह्रीं श्रीं ह्रौं, ॐ स्वाहा' की धुन

पर चल रहा था। मैंने किसी गंधर्व को नहीं देखा, किन्तु मेरे भीतर दिव्य प्राणियों का एक पूरा समूह था, जो गा रहा था। मैं सामने की ओर देखते हुए उसी गति से अग्नि में सामग्री अर्पण करता गया। यह दृश्य किसी महान चित्रकार के मस्तिष्क से सीधे निकला हुआ सर्वोत्तम चित्र था। यह नवमी की रात्रि थी, चंद्रमा ढल रहा था और चारों ओर मंद प्रकाश फैला था। निरंतर हुई वर्षा के कारण, मेरे सामने पहाड़ से कई झरने प्रवाहित हो रहे थे। मुझसे लगभग पचास मीटर आगे नदी थी, जिसके आगे लगभग बीस मीटर चौड़ी धरती का एक छोटा-सा अंश था और उसके आगे एक विशाल पर्वत शृंखला थी, जो अधिक नहीं तो कम से कम तीन सौ मीटर ऊँची थी। उसे प्रकृति की बनाई गगनचुंबी इमारत कहा जा सकता है।

हर बार वर्षा होने पर अनेक मौसमी झरने फूट पड़ते थे। कुछ थोड़े दिन तक बहते रहते थे और कुछ केवल कुछ घंटों तक ही बहते थे, परंतु तीन या चार झरने ऐसे थे, जो पूरी वर्षा ऋतु के समय बहते रहते थे। मैं अपने सामने पर्वत को देखते हुए देवी माँ की महिमा की कल्पना करने लगा। पर्वत का शिखर उनका मुकुट था, उन पर्वतों में उनका सुंदर कोमल चेहरा, बहते झरने में उनके केश और कुछ चट्टानें, जो झिलमिलाती चाँदनी में चमक रही थीं, देवी माँ की आँखें थीं। मैंने अपने पूर्ण सामर्थ्य से देवी माँ की कल्पना की। उस क्षण मुझे किसी अन्य वस्तु की आवश्यकता नहीं थी। मैं अच्छी तरह जानता हूँ कि यह देवी माँ का *मेरा* बनाया हुआ दर्शन था। यह वही था, यानी ऐसा कुछ, जिसकी मैंने कल्पना की थी। यह कोई साक्षात्कार नहीं, अपितु आविष्कार था।

फिर भी, जैसे-जैसे मैं पर्वत को देखता रहा और अग्नि-आहुतियाँ देता रहा, तो मुझे लगा कि मेरा अस्तित्व ही समाप्त हो गया है, जैसे मैं अपने आस-पास की हर चीज़ के साथ एक हो गया हूँ। वायु की ठंडक, यज्ञ कुंड की गरमाहट, मेरे आस-पास का अँधकार और प्रकाश, टिमटिमाते तारे तथा रात्रि का आकाश सब एक हो गए थे। दैवीय संगीत की क्या बात, मैं ही संगीत बन गया था।

यह मेरे द्वारा अब तक किए गए चार सर्वशक्तिशाली यज्ञों में से एक था। यह वास्तव में तीसरा यज्ञ था। इससे पहले दो यज्ञ मेरे भिक्षु बनने से पूर्व किए गए थे, किन्तु वह बात फिर कभी। अभी के लिए इतना कहना ही पर्याप्त है कि अपने जीवन के बीते तीस वर्षों में मैं दो हज़ार से अधिक यज्ञ कर चुका था। मैं प्रात:कालीन नियमित अनुष्ठानों की बात नहीं कर रहा, अपितु साधना से संबंधित यज्ञों की बात कर रहा हूँ। मुझे याद है कि मैंने पहली बार पाँच या छह वर्ष की आयु में किसी यज्ञ में भाग लिया था। एक पंडित जी मंत्रोच्चार कर रहे थे और मैं पवित्र अग्नि में सामग्री डालकर उसका आनंद ले रहा था। लगभग पच्चीस वर्ष बाद, उस रात्रि को मुझे लगा कि मेरे वे सभी यज्ञ मुझे यहाँ तक पहुँचाने के लिए किए गए थे।

मैं गुफ़ा के अंदर गया और कुछ ही मिनटों में दैवीय संगीत फिर से आरंभ हो गया। मैंने कभी नशा नहीं किया, किन्तु मैं समझ सकता हूँ कि जब लोग 'नशे में डूबना' कहते हैं, तो इसका क्या अर्थ होता है। मैं आनंदित था। ऐसा लग रहा था मानो मैं उस क्षण में ठहर गया हूँ, जैसे आकाश, समय और पदार्थ सब एक हो गए हैं। मेरा समूचा अस्तित्व तैर रहा था, जबकि मेरा शरीर तख़्त पर लेटा था। मैं इतनी गहरी नींद में था कि मुझे लगा मानो समय रुक गया है, मानो मैं एक अनंत निद्रा में जा रहा हूँ।

मुझे जो कुछ महसूस हो रहा था, उससे अलग सच यही था कि मैं धरती पर एक भौतिक शरीर के अंदर विद्यमान था और वस्तुओं की प्रकृति की भाँति वे क्षणभंगुर हैं, उनका एक आरंभ है और एक अंत है। फिलहाल, गुफ़ा में मेरा समय समाप्त हो चुका था। 15 मार्च, 2010 को गृह-त्याग के उपरांत लगभग साढ़े छह महीने अथवा 200 दिन बीत चुके थे। उन शक्तिशाली, यद्यपि क्षणिक संगीतमय अनुभवों तथा आत्म-संवाद की सिद्धि के अतिरिक्त मेरे पास अवलंबन का कोई अन्य साधन नहीं था। देवी माँ की ओर से कोई संकेत नहीं मिला और मैं हिमालय छोड़ने वाला था। मेरा हृदय उदासी से भर गया, किन्तु मन के एक कोने में आशा के दीपक में चिंगारी शेष थी, जिसका मंद प्रकाश अब भी झिलमिला रहा था। वह पूरे कक्ष को तो प्रकाशित नहीं कर सकता था, किन्तु एक और दीपक प्रज्ज्वलित करने के लिए पर्याप्त था। इसके अलावा, मुझे अब केवल एक ही बात की आशा थी; उस चिंगारी को जीवित रखना और उसकी रक्षा करना।

7

बाला त्रिपुरसुंदरी

माह तीन, अक्टूबर, 2010

3 अक्टूबर को मुझे अपनी गुफ़ा से निकलकर ओडिशा के जगन्नाथ पुरी की यात्रा के लिए घाटी की ओर जाना था।

मुझे अपनी गुफ़ा से अत्यंत प्रेम हो गया था। वह स्थान मुझे आकर्षित करता था। यदि दो बातों का प्रबंध ठीक से हो पाता, तो मैं यहीं ठहर सकता था। एक, हिमालय की भीषण शीत का आरंभ और दूसरा, तीर्थयात्रियों का निरंतर आना-जाना, जो मुझसे मिलना और बात करना चाहते थे।

मुझे महसूस हो गया था कि अब आगे बढ़ने का समय आ गया है। वह दैवीय संगीत बहुत प्रिय था, *वहाँ के स्वर लुभाते थे, परंतु देवी माँ कहाँ थीं? मैं उन्हें कैसे पाऊँगा? समुद्र के किनारे, किसी गुफ़ा में, वन में अथवा मेरे हृदय के किसी शांत कोने में?* यह कोई नहीं जानता था। चाहे गुफ़ा हो अथवा हवेली, आसक्ति एक संन्यासी का मार्ग नहीं हो सकती।

घाटी से नीचे उतरते हुए मैं बद्रीनाथ मंदिर में प्रार्थना करने लिए रुका। मैं वहाँ पंक्ति में खड़ा हो गया।

एक अजनबी ने मुझे लाइन से हटने को कहा, 'आप नहीं, महाराज जी। आप कृपया मेरे साथ आइए।'

'परंतु मेरे पास अभिषेक के लिए टिकट नहीं है।' अभिषेक, मंत्रों के उच्चारण के साथ किसी देवी-देवता की मूर्ति पर जल अथवा कोई अन्य पवित्र पदार्थ को अर्पित करने का नाम है।

'आप नहीं, महाराज जी। इस पंक्ति में नहीं, किसी पंक्ति में नहीं,' उसने कहा और हाथ जोड़ लिए। वह मुझे अंदर ले गया और उसने मुझे भगवान के अभिषेक के सामने बैठा दिया और स्वयं दूसरे द्वार से बाहर चला गया। मैं अभिभूत हो गया। मेरी आँखों से आँसू बहने लगे।

मंदिर में भीड़ थी, क्योंकि मंदिर के कपाट और पूरा बद्रीनाथ परिसर छह महीने के लिए बंद होने से पहले यह श्रद्धालुओं का अंतिम जत्था था। इसके बावजूद, मुझे विदाई का सबसे अच्छा उपहार मिला था।

मैं काली कंबली धर्मशाला में रात-भर रुका और फिर मैंने आगे की यात्रा का टिकट ख़रीद लिया। भौतिक संसार को त्यागने और दैनिक जीवन में व्यावहारिक चुनौतियों का सामना करने के बाद मुझे यह आभास हो गया कि आपकी यात्रा भले ही कितनी भी आध्यात्मिक हो, किन्तु आपको सही ढंग से साधना करने के लिए संसाधनों की आवश्यकता पड़ती है। हाँ, यह संभव है कि आपके पास एक पैसा भी न हो और आप संसार की उदारता पर जीवित रह लें, किन्तु इसके लिए भी लोगों के साथ बातचीत करने की आवश्यकता पड़ती है। और साधना को सबसे अधिक हानि सामाजिक मेलजोल से ही होती है। साधना की शुरुआत में, ऐसे संपर्कों से पूर्णतः बचना अनिवार्य है।

अगले दिन प्रात: मैंने ऋषिकेश के लिए बस ली। मैं भगवान जगन्नाथ के दर्शन करना चाहता था, किन्तु नवरात्रि आरंभ होने वाली थी और मैं उस समय यात्रा नहीं करना चाहता था, जब मुझे बैठकर साधना करनी थी। मैंने नौ दिन की साधना के लिए ऋषिकेश में ठहरने का निर्णय किया।

ऋषिकेश में, मुझे योग निकेतन में रहने की जगह मिल गई, जो एक पुराना आश्रम था, जहाँ अब कमरे किराए पर मिलते हैं। मैंने उनसे कहा कि मैं यहाँ नौ दिन तक साधना करना चाहता हूँ। वह एक छोटा-सा कक्ष था, जिसमें एक बिस्तर, एक शौचालय और एक छोटी-सी मेज़ थी, जो पर्याप्त से भी अधिक थी। मैं फ़र्श पर सोना पसंद करता, किन्तु उन्होंने मुझे बताया कि बिस्तर को हटाया नहीं जा सकता।

ऐसा नहीं है कि मैं नीचे सोने का ही समर्थक हूँ, किन्तु मंत्र-साधना के समय यह कहा जाता है कि साधक को यथासंभव धरती के निकट सोना चाहिए। कल्पना कीजिए कि चुंबक को लोहे के टुकड़े के पास रखा जाए और फिर उसे कुछ फ़ीट दूर रखा जाए।

साथ ही, यह भी कहते हैं कि एक साधक को यथासंभव मितव्ययी होकर रहना चाहिए। और यह अच्छा भी है। आपके पास जितना कम समान होगा, आपको उतनी ही कम चिंता होगी। मैं यह सुझाव नहीं दे रहा कि आप सदा ही

कठोर जीवन बिताएँ, किन्तु साधना, एक तरह से, प्रशिक्षण काल होता है, जब आप कड़ा परिश्रम करते हैं, अपनी सीमाओं को बढ़ाते हैं और कष्ट को सहने की क्षमता में वृद्धि करते हैं।

अगले दस दिनों तक मैंने बाला त्रिपुरसुंदरी का पुरश्चरण करने का निर्णय लिया। मुझे वेदमाता गायत्री की अनुमति लेने के लिए एक दिन तथा मंत्र का जप करने के लिए नौ दिन चाहिए थे।

श्री विद्या के मार्ग पर, माँ त्रिपुरसुंदरी का एक युवा रूप है, जिसे बाला त्रिपुरसुंदरी कहते हैं। 'बाला' का अर्थ 'बालक' होता है, किन्तु इसका यह अर्थ नहीं है कि यह देवी माँ का बाल रूप है। यह उनका पूर्ण विकसित युवा स्वरूप है। जिस तरह 'महा' का अर्थ है, महान और देवी माँ का आह्वान, महान जागृति की ओर ले जाता है, उसी प्रकार बाला त्रिपुरसुंदरी की उपासना करने से व्यक्ति का मन शुद्ध होकर निर्दोष एवं बाल-वत हो जाता है। आध्यात्मिक पथ पर संकुचित हृदय वाले को कोई बड़ी सफलता प्राप्त नहीं होती। अत: देवी माँ का स्थान अर्थात आपका हृदय, शुद्ध और निर्मल होना चाहिए।

सामान्य तौर पर, श्री विद्या साधना में, एक ग़लत धारणा यह है कि बाला त्रिपुरसुंदरी का मंत्र, साधना प्रारंभ करने वाले लोगों के लिए है और उसके बाद आप अगला मंत्र (पंचदशी, पंद्रह अक्षरों का मंत्र), फिर षोडशी (सोलह अक्षरों का मंत्र) और उसके बाद महा षोडशी (वंश के आधार पर अधिक बीज अक्षरों के साथ) प्राप्त कर सकते हैं। यह ग़लत धारणा है, क्योंकि जिसका हृदय शुद्ध हो गया, उसके लिए कुछ और शेष नहीं रहता। वे कभी भी देवी माँ के आगमन की उम्मीद कर सकते हैं।

नागा बाबा ने मुझे सीधे पंचदशी दी थी। यद्यपि श्री विद्या परंपरा का सम्मान करते हुए मैंने सोचा कि ये नौ दिन बाला त्रिपुरसुंदरी के मंत्र का आह्वान करने का स्वर्णिम अवसर है। यह तीन बीजाक्षरों का मंत्र था, जिसे मुझे नौ दिनों में 300,000 बार जपना था। यह सुनने में अधिक लगता है, किन्तु इसका दैनिक लक्ष्य 35,000 था। योग निकेतन ने मुझे यज्ञ करने की अनुमति नहीं दी, इसलिए मैंने सोचा कि मैं अपने जप को 10 प्रतिशत बढ़ा दूँगा। मेरा नया लक्ष्य नौ दिनों में 330,000 जप करना था। गुणवत्ता रहित मंत्रोच्चारण या एकाग्रता में कमी को ध्यान में रखते हुए मैंने मूल संख्या में 10 प्रतिशत और जोड़ने का निश्चय किया, और नौ दिनों में 360,000 जप करने का लक्ष्य निर्धारित किया, जिसमें प्रतिदिन 40,000 पुनरावृत्ति का लक्ष्य था।

मुझे जानकारी नहीं थी कि वहाँ से तनिक दूरी पर एक अन्य आश्रम में एक और दिव्य आस्था वाले साधक निरंतर दुर्गा सप्तशती का पाठ करके देवी माँ का

आह्वान कर रहे थे। वह प्रत्येक दिन देवी माँ से एक गुरु का आशीर्वाद पाने की व्याकुल होकर प्रार्थना करते थे। वह स्वामी विद्यानंद थे, जो बाद में मेरे सर्वप्रिय शिष्यों में हुए और आज भी मेरी व्यक्तिगत सेवा में रत हैं।

मैं अपनी साधना पर वापस आता हूँ। मैंने अपनी दिनचर्या को इस प्रकार विभाजित किया था:

प्रात: 3–4	**सोकर उठना**
प्रात: 4–11	**साधना का प्रात:कालीन सत्र**
प्रात: 11 बजे से संध्या 6 बजे	**विश्राम, भोजन, अध्ययन, अन्य कार्य**
संध्या 6–8 बजे	**रात्रि भोजन, सायं स्नान**
रात्रि 8 – 12	**साधना का सायंकालीन सत्र**
रात्रि 12– प्रात: 3 बजे	**निद्रा**

मैंने जप की माला का उपयोग नहीं किया, क्योंकि मुझे कुछ समय पहले यह समझ में आया कि मेरा मन यदि माला के अंत तक पहुँचने को लेकर चिंतित नहीं होता, तो मैं और अच्छी तरह ध्यान केंद्रित कर पाता हूँ। अनेक वर्षों से मैं किसी भी मंत्र का जप करने में लगने वाले औसत समय का पता लगा लेता हूँ, फिर उसमें आकस्मिक स्थिति के लिए कुछ समय जोड़ लेता हूँ, ताकि यह सुनिश्चित हो जाए कि जप की संख्या वांछित से कम न होने पाए।

बाला त्रिपुरसुंदरी का मंत्र छोटा है। यही कारण है कि उनके इस रूप को 'बाला' कहा जाता है, क्योंकि उनका मंत्र छोटा अर्थात 'बाल-स्वरूप' है। इस मंत्र को गंगोत्री की तरह समझें, जहाँ से हिमालय में माँ गंगा प्रकट होती हैं। अपने मार्ग पर आगे बढ़ते हुए गंगा विभिन्न रूप धारण करती हैं और उनका आकार बढ़ता जाता है। वह मार्ग में अन्य नदियों को अपने में समाहित कर लेती हैं और भारतवर्ष की एक दुर्जेय शक्ति में परिवर्तित होकर गंगासागर तक पहुँचती हैं, जहाँ फिर अंतत: समुद्र में उनका विलय हो जाता है।

बाला का संक्षिप्त किन्तु शक्तिशाली मंत्र भी ऐसा ही है। इसमें जैसे-जैसे साधक आगे बढ़ता है, मंत्र की उत्कृष्ट ऊर्जा चेतना के भीतर विशाल अनुपात में बढ़ती जाती है। श्री विद्या परंपरा में तीन लोकप्रिय वंश हैं, जिन्होंने उपासना की विस्तृत पद्धतियाँ विकसित की हैं, जो एक-दूसरे से काफ़ी भिन्न हो सकती हैं।

रोचक बात यह है कि श्री विद्या की वैदिक अर्चना, जो सामान्य तौर पर घरों में और उन संतों द्वारा की जाती है, जो अनुष्ठानों के माध्यम से आनंद और देवी माँ के साथ संबंध अनुभव करते हैं, तांत्रिक पूजा से काफ़ी अलग है। ऐसा नहीं है कि तांत्रिक पूजा में अनुष्ठान नहीं होते। अनुष्ठान होते हैं, किन्तु वे अनुष्ठान अधिकांशतः संक्षिप्त होते हैं।

लोकप्रिय परंपराएँ कादी, हादी और सादी हैं। सरल शब्दों में कहें, तो इनका नाम देवी माँ को पुकारने के लिए प्रयुक्त तरीक़ों में होने वाले परिवर्तन के आधार पर रखा गया है। हादी विद्या का आरंभ महर्षि अगस्त्य और उनकी पत्नी लोपामुद्रा ने किया था। मैं बाद में इस पर अधिक प्रकाश डालने का प्रयास करूँगा और बताऊँगा कि मैंने इसका आह्वान कैसे किया। दूसरी, कादी विद्या, पूजा के मूलभूत एवं अधिक प्राचीन रूपों में से एक थी, जिसे देवी माँ ने स्वयं महर्षि अत्रि को तब प्रदान किया, जब महर्षि ने *ललिता सहस्रनाम* से देवी का आह्वान किया था। फिर ऋषि अत्रि ने इसे अपने पुत्र भगवान दत्तात्रेय को दिया, जो शिव, ब्रह्मा और विष्णु की सामूहिक ऊर्जाओं से उत्पन्न हुए थे। दत्तात्रेय ने इसे ऋषि परशुराम को दिया। वैदिक और तांत्रिक परंपराओं में सर्वाधिक विद्वान ऋषियों में से एक, वेद व्यास, जो पराशर के पुत्र थे, कादी विद्या का अभ्यास करते थे।

तीसरी परंपरा, सादी, बहुत बाद में अस्तित्व में आई। यह तांत्रिक और वैदिक तपस्वियों के सिद्धांतों के स्वस्थ मिश्रण पर आधारित थी। जब भी महान तांत्रिक ऋषियों को गृहस्थ लोगों को श्री विद्या प्रदान करने की आवश्यकता पड़ती, तो वे प्रायः सादी से आरंभ करते थे और परंपरा के आधार पर धीरे-धीरे कादी या हादी की ओर बढ़ते थे। तंत्रराज तंत्र में सादी का उल्लेख मिलता है, यह एक ऐसी परंपरा थी, जो पहली दो परंपराओं के हज़ारों साल बाद अस्तित्व में आई।

सबसे रोचक बात यह है कि तीनों परंपराओं में मंत्रों में थोड़ा-बहुत अंतर है (हालाँकि अनुष्ठान में यह अंतर अधिक है), परंतु बाला मंत्र के संदर्भ में यह तीनों के लिए पूर्णतः एक समान है। इस मंत्र के आह्वान के बिना श्री विद्या साधना अधूरी रहती है।

ऐं क्लीं सौः – यही मंत्र है।

यह चेतना की तीन अवस्थाओं के मूल का प्रतिनिधित्व करता है: सुषुप्ति, जागृति और स्वप्न। यह मंत्र भौतिक प्रकृति के तीन गुणों को भी दर्शाता है: सात्विक (अच्छाई), राजसिक (जुनून) और तामसिक (अज्ञानता)। भले ही मैंने तामसिक को अज्ञानता कहा है, किन्तु इन तीनों गुणों का संभवतः अधिक सटीक वर्णन क्रमशः प्रकाश, संध्या और अँधकार होना चाहिए। हमें संसार में काम करने के लिए इन तीनों की ही आवश्यकता होती है।

इस पुरश्चरण को करने के दो कारण थे। एक, नागा बाबा ने इस मंत्र की बहुत प्रशंसा की थी और दूसरा, मैं देवी माँ को पुकारने से चूक रहा था। ऋषिकेश में सभी सुविधाएँ उपलब्ध थीं। मेरे कक्ष में पंखा था और बाल्टी, पानी तथा शौचालय के साथ संलग्न स्नानघर भी था। आस-पास ऐसे अनेक स्थान थे, जहाँ मैं भोजन के लिए जा सकता था, परंतु वहाँ हिमालय जैसी शांति नहीं थी। वह एक हलचल भरा शहर था, हालाँकि योग निकेतन शांत स्थल था, प्रत्येक दिन प्रात: एवं संध्या के समय जब मैं ध्यान के लिए बैठता, तो मुझे निकट के मंदिरों से घंटियाँ और भजन के स्वर सुनाई देते थे।

सब कुछ था, किन्तु देवी माँ कहाँ थीं? क्या मैंने अपना घर इसलिए छोड़ा था कि मैं शहरों की सुख-सुविधाओं का आनंद ले सकूँ? मैं सबको इसलिए छोड़कर नहीं आया था, ताकि स्नानघर में बैठकर शीत में प्रात: और संध्या को अपने शरीर पर गर्म पानी डालता रहूँ।

वैसे भी मुझे किसी शहर या कस्बे में रहना पसंद नहीं था, फिर भी, मैंने इस पुरश्चरण को पूर्ण करने का संकल्प लिया था और अब इसे पूर्ण करने का समय भी आ चुका था। आगामी नौ रात्रि और प्रात: काल में, मैंने बहुत निष्ठा के साथ समय लगाया, हालाँकि मुझे गुफ़ा की बहुत याद आती थी। इस कक्ष और स्थान का वातावरण मुझे प्रेरित नहीं करता था। यदि कोई ऐसा क्षण आता भी, जब मैं स्वयं जप में लीन हो जाता, तो आस-पास के मंदिरों अथवा योग निकेतन के कार्यकर्ताओं और लोगों की आवाज़ें मेरा ध्यान भंग कर देती थीं।

मैंने अगले नौ दिनों में साधना पूर्ण कर ली, किन्तु ऐसा लगा जैसे कलफ़ लगा हुआ वस्त्र का एक नया टुकड़ा पानी में डुबाया जा रहा हो, लेकिन वह भीग नहीं रहा था। मैं स्वयं को देवी माँ के भाव में लीन नहीं कर पाया। मेरा मन हिमालय की ओर लौट रहा था। भले ही मेरे सामने वही छोटी दिव्य मूर्ति थी, किन्तु मैं उससे तनिक कम जुड़ाव महसूस कर रहा था। यह न भूलें कि मुझे सदा ही उस आदर्श मूर्ति में जीवंत ऊर्जा की उपस्थिति का आभास हुआ है। इतना कि अपनी यात्राओं के दौरान, जहाँ भी संभव होता और अनुमति मिल जाती, तो मैं दो टिकट ख़रीदता था। वह मूर्ति वस्तु मात्र नहीं थी, अपितु मेरे इष्ट थे। यद्यपि मैं उन्हें प्राइवेट जेट विमान में तो नहीं बैठा सकता था, किन्तु मैं बस अथवा ट्रेन में उनके लिए निश्चित रूप से अलग टिकट तो ख़रीद ही सकता था।

'ऐं क्लीं सौः, ऐं क्लीं सौः, ऐं क्लीं सौः', मैं नौ दिनों तक प्रतिदिन ग्यारह घंटे से अधिक समय तक जप करता रहा। पूजा में बैठकर मंत्र जप के अतिरिक्त, मैंने यथासंभव जप करना जारी रखा - चलते समय, खाते समय, नहाते समय, आदि। मैंने यथासंभव भाव सहित जप करने का प्रयास किया। मैंने मंत्र को तोते की भाँति

शुष्कतापूर्वक दोहराने के स्थान पर भक्ति भाव के साथ उसका जप किया, किन्तु मेरा प्रयास पर्याप्त नहीं था। सत्य कहूँ, तो मुझे योग निकेतन के निकट एक प्रसिद्ध शाकाहारी रेस्तरां, चोटीवाला, में स्वादिष्ट भोजन की थाली खाने को लेकर तनिक ग्लानि हुई। यह सिडनी के वाटरफ्रंट पर ज़ाफ़रानी ग्रोची या खमीरयुक्त (सोरडो) ब्रेड पर एवोकाडो खाने के अनुभव से बहुत अलग था, लेकिन चोटीवाला में किया भोजन, पिछले अनेक माह के दौरान, पहले गुरु के आश्रम में और फिर गुफ़ा के भीतर किए भोजन की तुलना में दावत के समान था।

यह पुरश्चरण बिना किसी विशेष घटना के सामान्य ढंग से पूर्ण हो गया। मुझे इससे अधिक कुछ आशा भी नहीं थी। मैं जगन्नाथ पुरी जाने वाली ट्रेन में चढ़ा और वहाँ प्रदीप ब्रह्मचारी से मिला। मैं मंदिर में भगवान जगन्नाथ के दर्शन करना चाहता था, किन्तु वहाँ बहुत भीड़ थी। हम बाद में रात्रि के समय फिर गए, जब भीड़ कम थी।

उस मंदिर के गर्भगृह में हुआ अनुभव अपने आप में अनूठा था। काष्ठ से बनी तीन विशाल मूर्तियाँ – जगन्नाथ, बलभद्र और सुभद्रा – मेरे सामने थीं। पहले तो वे बच्चों जैसी दिखीं, किन्तु वह केवल भ्रम था। यह भगवान की लीला अथवा माया (भ्रम) जैसा लगता है। जब आप वहाँ जाते हैं, तो आपको भगवान जगन्नाथ की उपस्थिति का आभास होता है। मेरे लिए यह एक अविश्वसनीय और मार्मिक अनुभव था। मुझे लगा, जैसे मैं पहले भी अनेक बार, असंख्य बार वहाँ गया हूँ, संभवत: किसी अन्य जन्म में। ऐसा लगा मानो मेरी चेतना मेरे पूर्वजन्मों की स्मृतियों को टटोलने के लिए मुक्त होने की प्रतीक्षा कर रही थी। मेरे रोंगटे खड़े हो गए। मैं रोने लगा और हम तब तक वहीं खड़े रहे, जब तक हमें वहाँ खड़ा रहने की अनुमति दी गई।

प्रदीप ब्रह्मचारी (वर्तमान रघु स्वामी) ने मुझे अगले कुछ दिनों तक यह देखने के लिए कई स्थानों का भ्रमण कराया कि क्या मुझे कोई जगह पसंद है। समुद्र के किनारे कोई ऐसा स्थान ढूँढना बहुत कठिन था, जो पूर्ण रूप से निर्जन हो, क्योंकि हर जगह मछुआरे रहते थे। दस दिन बीत गए, किन्तु हमें कोई उपयुक्त स्थान नहीं मिला।

इस दौरान हम ब्रह्मपुर के शिवानंद आश्रम में रहे। एक सुबह जब वे वस्त्र धो रहे थे, तब मैं अपने कक्ष से बाहर निकला और मैंने कहा, 'मैं जा रहा हूँ, ब्रह्मचारी जी।'

'मगर कहाँ?'

'मैं हिमालय वापस जा रहा हूँ। साधना के लिए स्थान खोजने में मुझे दस दिन कभी नहीं लगे। मुझे जब भी कुछ चाहिए होता है, तो ब्रह्मांड तुरंत सब व्यवस्था कर देता है।'

उन्होंने अनेक बार यह कहकर मुझे रोकने का प्रयास किया कि मेरे पास गाड़ी में आरक्षण नहीं था, कोई बुकिंग नहीं थी, इसलिए ऐसे ही निकल जाना उचित नहीं होगा और मुझे कुछ दिन और प्रतीक्षा करनी चाहिए। उनके अनुसार, तत्काल में आरक्षण मिलना असंभव था तथा बिना आरक्षण के हरिद्वार की ओर तीन दिन ट्रेन यात्रा करना मूर्खता थी।

'ब्रह्मचारी जी,' मैंने कहा, 'मैं आपको दोष नहीं देता, परंतु मैं अत्यंत विनम्रता के साथ कह रहा हूँ कि जब मैं आगे बढ़ने का निर्णय कर लेता हूँ, तो प्रकृति भी मेरे लिए मार्ग बना देती है।'

उन्होंने बल देते हुए कहा कि वे मेरे साथ चलेंगे और मैं जहाँ भी रहूँगा, वहाँ से कुछ किलोमीटर दूर वे भी रहेंगे। वे मेरे लिए प्रतिदिन भोजन की व्यवस्था कर देंगे, मुझे दूर से देखकर फिर चुपचाप चले जाएँगे।

'मैं इनमें से किसी भी बात का वचन नहीं दे सकता,' मैंने कहा। 'मुझे नहीं पता कि मैं हिमालय में कहाँ रहूँगा, परंतु हाँ, यदि ऐसा कुछ संभव है, तो मैं इसे ध्यान में रखूँगा। मैं आपको वचन देता हूँ।'

मैं कहाँ जाऊँगा? यदि मिल भी गया, तो कोई स्थान कब और कैसे मिलेगा? क्या मुझे वह एकांत मिलेगा, जिसकी मुझे तलाश है? क्या मेरे इस उन्माद का कोई अर्थ भी है? क्या देवी माँ कभी प्रकट होंगी? मेरे पास इन प्रश्नों का कोई उत्तर नहीं था, किन्तु मैं एक बात जानता था, जो किसी भी संदेह से परे थी; यदि मैं यात्रा जारी रखता हूँ, तो मार्ग खुल जाएगा। सदा ऐसा ही होता है। कभी-कभार स्वयं पर संदेह करना उचित है, किन्तु ब्रह्मांड की बुद्धिमत्ता पर कभी अविश्वास मत करना।

अतः मैंने सोचा कि मैं ईश्वर पर भरोसा करके वहीं लौट जाऊँगा, जहाँ मुझे होना चाहिए – हिमालय। या तो प्रयास करो, या मिट जाओ। देवी के साथ एकाकार होने के लिए मेरे अंदर कुछ मरना आवश्यक था। इसके लिए चाहे शरीर की आवश्यकता हो या कुछ और, मैं किसी भी सीमा तक जाने को तैयार था। *वैसे भी खोने के लिए है क्या? दो वस्त्र? एक शरीर? आप इसे ले लो, माँ जगदम्बा। इसे ले लो।*

8

अनुसूया मंदिर

अक्टूबर, 2010

हरिद्वार में एक रात रुकने के उपरांत, मैं अनुसूया मंदिर के लिए रवाना हो गया। मैं चमोली में उतरा, फिर मैंने गोपेश्वर के लिए बस ली और मंडल नामक गाँव जाने के लिए साझा टैक्सी पकड़ी।

मंडल में उतरते ही मैंने दूर पर्वत पर छोटे से घर जैसा आकार देखा। शायद आपको पता हो कि मोहित होना कैसा लगता है? यह ऐसी अनुभूति है, जो आपको पूर्ण रूप से अपने वश में कर लेती है और आप किसी अन्य वस्तु के विषय में सोच भी नहीं पाते। मैंने सोचा, काश! मैं वहाँ तक पैदल चलकर जा पाता। मुझे बताया गया कि वह एक मंदिर है, किन्तु वहाँ जाकर रात का अँधकार होने से पूर्व लौटना संभव नहीं होगा। इसलिए, मैं वहाँ प्रतीक्षा करने के स्थान पर अनुसूया मंदिर तक पैदल चलकर गया। वह अत्यंत भव्य स्थान था, वह मंदिर चारों ओर से पर्वतों से घिरा था।

मंदिर में मेरी भेंट, मंदिर के पुरोहित के पुत्रों बबलू और विनोद से हुई।

वहाँ कोई निर्माण कार्य चल रहा था। पहले तो उन्होंने इस बात को व्यंग्य में स्वीकार नहीं किया, किन्तु कुछ ही क्षणों में उनका पूरा ध्यान मेरे ओर आकर्षित हो चुका था। उनके पूछने पर मैंने उन्हें बताया कि मैं ध्यान करने के लिए उचित स्थान खोज रहा हूँ और फिर मैंने उनसे उस दूरस्थ मंदिर के विषय में पूछा।

वे बोले, 'वह वन के भीतर है और यहाँ से बहुत दूर भी है, महाराज जी।'

फिर भी मैंने उस छोटे मंदिर और कुटिया को देखने की इच्छा व्यक्त की।

अनुसूया मंदिर में रात-भर ठहरने के उपरांत हम अगले दिन प्रात: लगभग 9 बजे निकल पड़े। वह मार्ग सचमुच अत्यंत सघन वन से होकर गुज़रता था और मैंने ऐसा मार्ग पहले कभी नहीं देखा था। वहाँ के वृक्ष बहुत प्राचीन और शांत थे, उनमें से कुछ तो संभवत: अस्सी या नब्बे फ़ीट से भी ऊँचे थे। कुछ स्थानों पर ऐसा लग रहा था, जैसे सूर्य का प्रकाश वहाँ कभी नहीं पहुँचता होगा, जिसका प्रमाण शैवाल और काई को देखकर मिल रहा था। हमने कुछ प्राचीन नदियाँ, पुरानी चट्टानें आदि भी पार किए।

'महाराज जी, आप यह स्थान देखना चाहते हैं, इसलिए मैं आपको ले जा रहा हूँ,' विनोद ने कहा, 'परंतु मुझे नहीं लगता कि यह स्थान आप जैसे व्यक्ति के लिए उपयुक्त है। यह जगह हम स्थानीय लोगों के लिए भी सीमा के बाहर है। यह पूर्णत: निर्जन है। इन महीनों के दौरान यहाँ कोई नहीं आता। आप वहाँ दूर, जो कुटिया देख रहे हैं, वह रहने योग्य नहीं है। शीतकाल में यहाँ बर्फ़ पड़ती है, जिसका अर्थ है कि आपका संपर्क सबसे पूरी तरह कट जाएगा। यदि आपको किसी सहायता की आवश्यकता हुई, तो आप तक पहुँच पाना भी असंभव होगा।'

'मेरा विश्वास कीजिए महाराज जी, जब पर्वत शिखरों पर भारी हिमपात होता है तब अधिकांश वन्य प्राणी, वन के इसी भाग में आकार रहने लगते हैं।'

हम जैसे-जैसे निकट पहुँचते गए, मेरा हृदय उत्साह से धड़कने लगा। मैंने एक जलधारा देखी, जो वर्ष भर बहती थी और उसमें पर्याप्त जल था। अधिकतर हिमालयी नदियाँ केवल वर्षा-ऋतु में दिखाई देती हैं और फिर सूख जाती हैं। घने वन से होते हुए, हम धरती के समतल हिस्से पर पहुँच गए।

मनमोहक सौंदर्य! यह पर्वतों के मध्य बने गोल्फ़ के मैदान जैसा लग रहा था। मेरे पीछे हिमाच्छादित शिखर थे और सामने हरी घास से भरा विशाल मैदान था, जो देवताओं के लिए खेल का मैदान जैसा विशाल और सुंदर था। एक क्षण के लिए मुझे लगा यह वही स्थान है, जहाँ रात्रि में दिव्य प्राणी क्रीड़ा के लिए आते होंगे। मैदान के आगे वाले भाग में एक कुटिया थी, जो भूपाल सिंह नामक एक चरवाहे की थी।

हम लगभग सौ या दो सौ मीटर चलकर चट्टान के किनारे पहुँच गए। छोटे मंदिर के निकट एक कुटिया थी, जिसे देखने के लिए मैं व्याकुल था। वह कुटिया, मंदिर के पुजारी की थी। दोनों कुटिया जीर्ण-शीर्ण अवस्था में थीं, किन्तु इस कुटिया की स्थिति अधिक बुरी थी। चरवाहे अपनी कुटिया की मरम्मत केवल ग्रीष्म काल में करते थे, क्योंकि शरद काल में वहाँ कोई नहीं रहता था। पहली कुटिया आवास की दृष्टि से बेहतर और पानी के निकट थी, किन्तु दूसरी कुटिया मुझे बहुत पसंद आई, क्योंकि वह मंदिर के निकट थी, यद्यपि शरद-काल में मंदिर बंद रहता था।

यहाँ कुछ दैवीय आभास था। चट्टान के नीचे के मार्ग पर अनंत वन थे। मेरे दाईं ओर, लगभग तीन सौ मीटर तक फैला समतल मैदान था। मैं जैसे ही किनारे की ओर बढ़ा, वृक्षों की एक घाटी बीच में आ गई। दूसरे छोर पर पर्वत थे। मेरे पीछे भी वृक्ष थे – ऊँचे, चौड़े, कुछ प्राचीन और कुछ अत्यंत प्राचीन। मैंने इतना सुंदर प्राकृतिक मैदान इससे पहले कभी नहीं देखा था।

मैंने कहा, 'विनोद, यदि मुझे साधना के लिए कोई स्थान पसंद है, तो वह यही है।'

मैं कल्पना करने लगा कि मैं उस वन में दिन-रात ध्यान कर रहा हूँ और देवी माँ के लिए विलाप भी कर रहा हूँ। कुटिया की स्थिति बहुत ख़राब थी और वह धरती पर बनी थी, जबकि पहली वाली कुटिया तनिक ऊँचे स्थान पर बनी थी। वहाँ भोजन तैयार करना भी एक चुनौतीपूर्ण कार्य होगा।

'ऐसा लगता है कि पहली कुटिया प्रदीप ब्रह्मचारी की है,' मैंने विनोद से कहा। मैंने उसे ओडिशा के ब्रह्मचारी के विषय में बताया, जो मेरी सेवा में आने के इच्छुक थे। उस दिन तिथि 16 नवंबर थी और मुझे चंद्र पंचांग के अनुसार 21 नवंबर को साधना आरंभ करनी थी। मैं 19 नवंबर तक वहाँ व्यवस्थित हो जाना चाहता था, ताकि अपनी साधना आरंभ करने से एक दिन पूर्व प्रारंभिक जप कर सकूँ। 'हमें दो दिनों में सारी तैयारी करनी है,' मैंने कहा।

'महाराज जी, हमने कुटिया के मालिकों से अभी तक बात भी नहीं की है। हमें नहीं पता कि वे इसकी अनुमति देंगे अथवा नहीं। हम तभी कुछ कर सकते हैं, जब वे आपके और ब्रह्मचारीजी के कुटिया में रहने पर सहमत हो जाएँ,' विनोद ने कहा।

मंदिर के पुजारी और कुटिया के मालिक ने मुझे अगले छह महीने तक कुटिया में रहने की अनुमति प्रदान कर दी। उन्होंने मुझसे कुटिया में रहने का किराया भी नहीं लिया।

मैंने बबलू से प्रदीप ब्रह्मचारी के भाई से फ़ोन पर संपर्क करने को कहा। प्रदीप और मेरे पास फ़ोन नहीं थे और 19 नवंबर की तिथि बहुत निकट थी।

माँ, मेरी साधना में विलंब मत होने देना। कृपया मेरे साथ ऐसा मत करना। मैं धन-संपत्ति अथवा कुछ और नहीं माँग रहा। मैं केवल इतना चाहता हूँ कि साधना के पहले दिन से ही मैं आपके ध्यान में लीन हो जाऊँ। मुझे पता है कि आप मेरे लिए यह कर देंगी। बस मुझे दिखा दीजिए कि यह कैसे होगा।

बबलू ने ब्रह्मचारी के भाई को फ़ोन किया।

'वह तीन दिन पहले ही हरिद्वार के लिए निकल चुके हैं,' भाई ने बबलू को बताया। 'हमारा चचेरा भाई आज रात्रि उन्हें लेने आ रहा है। मैं उसे अभी संदेश दे दूँगा।'

मेरे रोंगटे खड़े हो गए। बबलू बोला कि यह सब मैंने किया है और उसे शुरू से पता था कि मैं यह रहस्यमयी खेल खेल रहा हूँ। मैं सच कहता हूँ कि ऐसा कदापि नहीं था, किन्तु बबलू को मेरी बात पर विश्वास नहीं हुआ।

'महाराज जी, आप कुछ भी कर सकते हैं,' उसने मुझसे कहा। मैंने उसके घर पर भोजन किया और अपने कक्ष में लौट आया। रात्रि में लगभग 10 बजे, मैंने बबलू से कहा कि मैं बहुत थक गया हूँ और विश्राम करना चाहता हूँ। तभी उसका फ़ोन बजा। प्रदीप ब्रह्मचारी ने अपने चचेरे भाई के फ़ोन से कॉल किया था। मैंने बबलू से फ़ोन लिया।

'मैं कल अनुसूया मंदिर के लिए निकल जाऊँगा,' ब्रह्मचारी ने कहा, 'मुझे कल रात्रि तक वहाँ पहुँच जाना चाहिए।'

मैंने उनसे पूछा कि आख़िर वह यहाँ तक कैसे पहुँचे। उन्हें केवल इतना पता था कि मैं हिमालय की ओर जा रहा हूँ, किन्तु उन्हें तनिक भी नहीं पता था कि मैं वास्तव में कहाँ पहुँच जाऊँगा। सत्य कहूँ, तो मुझे स्वयं नहीं पता था कि मैं कहाँ पहुँचूँगा।

'स्वामी जी,' वह बोला, 'आपके जाने के उपरांत मैं आपके अतिरिक्त किसी और के विषय में नहीं सोच सकता। मेरा जीवन आपको समर्पित है। मैं केवल आपकी सेवा करना चाहता हूँ। मुझे पता था कि यदि मैं हिमालय चला गया, तो मैं आपको प्राप्त कर लूँगा। कृपया मेरी कमियों और पापों के लिए मुझे क्षमा कर दीजिए।'

मैंने उन्हें वन में बनी कुटिया और उस स्थान की चुनौतियों के विषय में बताया। वहाँ न तो पानी था, न ही जलाने के लिए लकड़ी और न ही खाने-पीने की कोई वस्तु अथवा कोई अन्य साधन।

उन्होंने कहा, 'आप केवल मुझे आशीर्वाद दीजिए, स्वामी जी। मैं सब देख लूँगा। आप आराम से साधना कीजिए।'

इससे पहले कि मुझे पता चलता कि मुझे क्या आवश्यकता थी, देवी माँ ने पहले ही सारी व्यवस्था कर दी थी। मुझे याद है कि नागा बाबा, एक तपस्वी की कथा सुनाया करते थे, जिन्होंने अपने जीवन का अधिकांश समय वनों में सभ्य समाज से दूर रहकर व्यतीत किया था। एक दिन, वह भिक्षा माँगने शहर गए। एक लड़की, चीनी और चावल का कटोरा लेकर बाहर आई। तपस्वी ने पहली बार किसी स्त्री को देखा था। उन्होंने लड़की के उभरे हुए स्तनों को फोड़े समझ लिया।

'क्या आप अपनी छाती के ट्यूमर के लिए कोई दवा ले रही हैं?'

लड़की ने यह सुना तो सोचा कि वह असभ्य व्यक्ति है। वह अपनी माँ को बुलाने अंदर भागी। लड़की की माँ ने तपस्वी से बात की, तो उसे समझ में आया कि वह तपस्वी निर्दोष थे, क्योंकि उन्हें संसार के तौर-तरीक़ों की कोई जानकारी नहीं थी। 'ये उसकी छाती पर फोड़े या ट्यूमर नहीं हैं, बाबा जी,' माँ ने कहा, 'इसमें बच्चों के लिए दूध उत्पन्न होता है।'

'ओह! बच्चे कहाँ हैं?' तपस्वी ने पूछा।

'बच्चों का अभी जन्म नहीं हुआ, क्योंकि अभी इसका विवाह नहीं हुआ है। यह सब तो दस वर्ष के बाद होगा।'

तपस्वी बोला, 'धन्यवाद, माता। अब मुझे भिक्षा नहीं चाहिए। यदि ब्रह्मांड, दस वर्ष बाद जन्म लेने वाले शिशु के लिए भोजन की व्यवस्था अभी से कर रहा है, तो मैं भोजन के लिए द्वार-द्वार क्यों भटक रहा हूँ? ईश्वर मुझे जो उचित समझे, खिला दे। मैं अब वहीं जा रहा हूँ, जहाँ मेरे लिए भोजन रखा होगा।'

यह कहकर तपस्वी वन में लौट गए।

हम यह कम आँकते हैं कि ब्रह्मांड कितना विकसित है। हम जीवन में इसके योगदान को कम आँकते हैं। वास्तव में, हम सदा अपने प्रयासों को बढ़ा-चढ़ाकर देखते हैं। सत्य यह है कि देवी माँ, युगों से सृष्टि के लिए प्रावधान करती आ रही हैं।*अजगर करे ना चकरी, पंछी करे ना काम, भिखारी सारी दुनिया, दाता एक राम।* इसका अर्थ यह है कि अजगर किसी की सेवा नहीं करता और पक्षी किसी के लिए काम नहीं करता, वे मात्र जीवित रहने के प्रयास में लगे हैं। हम सब लेने और भीख माँगने वाले हैं। एकमात्र दाता ईश्वर हैं।

इससे पहले कि मैं वन में जाकर मंदिर देखता, इससे पहले कि मैं जान पाता कि वहाँ दो कुटिया हैं अथवा यह कि मुझे वह स्थान पसंद आएगा, देवी माँ ने प्रदीप ब्रह्मचारी को वहाँ ठीक उसी समय भेज दिया था, जब उनकी वहाँ आवश्यकता थी। भैरवी माँ ने कहा था, मेरी सेवा में कोई न कोई सदा रहेगा। सोचा जाए कि ये लोग - बबलू, विनोद और ब्रह्मचारी - मेरी सहायता क्यों कर रहे थे। मैं उन्हें पैसे नहीं दे रहा था और न ही मेरे पास अभी अथवा भविष्य में उनके उपयोग में आने के लिए कोई संसाधन उपलब्ध थे। इन सबके पीछे उनका कोई भौतिक उद्देश्य भी नहीं था। वे यह सब कार्य भलाई के लिए कर रहे थे, मानो वे मंत्रमुग्ध थे। बबलू ने यही कहा था, '*पता नहीं, महाराज जी, आपमें क्या जादू है। मन करता है आपको देखते रहो, आपका काम करते रहो, बस कहीं उठ के न जाओ। आपके दर्शन में बँध के मैं तो मुक्त हो गया।* यद्यपि मैं तो यही कहूँगा कि यह बबलू का स्नेह और उसका भोलापन था, जिसके कारण उसे यह अनुभूति हुई, क्योंकि सचमुच मुझे समझ ही नहीं आया कि इतनी चर्चा किस बात की हो रही थी।

अगले दिन, 17 नवंबर प्रात:काल जब मैं अनुसूया मंदिर में पूजा कर रहा था, तो बबलू के पिता, यानी वहाँ के पुजारी ने मुझे गर्भगृह के भीतर बुलाया। वे देवी माँ का अभिषेक कर रहे थे।

'मैंने स्नान के समय कभी किसी को भीतर नहीं बुलाया, महाराज जी,' पुजारी ने कहा। 'अपने बच्चों को भी नहीं, परंतु मुझे लगा कि आपको यह दृश्य देखना चाहिए।'

सचमुच वह देखने योग्य दृश्य था। ऐसा लगा, मानो मैं टाइम मशीन में बैठकर कई हज़ार वर्ष पीछे पहुँच गया था। एक गर्भगृह, देवी की प्राचीन मूर्ति और पुजारी उनका अभिषेक कर रहे थे। मैं यह सब देख ही रहा था कि तभी पुजारी ने कहा, 'महाराज जी, आप वेद पाठी हैं। आपसे निवेदन है कि आप किसी मंत्र का जप कीजिए।' वह बोले कि मैं जब तक चाहूँ, जप कर सकता हूँ।

मैंने स्वस्तिवाचन से आरंभ करके फिर सहस्रनाम का संपूर्ण पाठ किया। उसके बाद श्री सूक्तम का पाठ किया। पाठ समाप्त होने तक हम दोनों आँसुओं से भीग चुके थे।

9

तैयारी

नवंबर, 2010

19 नवंबर को अपराह्न, ब्रह्मचारी और मैं अपनी-अपनी कुटिया में साधना-स्थल पर उपस्थित थे। उन्होंने मुझसे कहा कि उनके पास करने को बहुत-से कार्य थे - किराने का सामान खोलना, कुटिया में रसोई बनाना और जलप्रपात से जल भर कर लाना। ये सब मुझे कठिन लगा। मैंने पहले कभी इतना अधिक शारीरिक श्रम नहीं किया था। मुझे आश्चर्य हुआ कि ब्रह्मचारी कैसे इतना कार्य करेंगे, किन्तु वे असाधारण भक्ति और दृढ़ संकल्प वाले व्यक्ति थे।

उन्होंने बहुत स्नेहपूर्वक मेरे शयन के लिए स्थान बनाया। उन्होंने प्लास्टिक की एक चटाई बिछाई और उसके ऊपर एक पतला गद्दा, फिर एक कंबल बिछाया। मेरे पास एक रजाई भी थी। मैं जीवन में पहली बार बिना गिलाफ़ की रजाई का उपयोग कर रहा था। मैंने केवल इतना किया कि अपना पानी का बर्तन नीचे रख दिया।

मुझे उस रात गायत्री मंत्र का प्रारंभिक जप आरंभ करना था, जिससे मैं उसे अगले दिन पूर्ण कर सकूँ और 21 नवंबर को प्रातः होते ही साधना आरंभ कर पाऊँ।

हमने सूर्यास्त से ठीक पहले ब्रह्मचारी की कुटिया में दाल-चावल खाया। वह अच्छा और गर्म था। इस बीच, ब्रह्मचारी ने ईंधन की लकड़ी को जलाए रखा।

मैंने कहा, 'मैं दिन में एक बार आपके पास आऊँगा, ब्रह्मचारी जी।' 'मैं दोपहर के समय मात्र एक समय के भोजन के लिए आपके पास आऊँगा। उसके बाद, मैं अपनी कुटिया में लौट जाऊँगा। आपको जो कुछ कहना या पूछना हो, आप उस समय कह सकते हैं।'

'तो क्या मैं पूरा दिन आपसे मिल नहीं पाऊँगा और न ही बात कर सकूँगा?'

मैंने उनसे कहा कि अगले एक महीने तक दोपहर में मेरे पास वार्ता के लिए नब्बे मिनट का समय होगा।

'क्या हम साथ मिलकर *रामचरितमानस* का पाठ कर सकते हैं?' उन्होंने उत्साह से पूछा।

मुझे भी यह विचार अच्छा लगा। हमने निश्चित किया कि प्रतिदिन अपराह्न में ब्रह्मचारी और मैं नब्बे मिनट के लिए मिलेंगे और तुलसीजी की *रामायण* का गाकर पाठ करेंगे, जिसे *रामचरितमानस* के नाम से जाना जाता है। ब्रह्मचारी, सदा उस किताब की एक छोटी प्रति अपने साथ रखते थे। मैंने भी बबलू से उसकी एक प्रति ले ली।

अंततः मैंने ब्रह्मचारी को विदा कहा और अपनी कुटिया में लौट आया।

वह कुटिया असुविधाजनक, ठंडी और गंदी थी। सालों से लकड़ी के जलाने से बनी कालिख छत पर लगी लकड़ियों पर स्थायी रूप से जम गई थी। वे टुकड़े जल चुके थे। छत की घास काफ़ी कमज़ोर हो गई थी। लकड़ी के तख़्तों को आपस में जोड़कर बनाई गई दीवारों को ढकने के लिए तिरपाल नहीं था। उनमें दरारें दिखाई दे रही थीं। मेरे पीछे एकमात्र ऐसी दीवार थी, जो बाहर की ओर से तिरपाल से ढकी थी। मेरे दाईं ओर पत्थरों से बनी दीवार थी। उसे देखकर डर लग रहा था, क्योंकि वह पचहत्तर डिग्री के कोण पर थी और किसी भी क्षण टूट सकती थी।

इस कुटिया में मेरी गुफ़ा जैसा आराम नहीं था। गुफ़ा, भले ही ठंडी, नम और जैसी भी थी, लेकिन वह सघन थी। इस कुटिया में ऐसी कोई बात नहीं थी। एक क्षण के लिए मैंने स्वयं से पूछा कि क्या मैंने सही निर्णय लिया है। क्या मैं एक बार पुनः बिना सोच-विचार के किसी वस्तु को लेकर उत्साहित हो गया था, परंतु अब जो था,वो था। मुझे इसी से संतुष्ट रहना था। अब या तो कर दिखाना था, या फिर मिट जाना था!

'हे देवी माँ,' मैंने हाथ जोड़कर कहा, 'मैं एक स्थान से दूसरे स्थान तक भटकते हुए थक चुका हूँ। मुझे आपकी एक झलक के अतिरिक्त कुछ नहीं चाहिए। आज, 19 नवंबर को इस पवित्र हिमालय पर मैं यह घोषणा करता हूँ कि आपका यह पुत्र आपको पुकारते हुए प्राण त्याग देगा। आप जब तक दर्शन नहीं देंगी, मैं यहाँ से नहीं जाऊँगा। चाहे कुछ भी हो जाए, मैं अपनी साधना बीच में नहीं छोड़ूँगा। अब सब आपके हाथ में है।'

फिर मैंने धीरे-से एक भजन गाया:

अब सौंप दिया इस जीवन का सब भार तुम्हारे हाथों में।

अब जीत तुम्हारे हाथों में, और हार तुम्हारे हाथों में।

संध्या के 7.30 बज रहे थे। मैंने रात 1 बजे का अलार्म लगाया और आँखें बंद कर लीं। मैं लंबी पदयात्रा करके थक गया था और कुछ ही देर में मुझे नींद आ गई।

महात्रिपुरसुंदरी की मुख्य साधना आरंभ करने से पूर्व, मैं तीन पुरश्चरण कर लेना चाहता था। प्रथम, वेदमाता गायत्री, द्वितीय, विष्णु सहस्रनाम, और तृतीय, बाला त्रिपुरसुंदरी। मैंने जब से संन्यास लिया, मुझे वेदमाता गायत्री का पूर्ण पुरश्चरण करने का अवसर नहीं मिला। यद्यपि एक पुरश्चरण में 24 या 32 लाख बार पुनरावृत्ति हो सकती है, किन्तु मेरी इच्छा 1,25,000 करने की ही थी, जो एक लघु 'पूर्ण' पुरश्चरण होता है। मुझे उस देवी का धन्यवाद करना था, जो ज्ञान, प्रेम, समृद्धि और देवी माँ द्वारा निर्दिष्ट प्रत्येक वस्तु का प्रतिनिधित्त्व करती थी।

मैं *विष्णु सहस्रनाम* का पुरश्चरण करना चाहता था, जो चालीस दिनों में *सहस्रनाम* का एक सहस्र जप होता है, क्योंकि मैंने इसे देवी माँ की पुरुषोचित ऊर्जा के रूप में ग्रहण किया था। मुझे लगा कि इससे चक्र पूर्ण हो जाएगा। बद्रीनाथ की गुफ़ा में मैंने पहले ही *ललिता सहस्रनाम* का पुरश्चरण कर लिया था।

मैं बाला त्रिपुरसुंदरी का पुरश्चरण फिर से करना चाहता था, क्योंकि योग निकेतन, ऋषिकेश में जो हुआ, मैं उससे प्रसन्न नहीं था। मेरी एकाग्रता अच्छी नहीं रही। चारों ओर शोर होता था। यद्यपि मैंने जप पूरा कर लिया था, किन्तु मैं मन में इस बात को जानता था कि मैंने जो किया, वह पुरश्चरण नहीं, अपितु मात्र औपचारिकता थी, जिसे मैंने यांत्रिक-कर्म की भाँति पूर्ण किया था। मैंने इसके लिए स्वयं को क्षमा नहीं कर पाया। किसी तरह ऋषिकेश के उस हलचल भरे वातावरण में, देवी माँ के लिए मेरी व्याकुलता उतनी तीव्र नहीं थी। मैं अब इसमें पूर्ण रूप से डूब जाना चाहता था।

सामान्यत: गायत्री पुरश्चरण, *विष्णु सहस्रनाम* की भाँति चालीस दिनों की अवधि में पूर्ण किया जाता है। बाल पुरश्चरण, पंद्रह दिनों में किया जा सकता है, क्योंकि वह एक लघु मंत्र है।

एकाग्रता और भक्ति के साथ बैठने की मेरी संवर्द्धित सहनशक्ति और जप करने की सक्षमता के कारण मैंने एक साथ और कम समय में कई पुरश्चरण करने का निश्चय कर लिया। मैंने साधना के लिए निम्न तिथियाँ भी निर्धारित कर ली थीं :

साधना	आरंभ तिथि	तिथि	अंत तिथि	दिन	दैनिक मानदंड	आवश्यक दैनिक समय
गायत्री साधना	21 नवंबर	पूर्णिमा	1 दिसंबर	11	11,500 पुनरावृत्ति + यज्ञ	14 घंटे
विष्णु सहस्रनाम	2 दिसंबर	एकादशी	26 दिसंबर	25	40 पुनरावृत्ति	11 घंटे
बाला त्रिपुरसुंदरी	2 दिसंबर	एकादशी	22 दिसंबर	21	15,000 पुनरावृत्ति + यज्ञ	5 घंटे

मैंने अपनी दैनिक दिनचर्या इस प्रकार बनाई:

21 नवंबर–1 दिसंबर	
रात्रि 1.00–2.00 बजे	उठना और काम पर लगना
रात्रि 2.00 बजे से दोपहर 12.00 बजे	गायत्री साधना (10 घंटे)
दोपहर 12.00–1.00 बजे	भोजन
दोपहर 1.00 से 3.00 बजे	विश्राम
दोपहर बार 3.00–4.30 बजे	ब्रह्मचारी के साथ रामायण पाठ
संध्या 4.30–5.00 बजे	आकस्मिक कार्य के लिए समय
संध्या 5.00–9.00 बजे	गायत्री साधना (4 घंटे)
9.00–10.30 बजे रात्रि	अग्नि में आहुति (यज्ञ)
रात्रि 10.30 बजे से रात्रि 1.00 बजे तक	शयन

2 – 26 दिसंबर	
रात्रि 12.00–1.00 बजे	**उठना और काम पर लगना**
रात्रि 1 – दोपहर 12.00 बजे	**विष्णु सहस्रनाम साधना (11 घंटे)**
दोपहर 12.00–1.00 बजे	**भोजन**
दोपहर 1.00 से 3.00 बजे तक	**विश्राम**
दोपहर 3.00–4.30 बजे	**ब्रह्मचारी के साथ रामायण पाठ**
संध्या 4.30–5.00बजे	**आकस्मिक कार्य के लिए समय**
संध्या 5.00–10.00 बजे	**बाला त्रिपुरसुंदरी साधना (5 घंटे)**
रात्रि 10.00 – 12.00 बजे	**शयन (2 घंटे)**

मुख्य साधना आरंभ करने की मेरी चंद्र पंचांग के अनुसार तिथि 5 जनवरी, 2011 थी। तब तक प्रारंभिक कार्य समाप्त कर लेने से मुझे मुख्य साधना के लिए टिप्पणियाँ लिखने का समय मिल सकता था। साथ ही, मैंने सोचा कि तन और मन को स्फूर्ति प्रदान करने के लिए अल्प विराम भी हानिकारक नहीं होगा।

यद्यपि प्रथम साधना, स्वयं देवी गायत्री की थी, तथापि मंत्र योग के सिद्धांतों के सम्मान में उस कार्य को आरंभ करने से पूर्व उनकी अनुमति लेना आवश्यक है। यह ऐसा है, जैसे कोई सभ्य व्यक्ति, किसी के घर में यूँ ही नहीं घुस जाता। आप अपने मेजबान को पूर्वसूचना देते हैं अथवा उनसे पूछते हैं कि क्या आप उनसे मिल सकते हैं।

19 नवंबर को अपराह्न से लेकर 20 नवंबर प्रात:काल तक मैंने अनुमति प्राप्त करने की प्रक्रिया के अंतर्गत गायत्री मंत्र के दस सहस्र जप कर लिए। मैंने पढ़ा था कि साधक को स्वप्न में संकेत मिल सकता है। मुझे न तो इसकी आशा थी और न ही लालसा। जैसा कि मैंने पहले बताया, मैं संकेतों से ऊब चुका था। मुझे वास्तविक चीज़ की प्रतीक्षा थी। यदि मुझे कोई स्वप्न भी आता, तो मेरे लिए उसका कोई अर्थ नहीं था। एक शुभ समाचार यह था कि मुझे इस बीच कोई स्वप्न नहीं आया। आख़िर, मैं एक वृहद् स्वप्न का पीछा जो कर रहा था।

10

वेदमाता गायत्री

हालाँकि 20 नवंबर धीरे-धीरे बीता, फिर भी मैं अत्यंत प्रसन्न था। मुझे जिस दिन की प्रतीक्षा थी, वह अंततः आ गया। मैं सभ्य समाज से दूर एक शांत स्थान पर अपने सत्य की खोज के लिए स्वयं को पूर्ण रूप से समर्पित करने के लिए तत्पर था। कोई तीर्थयात्री अथवा पर्यटक मुझ तक नहीं पहुँच सकता था। इसके अतिरिक्त, शरद ऋतु आरंभ हो चुकी थी और मेरा आवास किसी लोकप्रिय गंतव्य अथवा मंदिर के मार्ग पर स्थित नहीं था। मैं वन के भीतर, अलग-थलग, और लोगों के अव्यवस्थित संसार से कटा हुआ था।

मैं अर्द्ध-रात्रि के उपरांत उठ गया। पंचांग के अनुसार, 21 नवंबर की तिथि आरंभ हो चुकी थी। मैं अपनी कुटिया के भीतर कुछ क़दम चला। ब्रह्मचारी ने कुटिया के उस हिस्से में पानी की एक बाल्टी रख दी थी, जिसे लकड़ी के तख़्तों की अस्थायी दीवार बनाकर तैयार किया गया था।

पानी बहुत ठंडा था, किन्तु उस रात्रि से मुझे अनुष्ठान स्नान आरंभ करना था। एक सामान्य भूल जो अधिकतर साधक करते हैं, वह है जप या साधना को दैनिक जीवन से अलग रखना। पूजा-स्थल पर बैठकर जप करना ही केवल साधना नहीं है, अपितु जीवन के हर पक्ष को सत्य और दया, प्रेम और सहानुभूति के साथ जोड़ना भी साधना का अंग है। साधना की यही संपूर्णता है। यदि साधना का अर्थ केवल जप करना होता, तो कोई तोता भी इसे कर लेता। यही कारण है कि पुरश्चरण के दौरान नियमों अथवा उपदेशों का कड़ाई से पालन किया जाता है।

नागा बाबा ने मुझे स्नान से पूर्व पानी की बाल्टी के ऊपर चार मुद्राएँ, जिन्हें हस्तबंध कहते हैं, लगाने को कहा था। चूँकि यह किताब केवल यह बताने के लिए नहीं है कि मैंने क्या किया, बल्कि इसका उद्देश्य यह बताना भी है कि उस कार्य को

मैंने कैसे किया। अत: मैं हर प्रासंगिक विवरण साझा कर रहा हूँ। स्नान की विधि में निम्नलिखित चरण थे:

1. पानी के ऊपर अंकुश मुद्रा बनाएँ। यह आपके दाहिने हाथ की तर्जनी को मध्यमा पर लपेटकर (या आराम देकर) बनाई जाती है। 'अंकुश' का अर्थ है उकसाना, और इस उपकरण का उपयोग हाथियों को नियंत्रित करने के लिए किया जाता है।
2. अवगुंठन मुद्रा बाएँ हाथ से बनाई जाती है। तर्जनी को छोड़कर शेष सभी अंगुलियों से मुट्ठी बाँध लें। फिर तर्जनी को पानी के ऊपर घड़ी की वामावर्त दिशा में घुमाया जाता है।
3. कलश मुद्रा, मेरे सिद्धों के वंश से आई है। 'कलश' का अर्थ है, पात्र अथवा बर्तन। अपने बाएँ हाथ से मुट्ठी बनाएँ और उसे अपने दाहिने हाथ से पकड़ें (अपने बाएँ हाथ को अपने दाहिने हाथ से लपेट लें)। यह सबसे सरल कलश मुद्रा है।
4. मत्स्य मुद्रा, चौथी मुद्रा है। 'मत्स्य' का अर्थ है मछली। अपना बायाँ हाथ फैलाएँ, जिसमें आपकी हथेली नीचे की ओर हो और अंगूठा बाहर की ओर हो। अपना दायाँ हाथ ऊपर रखें, जिसमें हथेली नीचे की ओर हो और अंगूठा बाहर की ओर हो। मत्स्य मुद्रा को पूरा करने के लिए अंगूठों को थोड़ा-थोड़ा घुमाएँ।

इसके बाद नागा बाबा ने मुझे उस जल में भारतवर्ष की पावन नदियों का आह्वान करने का निर्देश दिया था। यह कार्य को करते हुए निम्नलिखित मंत्र का जप किया गया था:

गंगा च यमुने चैव गोदावरी सरस्वती,
नर्मदे सिंधु कावेरी जलेऽस्मिन् सन्निधिं कुरु।

जब हम भक्तिपूर्वक इसका जप करते हैं तो हम सभी पावन नदियों की ऊर्जा का जल में आह्वान करते हैं – इसका भाव है की यद्यपि मैं शास्त्रों में वर्णित उन नदियों में स्नान करने में असमर्थ हूँ, जहाँ हमारे ऋषि-मुनियों ने कभी स्नान किया था, फिर भी मैं अपने स्नान के लिए उनकी ऊर्जा का यहाँ आह्वान कर रहा हूँ।

यूनानी दार्शनिक हेराक्लिटस ने कहा था, 'कोई व्यक्ति, एक ही नदी में कभी दो बार नहीं उतर सकता, क्योंकि दूसरी बार, वह वही पहले-सी नहीं रहती और वह व्यक्ति भी पहले-सा नहीं होता।' यद्यपि पूर्वी अवधारणा में, जल को न केवल

आवश्यक तत्त्व अथवा ऊर्जा का वाहक कहते हैं अपितु उसे शक्तिशाली संचार प्रवाहक भी माना जाता है। सनातन धर्म में, यह अनुष्ठानों में महत्त्वपूर्ण भूमिका निभाता है। उदाहरण के लिए, जब कोई ऋषि पानी में उतरता है तो जल, किसी न किसी तरह से उस ऋषि की ऊर्जा को बनाए रखता और उसे संचारित करता है। यह ऊर्जा नदी के माध्यम से आगे बहती है फिर समुद्र में विलीन हो जाती है और अंत में वाष्प बनाकर बादलों के साथ ऊपर उठती तथा वर्षा के रूप में धरती पर लौट आती है। इस प्रकार, यह भक्ति मंत्र, गहन विश्वास को मूर्त रूप देता है और उसे कायम रखता है।

प्रथम जप के बाद मुझे गुरु पादुका मंत्र का सात बार जप करना था। मैं पहली बार इसे लिखित रूप में प्रस्तुत कर रहा हूँ। यह इस प्रकार है:

ऐं ह्रीं श्रीं ह स ख फ्रें ह स क्ष म ल व र यङ् ह स ख फ्रें ह सौः
श्री अद्वैतानंद नाथाय श्री दुर्गा देवामबयिया नमः।

सदा की भाँति इसमें स्मरण रखने वाली मुख्य बात यह है कि अंत में 'ग' बीज अक्षर (जैसे ऊपर दिए गए मंत्र में 'ऐं', 'ह्रीं', 'श्रीं', 'फ्रें' और 'यांग') की ध्वनि कोमल और अनुच्चारित ध्वनि है। इन्हें मूल रूप से ऊपर एक चंद्रबिंदु के साथ लिखा गया था (यह तश्तरी में बिंदु की तरह दिखता है), जो एक शुद्ध नासिका ध्वनि थी।

मेरा उपरोक्त मंत्र *'श्री अद्वैतानंद नाथाय श्री दुर्गा देवामबयिया नमः'* से समाप्त होता है। नागा बाबा ने मुझे बताया था कि नाथ वंश (महर्षि मत्स्येंद्रनाथ द्वारा आरंभ किया गया तथा एक अन्य असाधारण तपस्वी गोरक्षनाथ ने इसे आगे बढ़ाया) में उन्हें अद्वैतानंद नाथ के रूप में दीक्षा दी गई थी। कई वर्षों तक उन्होंने दुर्गा देवम्बा नामक एक स्त्री साधक के साथ अनेक तांत्रिक साधनाएँ की थीं। उन्होंने मुझसे कहा था, 'मैं विंध्याचल, कामाख्या और काशी के श्मशान घाटों में श्री विद्या के वामाचार मार्ग में पारंगत हूँ। परंतु गुरु, मैंने कभी मदिरा और मांस का सेवन नहीं किया।' नागा बाबा कभी-कभी मुझे स्नेह से गुरु कहते थे।

तंत्र में वामाचार या अनिवार्य रूप से पंचमकार अथवा 'म' से शुरू होने वाले पाँच तत्त्व सम्मिलित होते हैं। ये हैं - मत्स्य (मछली), मुद्रा (भुना अनाज), मदिरा (शराब), मांस और मैथुन (संभोग)।

यद्यपि, मेरी साधना दक्षिणाचार मार्गी थी, और पंचमकार भी मत्स्य, मुद्रा, मदिरा, मांस और मैथुन थे, किन्तु उनकी विधि भिन्न थी। मत्स्य जल में रहकर भी सदा प्यासी रहती है। मत्स्य को भगवान विष्णु के अवतारों में से एक माना गया है। इसके अतिरिक्त, मछलियाँ पहले कशेरुकी थीं। मत्स्य का अर्थ है ईश्वर के

लिए जलविहीन मछली की तरह तड़पना, जल में प्यास का अनुभव करना और अपने मूल स्रोत से जुड़ने में सक्षम होना। मुद्राओं का प्रतिनिधित्व हाथों से होता था, मदिरा का अर्थ है, पवित्र नामों पर मंत्रमुग्ध होना, मांस का अर्थ सामान्य भोजन और खेचरी मुद्रा (दोनों में से कोई भी ठीक है) और संपूर्णता का अर्थ है, ईश्वर से मिलन।

यदि आपके गुरु ने आपको गुरु पादुका मंत्र नहीं दिया, तो मैं यह नहीं कहूँगा कि आप उपरोक्त मंत्र का जप कर सकते हैं, क्योंकि नागा बाबा ने मुझे ऐसा करने के लिए अधिकृत नहीं किया, परंतु आप *'श्री अद्वैतानंद नाथाय श्री दुर्गा देवमबयिय नमः' के स्थान पर 'श्री त्रिपुरांतकाय श्री त्रिपुराय नमः'* का जप कर सकते हैं। ये क्रमशः भगवान शिव और देवी माँ के नाम हैं।

इस प्रारंभिक प्रक्रिया के उपरांत मैं शरीर पर पानी डालने को तैयार था। उस समय मुझे पुरश्चरण मंत्र जपना था, जो इस संदर्भ में गायत्री मंत्र था। अच्छी बात यह थी कि गुफ़ा में दो माह रहने के बाद मैं अत्यंत ठंड में भी बहुत ठंडे जल से स्नान कर सकता था। क्या मैं बिना स्नान किए पुरश्चरण आरंभ नहीं कर सकता था? गोपाल गिरि और अन्य संत जिनके बारे में उन्होंने बताया था, शायद ही कभी स्नान करते थे, परंतु मैं ऐसा नहीं कर सकता था।

मेरी आयु पैंतालीस वर्ष हो चुकी है और मुझे याद है कि मैंने इस बीच केवल एक बार बिना स्नान किए भूल से कुछ खा लिया था। ऐसा रेड-आई अंतरराष्ट्रीय उड़ान के दौरान हुआ था। दूसरे शब्दों में, मैं स्नान और शुद्धिकरण के बाद ही दिन का आरंभ करता हूँ। *यह बताने की आवश्यकता नहीं है कि मेरी साधना उन सर्वव्यापी परम सत्ता के लिए थी, जिन्हें नित्य-बुद्ध और नित्य-शुद्ध कहा जाता है, जो अनंत काल से जागरूक और चिर शुद्ध स्वरूप है।* मेरे लिए अपनी क्षमतानुसार आंतरिक और बाहरी शुद्धता धारण करना आवश्यक था। यदि कोई अशुद्ध है, तो वह शुद्धतम चेतना में विलीन नहीं हो सकता।

मैंने नागा बाबा द्वारा दिए साबर मंत्र के साथ लंगोटी बाँधी और अपने सुविधाजनक गर्म वस्त्र खोल लिए। मैंने वे गहरे भूरे रंग के वस्त्र कनखल से 400 रुपये में ख़रीदे थे। सहसा न केवल मेरा शरीर गर्म हो गया, अपितु सब सरल भी हो गया। मैंने मन ही मन बबलू और उसकी माँ को धन्यवाद दिया, जिन्हें मैंने यह वचन दिया था कि मैं गर्म वस्त्रों के बिना वन में नहीं जाऊँगा। यदि उन्होंने मुझे विवश न किया होता तो मैं ये वस्त्र नहीं ख़रीदता। मैं उसी लंगोट में रहता, जैसे गुफ़ा में रहता था, परंतु मुझे प्रसन्नता है कि मैंने उनकी बात मान ली। मैं आपको बताता हूँ कि जब बबलू की माँ ने बार-बार मुझे गर्म वस्त्र ख़रीदने को कहा, तो मेरे मन में क्या चल रहा था। मैं सोच रहा था कि मैं इन महिला को नहीं जानता, *ये मेरी माँ की*

आयु की हैं और दिखने में भी माँ जैसी ही हैं। यह निरंतर आग्रह कर रही हैं कि मैं गर्म वस्त्र खरीद लूँ। संभवत: यह मेरी अपनी माँ या देवी माँ ही हैं, जो मुझे ऐसा करने के लिए कह रही हैं। उन्होंने मुझे टखने तक के ऊनी मोजे भी दिए, जो उन्होंने विशेष रूप से मेरे लिए बुने थे। मैं उन्हें मना नहीं कर सका। मैंने उन्हें अनेक बार मना किया, किन्तु वे अडिग रहीं और उन्होंने मोजे मेरे हाथों में दे दिए।

11 अप्रैल, 2010 के बाद जिस दिन मुझे दीक्षा मिली थी, मैंने उस रात पहली बार सिला हुआ वस्त्र पहना था। मुझे यह भी आभास हुआ कि इससे पहले सुविधाजनक वस्त्र न पहनना कितनी मूर्खता थी। क्या मैंने अपने गुरु के निर्देश का उल्लंघन किया था? संभव है, परंतु इसका परिणाम यह हुआ कि मैंने अपने किसी भी शिष्य से मूलभूत आवश्यकताओं का त्याग करने को नहीं कहा।

मैं अपने आसन पर लौट गया, मैंने तीन बार ताली बजाई, एड़ी से धीरे से फ़र्श को थपथपाया और *'ॐ ह्रीं अस्त्राय फट'* का तीन बार जप किया।

सामान्य तौर पर, गर्भगृह में प्रवेश करने से पहले इस मंत्र का जप किया जाता है। ऐसा इसलिए करते हैं, क्योंकि भक्ति के वैदिक दर्शन में मूर्ति को केवल पत्थर की वस्तु नहीं, अपितु ईश्वर की सजीव छवि मानते हैं। यदि हृदय में भक्ति न हो, तो किसी मंत्र अथवा साधना का कोई अर्थ नहीं है। थपकी देकर हम मूर्ति को यह संकेत देते हैं कि हम गर्भगृह में प्रवेश करके उनकी शांति भंग करने जा रहे हैं। यह किसी छोटे जीव-जन्तु को वहाँ से दूर करने के लिए भी किया जाता है, जिससे वे भूल से भी हमारे पैरों के नीचे कुचल न जाएँ।

मेरे लिए एक बात विशेष रूप से महत्त्वपूर्ण थी-वैदिक परंपराओं का पूर्ण रूप से पालन और सम्मान करना, अन्यथा मैं यह कैसे जान पाता कि मैं इसलिए असफल हुआ, क्योंकि वेदों में लिखी बातों में कोई सत्यता नहीं है अथवा इसलिए कि मैं साधना ठीक से नहीं कर पाया।

मैं बैठा, तो मेरे हाथ-पैर इतने ठंडे थे कि मुझे उनके होने का आभास तक नहीं हो रहा था। मैं सिद्धासन में बैठ गया और मैंने अपनी जाँघों पर कंबल डाल लिया। वह रात्रि आरंभिक थी और मैं प्रसन्नता, आशा एवं प्रत्याशा से भरा था। यह ऐसा था, मानो कोई प्रेम में हो और अपने प्रिय से मिलने के लिए बाहर जाने की तैयारी कर रहा हो। मुझे साधना का कार्य भी कुछ ऐसा ही लगा। मुझे देवी माँ की झलक न मिलने की पीड़ा महसूस हुई और साथ ही इस बात की प्रसन्नता भी थी कि अब मैं अपनी इच्छानुसार देवी माँ को निर्बाध रूप से पुकार सकूँगा। जीवन सह-अस्तित्व में रहने वाले विरोधाभासों से भरा है और मेरे अनुभव भी ऐसे ही थे।

मैंने निम्नलिखित चरण अपनाए:

1. शुद्धिकरण। मैंने एक छोटे-से पात्र में जल लेकर अनामिका और अँगूठे को डुबोया और फिर मंत्रोच्चार करते हुए उस जल को सभी दिशाओं में छिड़का:

   ॐ अपवित्रः पवित्रो वा सर्वावस्थां गतोऽपि वा
   यः स्मरेत् पुंडरीकाक्षं स बाह्याभ्यंतरः शुचिः

   यह मंत्र अभिव्यक्त करता है कि मैंने भले ही स्नान कर लिया और नए वस्त्र भी धारण कर लिए, फिर भी मेरे व्यक्तित्व, मेरे हृदय और मन में अशुद्धियाँ हैं, जिन्हें दिव्य ऊर्जा का ध्यान करके दूर किया जाना चाहिए। इसका शाब्दिक अर्थ यह है कि इससे कोई अंतर नहीं पड़ता कि आप कितने अशुद्ध हैं अथवा आप किस अवस्था में हैं। जो व्यक्ति दिव्य ऊर्जा पर ध्यान केंद्रित करता है – भगवान को यहाँ 'पुंडरीकाक्ष' कहा गया है अर्थात जिनके नेत्र कमल के समान सुंदर हैं – जो भगवान के इस रूप का ध्यान करता है, वह भीतर से बाहर तक शुद्ध हो जाता है।

2. जलपात्र से दाहिने हाथ में जल लेकर मैंने तीन बार 'ॐ केशवाय नमः', *'ॐ माधवाय नमः', 'ॐ नारायणाय नमः' का जप किया, फिर मैंने प्रतीकात्मक रूप से अपने बाएँ हाथ धोए और 'ॐ पुंडरीकाक्षाय नमः' का जप किया।*

3. अब मुझे एक दीपक प्रज्ज्वलित करना था, किन्तु गुफ़ा में चूहों के साथ हुए अनुभव के बाद मैंने मन में ही ऐसा करने का निर्णय लिया। ध्यान में लीन रहते हुए आख़िरी चीज़ जो मैं चाहता था, वो यह थी कि फिर से कोई चूहा आकर दीपक की बाती उठा ले जाए। इससे भी महत्त्वपूर्ण यह था कि मैं देवी माँ के मंत्र के अतिरिक्त किसी अन्य बात पर ध्यान नहीं देना चाहता था। साधना के दौरान आपके आस-पास जितनी अधिक भौतिक वस्तुएँ होंगी, आप उतने ही अधिक विचलित होंगे।

4. मैंने भगवान गणेश से आशीर्वाद लेने के लिए उनका आह्वान किया, जिससे मैं निर्विघ्न रूप से साधना कर सकूँ। सच कहूँ तो, जब तक कि मुझे बीच में अपने आसान से उठने अथवा साधना को पूरी तरह छोड़ने के लिए विवश न किया जाए, तो मुझे बाधाओं और रुकावटों से कोई कष्ट नहीं था। मैंने बचपन में जब से वैदिक मंत्रोच्चार सीखा, तभी से मैं निम्न स्तुति से भगवान गणेश के बारह नामों का जप करके उनकी पूजा किया करता था:

सुमुखश्चैकदन्तश्च कपिलो गजकर्णकः ।
लम्बोदरश्च विकटो विघ्ननाशो विनायकः।।
धूम्रकेतुर्गणाध्यक्षो भालचन्द्रो गजाननः ।
द्वादशैतानि नामानि यः पठेच्छृणुयादपि ।।
विद्यारम्भे विवाहे च प्रवेशे निर्गमे तथा ।
संग्रामे संकटे चैव विघ्नस्तस्य न जायते।।

5. इसके बाद मैंने भगवान गणेश के हाथों की तीन मुद्राएँ दर्शाईं।
6. अब मंगलमय आह्वान के मंत्र, स्वस्तिवाचन का समय था। मैंने इसे पहली बार दस वर्ष की आयु में सीखा था। उस मंत्र ने तुरंत ही मेरा हृदय मोह लिया और तब से यह मेरे साथ है। यहाँ इसका संक्षिप्त संस्करण दिया गया है:

हरिः ॐ भद्रं कर्णेभिः शृणुयाम देवाः ।
भद्रं पश्येमाक्षभिर्यजत्राः ।
स्थिरैरङ्गैस्तुष्टुवाँसस्तनूभिः ।
व्यशेम देवहितं यदायूः ।।
स्वस्ति न इन्द्रो वृद्धश्रवाः ।
स्वस्ति नः पूषा विश्ववेदाः ।
स्वस्ति नस्तार्क्ष्यो अरिष्टनेमिः ।
स्वस्ति नो बृहस्पतिर्दधातु ।।
ॐ शान्तिः शान्तिः शान्तिः ।।

7. अपने गुरु का ध्यान करने, गुरु मंत्र का जप करने तथा वंश के समस्त सिद्धों को प्रणाम करने के बाद मैंने वेदमाता गायत्री का ध्यान किया तथा उनके मंत्र का कुछ बार जप किया।
8. मैं जहाँ बैठा था, मैंने वहाँ एक लघु प्रतीकात्मक त्रिभुज बनाकर धरती माता को धन्यवाद दिया। मैंने *'ह्रीं आधार शक्तेय नमः'* का जप किया।
9. अब संकल्प लेने का समय था। यह किसी भी पुरश्चरण के प्रथम दिन लिया जाता है। यह संकल्प इस प्रकार था:

   'मैं, स्वामी सर्वानंद, अपने प्रिय कामौली के नागा बाबा, निर्वाण दर्शन मुनि उदासीन का शिष्य, आपके पुरश्चरण को पूर्ण करने का

संकल्प लेता हूँ। हे देवी माँ, वेदों की माँ, हे सृष्टिकर्ता, अगले ग्यारह दिनों में, मैं प्रतिदिन चौदह घंटे आपके मंत्र का जप करूँगा। आप जानती हैं कि मेरा एकमात्र उद्देश्य आपकी एक झलक पाना है। कृपया मुझे आशीर्वाद दें और यदि किसी भी समय आपको लगे कि मेरी निष्ठा और भक्ति सच्ची है, तो कृपया मुझे दर्शन दें। चाहे कुछ भी हो, चाहे जो भी इसका मूल्य हो, परंतु यह स्वामी आपको वचन देता है, वह प्रतिदिन दस घंटे पूर्ण किए बिना अपने आसन से नहीं हिलेगा। आपकी अनुमति और कृपा से मैं प्रातः दस घंटे और संध्या में चार घंटे आपको समर्पित करने का संकल्प लेता हूँ।' मैंने बहुत सावधानी से अपने शब्दों को चुनकर यह संकल्प लिया था कि मैं दस घंटे पूरे किए बिना आसन से नहीं हिलूँगा। मैंने यह इसलिए कहा था, क्योंकि मैं सचमुच प्रातः दस घंटे तक अपने स्थान से हिलने वाला नहीं था।

10. मैंने न्यास और विनियोग के साथ आगे बढ़ते हुए देवी माँ की चौबीस मुद्राएँ दिखाईं। गायत्री साधना में बत्तीस मुद्राएँ होती हैं। जप आरंभ करने से पूर्व चौबीस मुद्राएँ और अंत में आठ मुद्राएँ दिखाई जाती हैं। चौबीस प्रारंभिक मुद्राएँ हैं– समुखम, संपुटम्, विततं,विस्तृतम्, द्विमुखम, त्रिमुखम, चतुर्मुखम, पंचमुखम, षणमुखम, अधोमुखम, व्यापकञ्जलिम्, शकटम, यमपाशम्, ग्रंथिम, उन्मुखोनमुखम, प्रलंबम, मुष्टिकम, मत्स्य, कूर्म, वराहकम, सिंहक्रांतम, महाक्रांतम, मुद्गरम और पल्लवम।
11. मैंने मानसिक रूप से वेदमाता गायत्री को पाँचों द्रव्य – धूपम (धूप), दीपम (दीपक), नैवेद्यम (कोई भी खाने योग्य वस्तु जैसे मिठाई, फल आदि। यह भोजन से भरी थाली भी हो सकती है), ताम्बुलम (पान के पत्ते) और पुंगीफलम (सुपारी) – अर्पित किए। मैंने 'ॐ धूपम, दीपम, नैवेद्यम, ताम्बुलम, पुंगीफलम समर्प्यामि,' कहते हुए सब वस्तुएँ अर्पित कर दीं।
12. मैंने शाप विमोचन मंत्र का जप किया, मंत्र पर ध्यान लगाया और अब मैं मंत्र जप के लिए तैयार था।

मुझसे प्रायः एक प्रश्न पूछा जाता है कि क्या ये सब अनुष्ठान आवश्यक हैं? क्या ईश्वर को हमारी प्रार्थनाएँ सुनने के लिए अनुष्ठान की आवश्यकता है? इसका उत्तर है – कदापि नहीं!। आप किसी भी नियम में पारंगत हो जाने के बाद उसे तोड़ सकते हैं और अनुष्ठान इससे भिन्न नहीं हैं, परंतु आपको समझना होगा कि पिछले बीस वर्षों से मैं अपनी साधनाओं से मिले परिणामों से प्रसन्न नहीं था। उन्होंने मुझे देवी माँ के दर्शन नहीं कराए थे। मुझे अनेक अच्छे स्वप्न आते थे, जिनमें मैंने देवी

के दर्शन किए, परंतु वे केवल स्वप्न थे। मैं अधिक गहन अनुभव के लिए व्याकुल था। अतः मैंने अपना भौतिक जीवन त्याग दिया, क्योंकि मैं पूर्ण रूप से देवी माँ के साथ एकाकार होने के प्रति समर्पित होना चाहता था तथा इस कार्य को पूर्णतः शास्त्र-सम्मत ढंग से करना चाहता था। इस तरह, यदि फिर भी देवी माँ ने दर्शन नहीं दिए, तो मैं कम से कम यह संभावना तो नकार सकता था कि कहीं मैंने वेदों का पालन नहीं किया था।

श्रीमद्भगवद्गीता में श्रीकृष्ण कहते हैं, *'यः शास्त्र-विधिं उत्सृज्य वर्तते काम-कारतः न स सिद्धिं अवाप्नोति न सुखं न परम गतिम्।'* और अगले ही श्लोक में वे कहते हैं, *'तस्माच्छास्त्रं प्रमाणं ते कार्यकार्य-व्यवस्थितौ ज्ञात्वा शास्त्र-विधानोक्तं कर्म कर्तुमिहार्हसि।'*

अर्थात् जो वेद मार्ग को त्यागकर अधर्म का आचरण करता है तथा स्वेच्छा से कार्य करता है, वह न तो पूर्णता को प्राप्त करता है, न सुख को और न ही उसे परम गति प्राप्त होती है। अंततः जब भी संदेह हो, तो शास्त्र ही हमारा मार्गदर्शन करते हैं।

व्यक्तिगत रूप से, मुझे अपनी संस्कृति अथवा धर्म को त्यागने का कोई उचित कारण नज़र नहीं आया। इसने मुझे सब कुछ दिया है। मुझे यह स्वीकार करने में कोई संकोच नहीं कि मैं एक धार्मिक व्यक्ति हूँ और मेरा धर्म मेरी आध्यात्मिकता का अभिन्न अंग है। ऐसा नहीं है कि मैं अपने दिन का आरंभ प्रार्थना से करता हूँ, किन्तु मेरे मन में सनातन धर्म, हमारे वेद, शास्त्रों और साधना के मार्ग के प्रति अपार श्रद्धा है। यदि आप उन्हें पढ़ेंगे, तो आप पाएँगे कि वे आपको केवल अच्छी बातें ही सिखाते हैं। और जहाँ भी आपको कोई ऐसी बात मिले, जो आज के समय में लागू नहीं होती, उसका प्रयोग न करें। वास्तव में, यही सनातन धर्म की सबसे अच्छी बात है। यह निरंतर विकसित होता रहता है। शुद्धिकरण और स्वच्छता नियमित क्रियाएँ हैं। आज के अधिकतर शिक्षित लोग धर्म को अधिक पसंद नहीं करते, किन्तु यह उनकी अपनी पसंद है। मेरी सोच अलग है।

मैंने जब जप आरंभ किया, तो रात्रि के लगभग 2 बजे थे। बहुत धीरे-धीरे एक-एक करके, दस घंटे बीत गए। शरीर की मूल प्रवृत्तियाँ लौट रही थीं, उसकी सीमाएँ मुझे व्यथित करने लगीं। मैं पहले तीन घंटे तक स्थिर बैठ सकता था, किन्तु चौथे घंटे में, मेरे घुटनों में पीड़ा होने लगी, परंतु मैं डटा रहा। मैंने देवी माँ को वचन दिया था कि मैं हिलूँगा नहीं। मुझे चाहे कोई भी मूल्य चुकाना पड़े, मैं अपना वचन तोड़ने के लिए तैयार नहीं था।

छह घंटे बाद मुझे अपने पैरों का आभास होना बंद हो गया। वे सुन्न नहीं हुए थे, मैं केवल उन्हें महसूस नहीं कर पा रहा था। दो घंटे के बाद मेरा पूरा शरीर अत्यंत भारी होने लगा। मेरे पैरों में संवेदना लौट आई, किन्तु उनमें बहुत अधिक पीड़ा हो

रही थी। इसका नकारात्मक पक्ष यह था कि मंत्र पर ध्यान होने के स्थान पर मेरा ध्यान बार-बार पीड़ा की ओर जा रहा था। अच्छी बात यह थी कि यह पीड़ा हर समय नहीं हो रही थी। मैंने यह जानने का निर्णय लिया कि यदि मैं अपने पैरों और घुटनों में असहनीय पीड़ा के कारण केवल हिलने-डुलने या उठने के बजाय कुछ भी नहीं करूँगा, तो क्या होगा।

अगर आप एकाग्रता एवं ध्यान के संदर्भ में मुझे अपना आकलन करने को कहेंगे, तो मैं स्वयं को दस में से चार से अधिक अंक नहीं दूँगा, क्योंकि पीड़ा मुझे बार-बार विचलित कर रही थी। मुझे साधना के दौरान जो अंतर्दृष्टि प्राप्त हुई, वह यह थी कि आप लंबे समय तक तभी स्थिर बैठ सकते हैं, जब आपका मन भी स्थिर हो। यदि मन स्थिर हो, तो तन भी स्थिर रहता है और तन की स्थिरता मन को स्थिर रखती है, परंतु यदि आप मुझसे मेरी हताशा और भक्ति के संदर्भ में अपना आकलन करने को कहें, तो मैं स्वयं दस में से सात या आठ अंक दूँगा। जो भी हो, मुझे आशा थी कि मैं समग्र रूप से बेहतर करूँगा।

आख़िर मैं अपराह्न उठा और मैंने माँ भगवती को धन्यवाद दिया। मैंने अपने माता-पिता के लिए भी प्रार्थना की, क्योंकि उस दिन उनके विवाह की वर्षगाँठ थी।

मैं तनिक कठिनाई के साथ ब्रह्मचारी की कुटिया तक पहुँचा, क्योंकि मेरे घुटनों में बहुत दर्द हो रहा था। मैंने उस पीड़ा को सहन किया। उनकी कुटिया में रहना मुझे पसंद आया। वह अच्छी और गर्म थी। उन्होंने आग भी जला रखी थी।

'स्वामी जी,' ब्रह्मचारी ने कहा, 'मैं कल रात्रि में आपके विषय में विचार कर रहा था। आपको लकड़ी जलाकर रखनी चाहिए। यहाँ बहुत ठंड है।'

मैंने उन्हें समझाया कि लकड़ी जलाने से मेरा ध्यान भटकने लगेगा, क्योंकि आग को जलाए रखने के लिए मुझे निरंतर लकड़ियों को पलटने या आग में लकड़ियाँ डालने पर ध्यान देना पड़ेगा। मैं अपना ध्यान देवी माँ के अतिरिक्त किसी अन्य कार्य पर नहीं लगाना चाहता था।

साधना आरंभ करने के एक सप्ताह के भीतर ही मेरे लिए चलना लगभग असंभव हो गया। मेरे घुटनों में असहनीय पीड़ा होने लगी। पहली बार मैंने महसूस किया कि चलने के लिए आपको पैरों को एक-एक करके उठाना पड़ता है और जब हम ऐसा करते हैं, तो हमें अपने घुटनों को तनिक मोड़ना पड़ता है। उन्हें मोड़ने से इतनी पीड़ा होती है कि मैंने ऐसा पहले कभी महसूस नहीं किया था। ब्रह्मचारी ने मेरे चलने में सहायता के लिए दो छड़ियाँ बनाईं। मेरे लिए ध्यान में बैठना और कठिन होता गया, क्योंकि मेरे टखने और पैरों में हर समय पीड़ा रहने लगी। मेरी हड्डियाँ इतनी

दुर्बल हो गई थीं कि उन्हें स्पर्श करने से भी मुझे असहनीय दर्द होता था, फिर भी मैं डटा रहा।

1 दिसंबर की तिथि आ चुकी थी। मुझे कोई आशा नहीं थी, किन्तु देवी माँ की ओर से कोई संकेत भी नहीं मिला था। कम से कम वैसा संकेत नहीं, जैसा मैं चाहता था। घुटने में बहुत अधिक पीड़ा थी, जिसमें पहले से और अधिक वृद्धि हो गई थी, इसके अतिरिक्त मेरे पास साझा करने को अधिक कुछ नहीं था।

11

विष्णु सहस्रनाम

पाँचवाँ महीना, दिसंबर, 2010

विष्णु *सहस्रनाम* के साथ, मैं सदा से पूर्ण पुरुषचरण करना चाहता था। गुफ़ा में देवी माँ की साधना करने के बाद, मुझे लगा कि पौरुष ऊर्जा का आह्वान किए बिना मेरी साधना अधूरी रहेगी। भगवान विष्णु, उन सर्वश्रेष्ठ, पुरुषोत्तम की साधना।

पश्चिमी दृष्टिकोण वाले किसी व्यक्ति अथवा किसी संगठित धर्म का पालन करने वाले व्यक्ति के लिए यह समझना कठिन हो सकता है कि सनातन धर्म सदा से अस्तित्व में रहा है और यह कि ब्रह्मांड की भाँति अथवा किताब या किसी विचारधारा, जीवन के दर्शन की भाँति इसका कोई संस्थापक नहीं है। एक साधक के लिए ईश्वर के दो भिन्न रूपों को देखना और फिर भी उत्साह के साथ प्रार्थना करना पूर्णत: उचित है।

मेरा यह विचार था कि श्री विद्या की मुख्य साधना आरंभ करने से पूर्व मुझे सहस्रनाम के माध्यम से देवी माँ को, उनके स्त्री और पुरुष दोनों रूपों का आह्वान करना चाहिए। मैं ग़लत भी हो सकता था, क्योंकि मेरा मार्गदर्शन करने के लिए कोई गुरु नहीं थे। मैं किसी ऐसे गुरु से नहीं मिला, जो यह दावा कर सके कि उन्हें देवी माँ के साक्षात दर्शन हुए हैं। मेरे लिए, देवी माँ की साधना, जीवन में एक बार मिलने वाले अवसर के समान थी। इसे इस तरह सोचिए, आप दो या तीन बार विवाह कर सकते हैं, किन्तु प्रथम विवाह, तो केवल एक बार ही हो सकता है।

मुझे आशा थी कि मेरी मूल साधना द्वारा मुझे देवी माँ के दर्शन होंगे। मेरे पास इस विश्वास का कोई वास्तविक आधार नहीं था। मेरे गुरु, नागा बाबा ने इस

साधना को अनेक बार किया था और अपनी उपलब्धियों के बावजूद उन्होंने मुझसे कहा था कि उन्हें देवी का प्रत्यक्ष दर्शन नहीं हुआ। एक बार वे मुझसे रुष्ट हो गए थे, तो उन्होंने मुझसे कहा था कि मुझे कभी दर्शन नहीं होंगे।

कुल मिलाकर, मेरे पास आगे बढ़ने के लिए अधिक कुछ नहीं था। मुझे मेरे हाल पर छोड़ दिया गया था, मुझे अपने मार्ग पर स्वयं ही आगे बढ़ना था। यदि मैं गिर गया, तो मुझे स्वयं को उठाना होगा; यदि मैं कुचल गया, फिर तो बस बात ख़त्म!

इस कथा का कोई निश्चित अंत नहीं था। मेरी साधनाएँ शास्त्रों के अनुसार थीं, किन्तु शास्त्र आपके लिए कोई मार्ग निर्धारित नहीं करते। इसमें कोई आश्चर्य नहीं कि आत्म-साक्षात्कार की यात्रा, पंथ रहित मार्ग है।

2 दिसंबर को रात्रि में 1 बजे, मैंने हाथ में तनिक जल लेकर संकल्प लिया, 'हे हृषिकेश, हे पद्मनाभ, मैं फिर आपकी शरण में आ गया हूँ। हे देवी माँ, मैं अगले पच्चीस दिनों में हर दिन चालीस बार आपके सहस्रनाम का जप करके दस लाख बार आपका आह्वान करूँगा। यदि मेरी पुकार में तनिक भी निष्ठा है, तो कृपया मुझे एक झलक दिखाइए। एक क्षणिक झलक, मेरे हृदय को आशा से भर देगी। कृपया मेरे साथ रहिए, जिससे मैं अशुद्ध के मन साथ भी आपके आपके पवित्र नामों का अत्यधिक प्रेम और भक्ति के साथ जप कर सकूँ।'

मैंने एक बार में ग्यारह घंटे जप करने का निर्णय किया था। मैंने भगवान विष्णु की चार मुद्राएँ बनाईं - शंख, चक्र, कमल और गदा- और सहस्रनाम का जप आरंभ कर दिया। मंत्र योग के अनुसार, यह सहस्रनाम एक माला मंत्र भी है। यह प्रथम छंद से आरंभ होता है और अंतिम छंद पर समाप्त होता है। प्रत्येक मंत्र में छह महत्त्वपूर्ण अंग होते हैं, जिन्हें षडंग कहा जाता है। महाभारत में, हस्तिनापुर के संरक्षक भीष्म पितामह ने युधिष्ठिर को ये विवरण उस समय बताए थे, जब वह बाणों की शय्या पर लेटे हुए अपने शरीर का त्याग करने के लिए उचित समय की प्रतीक्षा कर रहे थे।

गुफ़ा में वापस आकर, मैंने विष्णु सहस्रनाम को कंठस्थ करने के लिए प्रतिदिन लगभग बीस मिनट दिए। मैंने उसी प्रक्रिया का पालन किया, जिसका पालन मैंने नागा बाबा के आश्रम में *ललिता सहस्रनाम* के लिए किया था। मैंने इसे अपने गुरु के आदेश की तरह ही अपना लिया। उनके शब्द यही थे; 'विद्या वही, जो कंठ से हो, फिर मज़ा आता है।' आप जब याद कर लेते हैं, तभी अनुष्ठानों का आनंद आता है। इसमें बहुत सच्चाई थी। मैं जप के दौरान किताबों से पढ़ने और पन्नों को पलटने की प्रक्रिया में विचलित अथवा खो जाना नहीं चाहता था। इसके बजाय, मैं आँखें बंद करके, ईश्वर के उन पवित्र नामों को सुनना और ध्यान से उनका जप करना चाहता था, जिनका जप मैं मेरे मन में कर रहा था।

मेरे लिए, अनुष्ठान वैदिक परंपरा का सम्मान करने का एक तरीक़ा था, लेकिन वास्तव में मेरी रुचि भक्ति और साधना में पूर्ण रूप से डूब जाने में थी। प्रत्येक मंत्र ने मुझे अवर्णनीय आनंद से भर दिया। यह पहली साधना थी, जहाँ मुझे किन्हीं अज्ञात कारणों से भगवान विष्णु का नाम लेने में भरपूर आनंद आ रहा था। उनका हर एक नाम पवित्र, दिव्य, सुंदर और मेरी आत्मा के लिए संगीत के समान था।

परंतु शीघ्र ही शारीरिक सीमाएँ फिर लौट आईं। छह घंटे बाद, मेरे घुटनों, टखनों और पैरों की पीड़ा असहनीय हो गई। मुझे अभी पाँच घंटे और जप करना था और अधिकांश दिनों की तरह मैंने पीड़ा की उपेक्षा करके जप जारी रखने का निश्चय किया। यह कार्य हर मिनट और भी कठिन होता जा रहा था, क्योंकि दर्द बहुत अधिक था। इस बार भी मेरे पास मार्गदर्शन देने वाला कोई व्यक्ति नहीं था, इसलिए मुझे इसका समाधान स्वयं ही करना पड़ा। क्या आप किसी ऐसे ध्यानी या गुरु से मिले हैं, जो सोलह, दस या आठ घंटे तक स्थिर होकर ध्यान करते हों? मैं तो नहीं मिला। मेरी भेंट जिस भी गुरु से हुई, उन्होंने सुझाव तो अवश्य दिए, किन्तु उसमें से कुछ भी काम नहीं आया। बहुत परिश्रम करने के बाद मुझे आभास हुआ कि आप किसी ऐसे व्यक्ति से सुझाव नहीं ले सकते, जो उस अनुभव से गुज़रा ही न हो। वह आपका मार्गदर्शन नहीं कर सकता। उदाहरण के लिए, किसी ने पूरा जीवन क्रिकेट देखा हो, और इस खेल के प्रत्येक प्रशिक्षक को बोलते सुना हो, किन्तु यदि उन्होंने प्रतिस्पर्धी स्तर पर कभी क्रिकेट नहीं खेला, तो वे आपको उचित मार्ग नहीं दिखा सकते।

सच कहूँ, तो मुझे नहीं पता था कि वह पीड़ा कैसे दूर होगी। मुझे नहीं पता था कि वह दूर होगी भी या नहीं। मुझे यह भी विश्वास नहीं था कि मैं जो कर रहा था, वह सही था अथवा नहीं, परंतु मुझे एक बात पता थी : यदि मैंने पराजय स्वीकार नहीं की, तो मैं कहीं न कहीं अवश्य पहुँच जाऊँगा। संभव है कि मैं जहाँ पहुँचना चाहता हूँ, वहाँ न पहुँच सकूँ, परंतु निश्चित रूप से मैं अभी जहाँ हूँ, वहाँ से भिन्न स्तर पर पहुँच जाऊँगा, फिर मुझे आभास हुआ कि मंत्रोच्चार करते हुए केवल अपने पैरों को फैलाना इसका समाधान नहीं था। मुझे धीरे-धीरे इस पीड़ा की सीमा को बढ़ाना था। और मैंने यही किया। मैंने ग्यारह घंटे के सत्र में स्वयं को चार बार पैर फैलाने की छूट दी, हालाँकि इसके लिए मैं अपने स्थान से नहीं उठा और प्रत्येक बार पैर फैलाने की अवधि एक मिनट से अधिक नहीं थी।

मेरे घुटनों की पीड़ा कम नहीं हुई और न ही मुझसे वह सहन हो रही थी, परंतु मैं इस बात पर अड़ा था कि मुझे कुछ भी मूल्य चुकाना पड़े, मैं साधना की अवधि पूरी अवश्य करूँगा।

प्रत्येक बीतते दिन के साथ, हिमालय के प्रति मेरा प्रेम बढ़ता गया। भले ही मुझे देवी माँ का कोई संकेत अथवा दर्शन नहीं मिला था, कम से कम पर्वत तो मेरे प्रति प्रेम व्यक्त कर रहे थे। उनके प्रेम का एक स्पष्ट संकेत यह था कि वातावरण में एक प्रकार की आंतरिक पवित्रता, प्रेम और करुणा थी। ऐसा लग रहा था, मानो पवित्र हिमालय चाहता था कि मैं यहाँ उपस्थित रहूँ, क्योंकि मेरी साधना के पंद्रहवें दिन दो अद्भुत बातें हुईं।

प्रातः लगभग 8 बजे, मैं घुटनों में बिना किसी पीड़ा के निरंतर सात घंटे से भगवान विष्णु के पवित्र नाम का जप कर रहा था। मैं सहजता से बैठा था और मुझे लग रहा था कि मैं सजगता के साथ आगे बढ़ सकता हूँ। एक दिन पहले तक यह किसी स्वप्न के समान था, किन्तु अब यह संभव हो गया था, फिर मैंने किसी को शंख बजाते हुए सुना। मुझे लगा कि गाँव में कोई धार्मिक कार्यक्रम होगा, जिसमें कोई माइक्रोफ़ोन पर शंख बजा रहा होगा, परंतु कुछ क्षणों के बाद वह स्वर फिर सुनाई दिया, फिर वह आवाज़ बार-बार आने लगी। ओह, मैं समझ गया। संभवतः गाँव की बस या टैक्सी वाला हॉर्न बजा रहा है, परंतु यह कितनी विचित्र बात है कि वे निरंतर हॉर्न बजा रहे हैं, और वह भी इतनी तेज़ कि उसकी आवाज़ यहाँ तक सुनाई दे रही है। मुझे आश्चर्य हुआ कि मैंने इसे अब तक क्यों नहीं सुना था। मैं सहस्रनाम का जप करने लगा, जबकि वह शंख जैसी ध्वनि जारी रही। यह निश्चित रूप से कोई बाहरी ध्वनि थी, जिसे मैं वास्तव में समझा नहीं सकता। मेरे कान नहीं बज रहे थे। 2017 में, मुझे टिनिटस (यानी एक या दोनों कानों में ध्वनि,जैसे बजना, भिनभिनाना या फुफकारना की अनुभूति है, जबकि कोई बाहरी ध्वनि मौजूद नहीं होती है।) हो गया था, इसलिए मुझे ठीक से पता है कि कानों या सिर में वह कष्टप्रद बजने और भिनभिनाने वाली आवाज़ कैसी होती है। वन में यह आवाज़ पूरी तरह से भिन्न थी।

उस दिन, मुझे लगभग नौ घंटे बाद पीड़ा का पहली बार आभास हुआ। मैंने खुशी-खुशी ग्यारह घंटे का सत्र समाप्त किया और बिना सहारे के चलकर ब्रह्मचारी की कुटिया तक पहुँच गया।

उस दिन कुछ तो हुआ था। मैं ईश्वर के प्रति प्रेम और भक्ति से अभिभूत था। कौन कहता है चमत्कार नहीं होते? मेरे साथ तो अभी-अभी हुआ था। मेरे घुटनों में तनिक भी पीड़ा नहीं थी। कल तक, मैं दो छड़ी लेकर चल रहा था। मैं सावधान और सतर्क था। मुझे पीड़ा होने की उम्मीद भी थी और प्रतीक्षा भी, लेकिन कुछ नहीं हुआ। कोई पीड़ा नहीं हुई। दस मील दूर से भी कोई मेरी आँखों से बहती अश्रुधारा देख सकता था। मुझे याद है कि पिछली बार मुझे ईश्वर के प्रति इतना आभार तब महसूस हुआ था, जब मुझे अठारह वर्ष की आयु में सिडनी में मेरी पहली नौकरी मिली थी।

उस दिन मुझे पता था कि मैं दस घंटे के सत्र को चौदह, सोलह या उससे अधिक घंटे भी ले जा सकता हूँ। यदि मैं दृढ़ रहूँ, तो शरीर की अनेक चुनौतियों पर नियंत्रण पाना संभव है। यदि मैं सचमुच स्वयं को पूर्ण रूप से समर्पित कर दूँ तो शेष सब देवी माँ पर निर्भर है। कम से कम वे मुझे अपनी पूरी शक्ति के अनुसार कार्य न करने का दोष तो नहीं दे सकतीं। मुझे लगा मैं पूर्ण रूप से अब इस दिशा में आगे बढ़ सकता हूँ।

ब्रह्मचारी को देखते ही मैंने उनसे पूछा, 'क्या आपने आज कुछ सुना?' मैंने उनसे विशेष तौर पर यह पूछा कि क्या उन्होंने किसी हॉर्न, शंख आदि की आवाज़ सुनी है। उन्होंने कुछ नहीं सुना था।

ब्रह्मचारी ने कभी पूछा नहीं और मैंने कभी उन्हें बताया नहीं कि साधना के दौरान मुझे किन चुनौतियों का सामना करना पड़ा। वैसे भी मेरे पास समय का अभाव था। मुझे भोजन करना था और झपकी लेने के लिए अपनी कुटिया में लौटना था। अपराह्न होने वाला *रामायण* पाठ अब भी हर्षपूर्वक चल रहा था, परंतु उस दिन जब ब्रह्मचारी ने मुझे बताया कि उन्होंने कुछ नहीं सुना, तो मैं और अधिक अभिभूत हो गया। मेरे भीतर छिपे आँसू आँखों से बहने लगे।

अगले दिन प्रात: 7 बजे, मैं सहस्रनाम का जप कर रहा था कि तभी मुझे वही ध्वनि फिर सुनाई दी। उसके अगले दिन वह ध्वनि और पहले से आरंभ हो गई। चार दिन बाद, मंत्रमुग्ध कर देने वाला शंखनाद प्रात: 4 बजे से ही होने लगा। काश, मुझे उस ध्वनि के विषय में बताने के लिए किसी सादृश्य का उपयोग न करना पड़ता। शंख अथवा सीटी की आवाज़ उचित तुलना नहीं है। ये ध्वनियाँ, दूर-दूर तक उस ध्वनि के समान नहीं हैं, किन्तु मेरे पास इसका वर्णन करने का कोई तरीक़ा नहीं है। अब मैं गोस्वामी तुलसीदास की दुविधा को समझ सकता हूँ, जब उन्होंने भगवान राम के सौंदर्य का वर्णन करने का प्रयास किया था।

उन्होंने अपनी एक रचना में लिखा है, 'मैं उनकी तुलना स्वर्ण, सूर्य, चंद्रमा अथवा किसी अन्य सुंदर या चमकदार वस्तु से नहीं कर सकता, क्योंकि इनमें से कोई वस्तु उनकी महानता के निकट भी नहीं आती, परंतु, मैं जानता हूँ कि उनकी तुलना किससे की जा सकती है। श्रीराम, श्रीराम के जितने ही सुंदर हैं। श्रीराम इतने अद्वितीय हैं कि उनकी तुलना केवल उनसे ही की जा सकती है।'

मेरी भी यही दशा है। मैं आपको कैसे समझाऊँ कि वह ध्वनि कैसी थी? मैं तो उसका स्रोत भी नहीं पहचान पाया। कुछ दिनों तक ऐसे ही चलता रहा। मुझे विश्वास था कि प्रात: 4 बजे कोई हॉर्न नहीं बज रहा था। वहाँ कोई टैक्सी या बस नहीं थी। शून्य से भी कम तापमान में उस समय वहाँ कोई नहीं था। वह ध्वनि रहस्य बनी रही।

ब्रह्मचारी बहुत उत्साहित थे, क्योंकि हम उस दिन अपराह्न में *रामचरितमानस* के सुंदर कांड का पाठ करने वाले थे। उन्हें उस कांड से विशेष लगाव था, क्योंकि वह बचपन से इसका पाठ करते आ रहे थे।

उस कांड में हनुमान के लंका जाने, अपनी शक्ति और बुद्धिमत्ता का प्रदर्शन करने, माता सीता का पता लगाने और लौटकर भगवान राम को कथा सुनाने का वर्णन है। यह छोटा कांड है, जिसे दो घंटे में पढ़ा जा सकता है। शुरू में हमने एक ही सत्र में सुंदर कांड का पाठ करने का संकल्प लिया था, हालाँकि, मैंने इसके बाद की घटनाओं की कभी कल्पना भी नहीं की थी।

12

अनाहत नाद

अपराह्न तीन बजे ब्रह्मचारी मेरे सामने खड़े थे। हिमालय की शांत दोपहर में हल्की धूप के मध्य, हमने *रामचरितमानस* की अपनी-अपनी प्रतियों में सुंदर कांड खोल लिया तथा भगवान गणेश की संक्षिप्त प्रार्थना के बाद हम उस कांड का ऊँचे स्वर में पाठ करने लगे। मैंने बचपन में भी *रामचरितमानस* का पाठ किया था, किन्तु नागा बाबा के आश्रम में मुझे इस ग्रंथ से सच्चा प्रेम हो गया। यदि आप भारत में रहते हैं और हिंदी समझते हैं, तो उत्तर प्रदेश में *रामायण* का पाठ सुने बिना आपकी भक्ति का अनुभव अधूरा है।

सुंदर कांड में एक घटना है, जिसे पढ़कर मुझे सदा रोना आ जाता है। इसमें हनुमान, माता सीता के पास जाकर उन्हें बताते हैं कि वे भगवान राम के दूत हैं। वे कहते हैं, *'राम दूत मैं मातु जानकी, सत्य सपथ करुणानिधान की।'* हे माँ सीता, मैं राम का दूत हूँ, उन दया के सागर भगवान राम की शपथ लेकर कहता हूँ कि मैं आपसे सत्य कह रहा हूँ। और फिर वे माँ सीता से कहते हैं कि प्रभु उन्हें पहले नहीं खोज पाए। *'जो रघुबीर होति सुधि पाई, करते नहीं विलंब रघुराई।'* अर्थात यदि उन्हें पता होता, तो वे अविलंब यहाँ आ जाते।

और आज, जब हम दोनों उत्सुकता से बैठे थे, तो हमारे भीतर 'मर्यादा पुरुषोत्तम' श्रीराम के प्रति भक्ति-भाव उमड़ रहा था। हमने बारी-बारी से चौपाइयाँ पढ़नी आरंभ कर दीं। दो पंक्तियाँ मैं गाता और फिर अगली दो पंक्तियाँ ब्रह्मचारी गाते थे। मैं ऊँचे स्वर में दोहे पढ़ता और फिर हम चौपाई पर लौट आते थे। *रामचरितमानस*, वास्तव में मनमोहक काव्य कृति है।

हमें पाठ आरंभ किए पाँच मिनट से भी कम समय हुआ था कि एक लंगूर आकर हमसे कुछ फ़ीट की दूरी पर बैठ गया। यह दस या पंद्रह फ़ीट की दूरी पर

था। हमने पाठ करना जारी रखा। ब्रह्मचारी और मैं एक-दूसरे को देखकर मुस्कराए। हनुमान और उनके साथी, वानर ही थे। और जब हम उनकी महिमा गा रहे थे, तो हमारे सामने उस लंगूर का आकर शांति से बैठ जाना अत्यंत रोमांचक अनुभव था।

कुछ देर बाद, लंगूरों का एक समूह वहाँ उपस्थित हो गया। वे सब एकाग्रता से बैठे थे, मानो अपने महान पूर्वज भगवान हनुमान की कथाओं, महिमा और विजय की गाथा सुन रहे हों। हम बहुत प्रसन्न थे और पाठ करते रहे। शीघ्र ही, लंगूरों का एक और समूह वहाँ आ गया। अब हमारे आस-पास पचास से अधिक लंगूर बैठे थे। *सुंदर कांड* का पूरा पाठ करने में लगभग एक घंटे का समय लगता है और हमें पाठ आरंभ किए मात्र बीस मिनट हुए थे।

ऐसा पहली बार हुआ, जब मैं माता सीता के समक्ष आई चुनौतियों के विषय में पढ़कर रोया नहीं था, अपितु मैं लंगूरों को शांत बैठे देखकर बहुत चकित था। लंगूरों की संख्या बढ़ती गई तथा दो-तिहाई पाठ पूरा होने तक हमारे चारों ओर कम से कम दो सौ लंगूर बैठे थे। उनमें से कुछ सामाजिक दूरी का पालन करते हुए एक-दूसरे से दूर थे, जबकि कुछ झुंड बनाकर एक साथ बैठे थे। यह अद्भुत दृश्य था। हम उसे देखकर इतने अभिभूत हो गए, मानो बजरंग बली, भगवान हनुमान अपनी महिमा सुनने के लिए स्वयं हमारे साथ बैठे थे।

एक घंटा बीत गया और हम *सुंदर कांड* के अंत पर पहुँच गए। वही लंगूर, जिनकी मैंने कभी मानव मन के साथ तुलना की थी, क्योंकि दोनों ही स्थिर नहीं रहते, वे लगभग पूर्ण शांति में बैठकर पाठ सुन रहे थे।

ब्रह्मचारी और मैं इतने समय से प्रतिदिन जप कर रहे थे, किन्तु लंगूर पहले कभी नहीं आए। यद्यपि, ऐसा प्रथम और अंतिम बार हुआ था। यदि आप संयोग मात्र समझकर इसकी उपेक्षा करना चाहें, तो कोई बात नहीं। मेरा कार्य केवल अपनी यात्रा के विवरण को आपके साथ साझा करना है।

हम पाठ समाप्त करके शांति से बैठ गए। हम अपने सामने के लुभावने दृश्य को निहार रहे थे। सैकड़ों लंगूर, हमारे चारों ओर एकदम शांत बैठे थे। मुझे आज तक समझ में नहीं आया कि ब्रह्मचारी को सहसा क्या सूझा था। वह उठे और ज़ोर से खाँसकर उन्होंने लंगूरों को डराने के लिए ज़ोर से ताली बजाई। लंगूर धूल उड़ाते हुए भागने लगे, क्योंकि उनमें से कई बिना घास की भूमि पर बैठे थे। वर्षा ऋतु और वसंत बहुत पहले ही बीत चुके थे और तापमान शून्य से नीचे चला गया था, जिसके कारण धरती पर सूखे चकत्ते दिखाई देने लगे थे। लंगूर, निर्भय होकर हमारे बहुत पास बैठे थे, जबकि सामान्य तौर पर, वे पेड़ों पर ही रहते थे।

देखते-देखते सारे लंगूर ओझल हो गए। वे पास के पेड़ों पर चढ़ गए थे। मैंने ब्रह्मचारी की ओर तिरछी दृष्टि से देखा। ऐसा लगा, जैसे किसी ने आपकी

आइसक्रीम पर मुट्ठी-भर नमक डाल दिया हो। वह अनावश्यक हरकत थी। मुझे लगता था कि प्रकृति ने ब्रह्मचारी को किसी उद्देश्य से मेरी देखभाल के लिए भेजा है। उनके हाथ, पैर, कान, वृक्षों पर चढ़ने का तरीक़ा, उनकी शारीरिक ऊर्जा और वन में उनकी अद्भुत सेवा मुझे बार-बार हनुमान की याद दिलाती थी। नागा बाबा के आश्रम में, रामायण के गायक प्राय: एक दोहा जोड़ते थे; *'है कपिराज काज कब आएन्ह, अवसर बीते फिर पछताएन्ह।'* वह भगवान हनुमान स्वयं से कह रहे हैं कि हे वानरों के राजा, भगवान की सेवा अभी नहीं, तो कब करोगे। यह कि इसी क्षण अपना हृदय, मस्तिष्क और आत्मा ईश्वर की सेवा में लगा दो, नहीं तो तुम सेवा के खोए हुए अवसर पर पछताओगे।

एक तरह से ब्रह्मचारी, इसी तरह मेरी सेवा कर रहे थे। गला साफ़ करके और ताली बजाकर लंगूरों को भगाने के उनके हाव-भाव से मुझे ईश्वरीय इच्छा का आभास हुआ। जहाँ तक मुझे पता है, यह भी संभव है कि लंगूर, मेरे लिए अथवा पाठ सुनने नहीं आए थे, अपितु उन्होंने प्रदीप ब्रह्मचारी के समक्ष अपनी उपस्थिति दर्ज कराई हो।

उस रात जब मैं बाला त्रिपुरसुंदरी अनुष्ठान के लिए बैठा, तो मैंने दूर से फिर वही हॉर्न का स्वर सुना। निश्चित रूप से, यात्रियों की प्रतीक्षा में खड़ी किसी निजी अथवा सार्वजनिक बस के लिए इतनी देर रात्रि में हॉर्न बजाना असंभव था, परंतु मुझे लगा कि मैं आगे नहीं बढ़ पा रहा हूँ। मेरी एकाग्रता में कमी आ रही थी। मैंने निश्चय किया कि मुख्य साधना करते समय मैं प्रतिदिन अपना आकलन करने के लिए एक अंक-तालिका बनाऊँगा। निरंतर जप करते रहने से मुझे कोई लाभ नहीं होने वाला था, यह बात मुझे स्पष्ट रूप से समझ में आ गई थी। यह पार्किंग ब्रेक लगे होने की स्थित में एक्सीलेटर दबाने के समान था।

उस रात बार-बार संगीत बज रहा था और वह इतना हृदयस्पर्शी था कि कभी-कभी मुझे लगता, जैसे मैं उस ध्वनि में विलीन हो जाऊँगा। क्या ये विकर्षण थे? पहले बद्रीनाथ में और अब यहाँ वन में। मैंने यथासंभव ध्यान और भक्ति के साथ जप करना जारी रखा। कभी-कभी, मेरा मन रामकृष्ण परमहंस की ओर मुड़ जाता था, जो कहते थे यदि आप ईश्वर के दर्शन करना चाहते हैं, तो उनके लिए अपने मन में व्याकुलता उत्पन्न कीजिए। मैं यह सोचकर रोता था कि क्या मेरी व्याकुलता पर्याप्त थी।

मेरा कहने का आशय है कि मैं ब्रह्मांड को यह संदेश देने के लिए और क्या कर सकता था कि मैं केवल देवी माँ के दर्शन करना चाहता हूँ? *क्या मुझे चट्टान से कूद जाना चाहिए? क्या यह पर्याप्त होगा? यदि इसका अंत केवल घावों और पीड़ा में ही होगा, तो क्या होगा? मैं अपनी माँ का सामना कैसे करूँगा, जिन्होंने सदा मेरा*

साथ दिया, मुझे बिना शर्त प्रेम किया और मुझे स्वेच्छा से अपना कार्य करने की अनुमति दी? क्या मैं उनके पास वापस जाकर उनके साथ किए इस विश्वासघात के लिए उनसे क्षमा माँगूँगा? क्या होगा यदि मेरे इन कार्यों से मेरे शरीर को अपूरणीय क्षति हुई और मैं दूसरों पर बोझ बन गया? ऐसे व्यावहारिक प्रश्नों ने मुझे किसी भी तरह का कोई मूर्खतापूर्ण काम करने से रोक दिया।

मैं अपनी साधना के समय और उसकी गहनता को बढ़ाने के तरीक़ों के विषय में सोचता रहा। बाइस से लेकर चौबीस घंटों तक स्थिर बैठने की मेरी परिकल्पना कहीं से भी सत्य होने के निकट नहीं दिख रही थी। मैं स्वेच्छा से जितना चाहूँ, उतना समय तक स्थिर बैठना चाहता था। कम से कम दो दिन तक निरंतर। ब्रह्मचारी को यह निर्देश दिया गया था कि यदि मैं भोजन के लिए नहीं आता, तो चिंता न करें, क्योंकि मैं समाधि में बैठा हो सकता हूँ। सुनने में यह भोलापन लग सकता है, किन्तु मुझे लगा कि मैं अपनी कड़ी साधना के मध्य एक दिन समाधि में चला जाऊँगा।

कई घंटों तक निरंतर देवी माँ का ध्यान करने से आपके मस्तिष्क और मन पर प्रभाव पड़ता है। ऐसा लगता है, जैसे आप चेतना के समानांतर ब्रह्मांड में हैं। आप शांत, अंतर्मुखी हो जाते हैं और आनंद के आंतरिक संसार में पहुँच जाते हैं।

प्रत्येक बीतते दिन के साथ, भगवान विष्णु के सहस्रनाम और फिर माँ बाला त्रिपुरसुंदरी के नाम का जप करते हुए, मैंने ऐसा महसूस किया कि मैं साधना की गहराई में उतर रहा हूँ। यह कटु सत्य था कि मुझे अभी तक किसी ईश्वर के दर्शन नहीं हुए थे। यदि मैं कहूँ कि मैं केवल हताश था, तो यह असत्य होगा। सच तो यह है कि मैंने पाया कि मैं अपनी इस यात्रा, अपने निर्णयों और भगवान के अस्तित्व पर प्रश्न करने लगा था। *मुझे आशा है कि मैं इस ग्रह पर सबसे मूर्ख व्यक्ति नहीं हूँ। यह मान लेना कितना बेतुका है कि मैं चैतन्य की स्थिति को प्राप्त कर लूँगा और मुझे देवी माँ के दर्शन होंगे? अथवा यह कि वे मेरे सामने प्रकट होंगी और मुझसे बात करेंगी।*

शंखों की ध्वनि प्रतिदिन प्रात: और उसके बाद भी जारी रही। इक्कीस दिन बाद बाला त्रिपुरसुंदरी की साधना समाप्त हुई, किन्तु मैं किसी भी तरह देवी के दर्शन के निकट नहीं पहुँच पाया। गुफ़ा में साधना की गुणवत्ता श्रेष्ठ थी, किन्तु यदि मैं इसे परिणाम के संदर्भ में इसका आकलन करूँ, तो मुझे बहुत अधिक आशा नहीं थी। इस साधना को पूर्ण करने का आशय था कि मेरे पास संध्या के समय ख़ाली समय उपलब्ध था। मैंने इस बीच शरीर को तनिक विश्राम और निद्रा लेने का विचार किया। *विष्णु सहस्रनाम* की साधना 26 दिसंबर को समाप्त होने वाली थी, इसलिए

मुझे अब भी प्रात: 1 बजे से अपराह्न तक इसका जप करना था। इससे मिलने वाले संध्या के पाँच घंटे का ख़ाली समय मेरा अपना था, परंतु मैं विश्राम नहीं कर सकता था। मैंने ख़ाली समय का उपयोग देवी माँ का ध्यान करने के लिए किया।

26 दिसंबर को *विष्णु सहस्रनाम* की साधना भी समाप्त हो गई। प्रात: सुनाई देने वाली मधुर ध्वनि के अलावा कुछ भी उल्लेखनीय नहीं हुआ। यहाँ यह भी बताना आवश्यक है कि मैं इतना थक चुका था कि मेरा शरीर लगातार चल रही इस कठोर निःसंवेदना दिनचर्या से राहत की भीख माँग रहा था। साथ ही, मेरी चेतना देवी माँ के प्रति इतनी प्रेम से भरी थी, मेरे मन में इतनी व्याकुलता थी कि मैं न केवल फिर से साधना में डूब जाना चाहता था, अपितु उसे और अधिक दृढ़ता के साथ करना चाहता था। *पंद्रह घंटे क्यों? मुझे बीस घंटे से अधिक ध्यान करना चाहिए।*

हालाँकि साधना 26 दिसंबर को समाप्त हो गई थी, किन्तु मैं रात्रि को अपने सामान्य समय पर उठ जाता था और कुछ घंटों के ध्यान के बाद, वह दिव्य ध्वनि फिर से बजने लगती थी। चूँकि मेरी साधना समाप्त हो चुकी थी और मैंने बैठे रहने का अब कोई संकल्प नहीं किया था, इसलिए मैं उठ सकता था। अत: मैं बाहर चला गया। कुछ दूरी पर, कुछ वन्य पशु भिन्न दिशाओं में भाग गए। ऐसा लग रहा था कि वे इधर-उधर घूम रहे थे, हालाँकि मैं स्पष्ट रूप से नहीं देख पा रहा था, क्योंकि वहाँ बहुत अँधेरा था। कुछ ही मिनटों में ठंड से लगभग जम जाने के बाद, मैं वापस अंदर आया और मैंने स्वयं को एक कंबल में लपेट लिया। ध्वनि अब भी सुनाई दे रही थी, किन्तु मुझे इससे कोई कष्ट नहीं था। वास्तव में, मुझे यह बहुत पसंद थी। मैं इस जादुई घटना के स्रोत को लेकर बहुत उत्सुक था।

ठंड में बाहर रहने के कारण मेरी साँस फूल रही थी और वायु ने मेरी हड्डियों को कँपा दिया था। मैंने अपना हाथ छाती के पास लाकर उसे रगड़ा। उस क्षण मुझे लगा कि वह आवाज़ मेरे ही भीतर से आ रही थी। मानो मेरा पूरा शरीर ही वह ध्वनि बन गया हो, मानो वह सदा से मेरे सीने से निकल रही हो और मुझे इसकी तनिक भी जानकारी न हो। वह स्वर अत्यंत सुंदर, संवेदनशील और सूक्ष्म, फिर भी इतना प्रमुख था।

मंत्र योग में हम एक शब्द का प्रयोग करते हैं, *मंत्रमयी।* इसका अर्थ है कि एक निश्चित क्षण पर पहुँचकर साधक, स्वयं ही मंत्र और मंत्र की ध्वनि बन जाता है। मैं इसे बहुत पहले से जानता था, परंतु यह बात मुझे उसी दिन समझ में आई।

दो दशकों से अधिक समय तक कड़ा श्रम करने के बाद, यह निरंतर अनाहत नाद का मेरा प्रथम अनुभव था। यदि यह क्षणिक घटना होती, तो मैं इसे महत्त्व नहीं देता, परंतु यह बार-बार हो रही थी।

मैं शब्दों में बयाँ नहीं कर सकता कि इसने मेरे हौसले को कितनी मज़बूती दी और आत्मा को उत्साह से भर दिया। इसका सीधा-सा कारण है : यदि शास्त्रों का यह अंग सत्य है, तो बहुत संभव है कि अन्य बातें भी सत्य हों। मुझे केवल चलते रहना था। विश्वास, प्रेम, भक्ति और अनुशासन के साथ। इसके साथ ही, चुनौती और भी बड़ी हो गई, क्योंकि मुझे न सिर्फ़ अपने माथे में बढ़ते हुए स्पंदन, बल्कि ध्वनि के कारण होने वाले व्यवधान को भी सँभालना था। ये दोनों ही मधुर तो थे, लेकिन ध्यान भटकाने वाले भी थे।

13

महा त्रिपुरसुंदरी

मूल साधना, जनवरी, 2011

3 जनवरी की रात्रि और 4 जनवरी को अधिकांश समय मैं अपने आसन पर बैठा वेदमाता गायत्री का मंत्र जपता रहा और मुख्य साधना के लिए उनसे अनुमति माँगता रहा। मैं काफ़ी भावुक हो रहा था, क्योंकि मुझे उसी दिन की प्रतीक्षा थी। यह वही दिन था, जिसका मैंने स्वप्न देखा था। दो दशक की लंबी प्रतीक्षा के बाद और पिछले कई माह के परिश्रम के उपरांत, मुझे अपनी मूल साधना आरंभ करनी थी, जो एक सौ पचास दिन तक चलने वाली थी।

ऐसे सोचें, तो 150 दिन केवल पाँच महीने होते हैं। नागा बाबा के आश्रम में बिताए समय और अपनी साधनाओं को मिलाकर पिछले कुछ माह में मात्र एक वर्ष से अधिक व्यतीत हुआ था और फिर भी, तीस वर्ष से अधिक के जीवन में, यह पहली बार था, जब देवी माँ ने मुझे पूरा समय उनके लिए समर्पित होने का अवसर दिया था। यह सुनने में अविश्वसनीय लगता है कि मुझे यहाँ तक पहुँचने में बीस वर्ष से अधिक लग गए (मैंने दस वर्ष की आयु से ही साधना के संसार में प्रयास करना आरंभ कर दिया था), किन्तु आप सब, जिनके पास पारिवारिक और सांसारिक उत्तरदायित्व हैं, समझ सकते हैं कि आप यूँ ही जीवन से एक-दो साल निकाल नहीं सकते।

मैंने अपने दिन को दो भागों में बाँटने का निश्चय किया। अग्निहोत्र यज्ञ, जो मुझे साधना के लिए प्रतिदिन करना था, और पैंतालीस मिनट की प्रारंभिक तैयारी को मिलाकर मुझे लगभग नौ घंटे चाहिए थे। एकाग्रता में अभाव को ध्यान में रखते हुए मैंने एक अतिरिक्त घंटा जोड़ लिया। मेरी दिनचर्या इस प्रकार थी:

1.00–2.00 बजे सुबह	जागो और कार्य आरंभ करो
2.00 बजे सुबह से 12.00 बजे दोपहर तक	साधना
दोपहर 12.00–1.00 बजे	भोजन
दोपहर 1.00 से 3.00 बजे तक	विश्राम
दोपहर 3.00–4.00 बजे	श्रीमद्भगवद्गीता पर चिंतन
संध्या 4.00–7.00 बजे	देवी माँ का ध्यान
संध्या7.00 बजे से रात 1.00 बजे तक	निद्रा

5 जनवरी को प्रात:काल बर्फ़ीले पानी से स्नान के उपरांत, मैं अपने आसन पर बैठा और मैंने काग़ज़ पर बनाया हुआ श्री यंत्र निकाला। मैंने न्यास के लिए विभिन्न मंत्र और प्रतिदिन किए जाने वाले चरण भी लिख लिए थे। मैंने उन्हें इसलिए लिखा था, क्योंकि मैं स्वेच्छा से कुछ भी करके साधना को दूषित नहीं करना चाहता था। मैं चाहता था कि मैं वही करूँ, जो मुझसे पहले के सिद्धों ने किया था।

सभी चरण और मंत्र मेरी वेबसाइट, os.me/srividya से निःशुल्क डाउनलोड किए जा सकते हैं। आप इन्हें रोमन लिप्यंतरण में भी डाउनलोड कर सकते हैं।

मोटे तौर पर, जप और अग्निहोत्र यज्ञ सहित इकतालीस चरण थे। यद्यपि अग्निहोत्र यज्ञ के भी अनेक चरण होते हैं, किन्तु मैंने उन्हें मिलाकर एक ही चरण माना; क्योंकि मैं उन्हें प्रतिदिन करता था। यह उस संकल्प से इतर था, जो साधना के पहले दिन लिया गया था। यहाँ उसका संक्षिप्त अवलोकन प्रस्तुत किया गया है:

चरण 1–7	वातावरण का शुद्धिकरण, आत्म शुद्धि (आचमन), मस्तक पर तिलक लगाना, धरती माता की ऊर्जा का आह्वान (पृथ्वी पूजा), गणेश पूजा, देवी माँ का आह्वान, वंश का आह्वान।

चरण 8–23	विनियोग (अनुप्रयोग) और श्रीविद्या का न्यास
चरण 24–32	हस्त मुद्राएँ, पीठ पूजा, देवता (पुरुष शक्ति के ऊर्जावान स्थानों का आह्वान), पीठ पूजा, देवी (स्त्री शक्ति), श्री यंत्र की स्थापना (यंत्र स्थापन), देवी माँ का ध्यानम् (ध्यान), आह्वान (आवाहन), श्री यंत्र की ऊर्जाओं का आह्वान (आवरण पूजा)और, सोलह प्रकार की सेवाएँ या सम्मान (षोडशोपचार)
चरण 33	साधना मंत्र का जप
चरण 34–38	जप (जप समर्पण), क्षमा प्रार्थना (क्षमा याचना), श्री यंत्र के समस्त सिद्ध एवं ऊर्जाओं से प्रार्थना (खड्ग–माला–मंत्र), उन ऊर्जाओं को मुक्त करना (विसर्जन), और मंत्र की ऊर्जा को हृदय में आत्मसात करना (हृदय स्थापना)
चरण 39	अग्निहोत्र (यज्ञ)
चरण 40–41	तर्पण और मार्जन

यह कहना कि यह साधना मेरे लिए विशेष थी, मेरे जीवन की सबसे बड़ी न्यूनोक्ति होगी। यह साधना मेरे लिए सब कुछ थी। यह मेरा अंतिम विकल्प था। यदि इसके बाद भी देवी माँ मुझे दर्शन नहीं देतीं, तो मैं नहीं जानता था कि मुझे और क्या करना था। क्या मुझे फिर भी जप करते रहना चाहिए?

मैंने जीवन में ऐसे अनेक लोग देखे हैं, जो प्रतिदिन जप करते हैं, किन्तु वे फिर भी क्रोध, भ्रम और कठोरता का शिकार बने रहते हैं। मैं उनके जैसा नहीं होना चाहता था। मुख्य रूप से, मैं आज के युग में यह जाने बिना कि इन मंत्रों और अनुष्ठानों में कोई सच्चाई है भी या नहीं, उन्हें निरंतर जपते या करते रहना नहीं चाहता था।

यदि मेरी साधना प्रभावी सिद्ध नहीं होती, तो मुझे संदेह है कि साधना में मेरा विश्वास शेष रह जाता। *क्या ईश्वर पर मेरा विश्वास क़ायम रह पाता?* मैं यह निश्चित रूप से नहीं कह सकता था। मेरा हृदय आशा, संदेह और तनिक भय से भरा था। यह मेरे जीवन की सबसे निर्णायक साधना होने वाली थी।

मैं बैठ गया और मैंने ज्यों ही प्रारंभिक चरण पूर्ण करने के उपरांत मंत्रोच्चार आरंभ किया, मेरी आँखों से अश्रुधारा बहने लगी। *हे देवी माँ, कृपया मुझे बीच राह में अकेला और निराश मत छोड़िए। मेरे पास और सामर्थ्य नहीं है। जिस क्षण मैं आँखें खोलकर बैठा हूँ, तब आप कृपया मुझे अपनी एक झलक दिखा दें। मुझसे तनिक वार्ता कीजिए। मेरी माँ, मेरी जन्म की माता, मुझे इतनी प्रतीक्षा नहीं करवाती और यहाँ आपका पुत्र आपको पुकार रहा है। इसके बाद मेरे लिए कोई आशा शेष नहीं रह जाएगी।*

यद्यपि वह साधना का प्रथम दिन था और मैं पूर्ण रूप से तैयार था, किन्तु मेरा ध्यान अपनी माँ की ओर चला गया। बचपन की एक ज्वलंत स्मृति ने मुझे अपनी ओर आकर्षित कर लिया।

मैं जब कुछ महीने का था, तब से लेकर चार वर्ष की आयु तक शिशु-पालन केंद्र में जाता रहा। मुझे याद है कि मेरे माता-पिता, मेरे साथ मेरे भाई और बहन को शिशु केंद्र से लेकर घर चले जाते थे। मेरी माँ, मेरी बहन को नहलाती और मेरे पिताजी, मेरे भाई और मुझे स्नान कराते थे।

मैं सबसे छोटा था। मेरी माँ मुझे गोद में लेकर मेरे साथ खेलती थीं। मुझे अच्छी तरह याद है कि वह अपना दुपट्टा या साड़ी मुझ पर डालकर लुका-छिपी खेलतीं और फिर मुझे झुलाते हुए पंजाबी गीत गाती थीं : *'मैं भाजी-भाजी आई। मैं क्या मित नू लैके आंवा, मैं मित नू लैके आंवा* ('मैं अपने अमित को शिशु केंद्र से लेने के लिए ऑफ़िस से दौड़कर आई हूँ।') मैं खिलखिलाकर हँसता रहता था। वे हर बार जब ऐसा कहतीं, तो मैं हँस पड़ता। यह ऐसी स्मृति है, जो मेरे मस्तिष्क में बहुत स्पष्ट रूप से अंकित है।

इस दौरान मैं आपसे कुछ निजी बातें साझा करना चाहता हूँ। मैं आज भी अपनी माँ के साथ बिताए उन क्षणों के बारे में सोचता हूँ, तो वे क्षण मुझे और भी अधिक प्रिय लगने लगते हैं और मैं अवर्णनीय प्रसन्नता से भर जाता हूँ।

मैं जिस समय आश्रम में होता हूँ, तो प्रतिदिन प्रात:काल मेरी माँ, या माता रानी, जैसा कि मैं उन्हें प्यार से पुकारता हूँ, मेरे साथ नाश्ते पर उपस्थित रहती हैं और इस तरह मेरे दिन का ख़ूबसूरत आरंभ होता है। मैं देवी माँ से भी कुछ ऐसा ही चाहता था। नहीं, नाश्ता नहीं, मैं मात्र उनकी गोद में खेलना चाहता था।

मैं केवल यही माँग रहा हूँ, देवी माँ। आप कब आएँगी और मुझे गोद में बैठाकर झुलाएँगी? आपके नाम ने मेरा संसार हिला दिया है। इसने मेरी चेतना को झकझोर दिया है। ऐसे में आपके दर्शन का परिणाम क्या होगा, यह कल्पना से परे है। कृपया अपने इस अज्ञानी पुत्र को गोद में ले लीजिए। आपको इसका जो भी मूल्य चाहिए, मैं देने को तैयार हूँ। इस कंगाल के पास आपको देने के लिए कुछ भी नहीं है, परंतु मैं आपके लिए विलाप अवश्य करता रह सकता हूँ।

तन्हाई में फ़रियाद तो कर सकता हूँ,
वीराने को आबाद तो कर सकता हूँ।
जब भी चाहूँ तुम्हें मिल नहीं सकता लेकिन,
जब भी चाहूँ तुम्हें याद तो कर सकता हूँ।

मैंने अपने आँसू पोंछे और पूर्ण संकल्प, आस्था और विश्वास के साथ देवी माँ का ध्यान करना आरंभ कर दिया। मैंने मन ही मन लगभग प्रत्येक घंटे यह ध्यान रखा कि पिछले एक घंटे में मेरा जप कैसा रहा। प्रत्येक दिन के अंत में, इसके लिए मैंने एक काग़ज़ पर स्वयं को अंक दिए। सात घंटे जप करने के बाद, मैं इस बीच अनजाने में हुई किसी चूक की पूर्ति के लिए एक घंटा अतिरिक्त जप करता था। उस दिन अपराह्न में मेरा यज्ञ समाप्त हो गया।

मैंने सावधानी से वह पात्र खोला, जिसमें बीते सप्ताह ख़ाली समय में बनाए मोदक रखे थे। मैंने एक मोदक निकाला और पूर्ण श्रद्धा के साथ देवी माँ को अर्पित किया और फिर उसे अपने हाथ में रख लिया। मेरा विचार था कि मैं इसका आधा भाग भोजन के साथ खाऊँगा और शेष आधा ब्रह्मचारी को दे दूँगा।

मैं सीधे ब्रह्मचारी की कुटिया में गया। अब मैं बिना छड़ी के चल सकता था। मेरी चाल में स्थिरता आ गई थी, यद्यपि वह पूर्ण रूप से ठीक नहीं हुई थी। मैं प्रतिदिन सत्रह घंटे से अधिक ध्यान करता था, अतः मुझे नौ या दस घंटे तक ध्यान करना कठिन प्रतीत नहीं हुआ।

मेरे पास प्रसाद के लिए नौ दिन के मोदक तैयार थे और ब्रह्मचारी ने पहले से ही एक बड़ा पात्र भरकर मोदक तैयार कर रखे थे।

उन्होंने कहा, 'ये शेष एक सौ चालीस दिन तक के लिए पर्याप्त होंगे।'

'यह आपने बहुत जल्दी बना लिए। मुझे आशा है कि आपने इन्हें उसी तरह बनाया होगा, जैसा मैंने आपको दिखाया था,' मैंने उनसे कहा। इसके पिछले सप्ताह अपनी साधना आरंभ करने से पूर्व मैंने प्रत्येक दिन देवी माँ को कुछ मिष्ठान्न अर्पित करने का निश्चय किया था। इसलिए मैंने पिसे तिल और गुड़ से

मोदक बनाए थे। मैंने ब्रह्मचारी को उन्हें नरम रखने के लिए एक विशेष विधि भी सिखाई थी।

उन्होंने सिर हिलाया, फिर वे मुस्कराए और मुझे आश्वस्त करते हुए बोले कि मोदक बहुत बढ़िया हैं। यह सुनकर मैं बहुत प्रसन्न हुआ।

शीत का प्रकोप तीव्र था। बर्फ़ ऐसे गिर रही थी, मानो सृष्टि का अंत होने वाला हो।

प्रत्येक रात्रि में मकड़ियाँ मेरे सिर से लेकर छत तक जाले बुनती थीं। प्रतिदिन प्रात: जप के बाद, जब मैं बाहर निकलता, तो जाला टूटता और उसके रेशे चेहरे पर चिपक जाते, जिसे साफ़ करने में मुझे समय लग जाता था। संभवत: उन्होंने मुझे कोई स्थिर वस्तु समझ लिया था। चूहे भी हर प्रकार की चुनौती देते रहते थे। कभी वे केवल आवाज़ें निकालते, तो कभी मेरी शॉल, लकड़ी के तख़्तों या किसी अन्य वस्तु को कुतरने लगते थे। वे सामान को घसीट कर गौशाला ले जाते थे, परंतु सबसे आश्चर्यजनक बात यह थी कि उन्होंने कभी मेरे ध्यान में व्यवधान नहीं डाला। उन्होंने मुझे, मेरे श्री यंत्र या साधना संबंधित टिप्पणियों को कभी नष्ट नहीं किया। एक बार भी नहीं!

अपनी मूल साधना के दसवें दिन, 14 जनवरी को प्रात:काल यज्ञ समाप्त करने के बाद, मैंने देवी माँ को प्रसाद चढ़ाने के लिए मोदक का पात्र खोला। वह ब्रह्मचारी द्वारा बनाए मोदकों का प्रथम पात्र था। अब तक मैं अपने पास जमा मोदक ही उपयोग कर रहा था। मैंने जैसे ही मोदक निकाला, मैं निराश हो गया। वे सख़्त हो गए थे। मैंने जो बनाए थे, उससे कहीं अधिक सख़्त। यह इतना ख़राब केवल गुड़ को गर्म करने के कारण ही हो सकता था, क्योंकि गुड़ ठंडा होने के बाद न केवल जम जाता है, अपितु पत्थर की तरह कठोर हो जाता है।

ब्रह्मचारी ने इस बात का गंभीर रूप से ग़लत आकलन किया था कि मेरी साधना मेरे लिए क्या महत्त्व रखती थी। मैं उन्हें यह समझाने में असफल रहा कि देवी माता को मोदक अर्पित करना मेरे लिए कितना आवश्यक था। जब तक मैं मोदक देवी माँ को अर्पित नहीं कर देता, मैं उसे स्वयं नहीं चख सकता था, इसलिए उसे तोड़े बिना यह जानने का कोई तरीक़ा नहीं था कि वह कितना सख़्त बना था। और मैं उसे तोड़ना नहीं चाहता था। फिर भी, मैंने वह मोदक, माँ को अर्पित किया और भारी मन से ब्रह्मचारी की कुटिया की ओर चल पड़ा।

आप सोच सकते हैं कि मैं एक साधारण अर्पण को इतना बड़ा विषय क्यों बना रहा था। यह सत्य है कि वह मेरे लिए बहुत बड़ी बात थी। मेरे पास नैवेद्य के रूप में चढ़ाने के लिए केवल यही था। उसे अर्पित करने से मुझे बहुत कुछ मिला। देवी माँ के साथ एक सुंदर निजी क्षण, संक्षिप्त वार्ता का अवसर मिला।

ब्रह्मचारी अपनी कुटिया में बहुत प्रसन्न थे और वे मुझे अतीत की कथाएँ सुनाने लगे। भोजन के अंत में, मैंने मोदक को आधा तोड़ने का प्रयास किया, परंतु मैं उसे नहीं तोड़ सका।

मैंने पूछा, 'ब्रह्मचारी जी, क्या आपने गुड़ को गर्म किया था?'

'हाँ, स्वामी जी,' उन्होंने उत्तर दिया। 'ऐसा करने से कार्य बहुत सरल हो जाता है। गर्म करने पर यह पिघल जाता है और फिर इसे पीसने की आवश्यकता नहीं रहती। इससे बहुत परिश्रम बच जाता है।'

'काश आपने ऐसा न किया होता। मैंने आपको ऐसा न करने के लिए विशेष रूप से निर्देश भी दिया था।'

मैंने सोचा कि और कुछ कहने का कोई अर्थ नहीं होगा, क्योंकि वह कार्य तो किया जा चुका था और मैं स्वयं को फिर उस स्थिति में नहीं डालना चाहता था। इसलिए कोई अन्य निर्देश देना व्यर्थ था। इसके अतिरिक्त, मैंने आरंभ में ही उनसे प्रेम से अनुरोध किया था और फिर भी उन्होंने वही किया, जो उन्हें सही लगा। मैं भारी मन से अपनी कुटिया में लौट गया।

अगले दिन मेरी एकाग्रता और मेरे ध्यान का स्तर उतना अच्छा नहीं था, क्योंकि मैं केवल जप समाप्त होने की प्रतीक्षा कर रहा था, जिससे मैं मोदक का प्रसाद अर्पित कर सकूँ।

'हे देवी माँ,' मैंने अंत में अपनी हथेलियाँ फैलाते हुए कहा, जिन पर मोदक रखा था, 'आप सदा मेरे साथ उदार रही हैं। आपने सदा मेरे अपराधों को क्षमा किया है। मैं सोच भी नहीं पा रहा हूँ कि मैंने ऐसा कोई पुण्य कर्म किया होगा, जिससे मुझे निरंतर आपका नाम जपने का सौभाग्य प्राप्त हो, लेकिन, मैं नहीं चाहता कि आज आप सिर्फ़ मुझे अच्छा महसूस कराने के लिए कुछ करें।'

मैंने आगे कहा, 'यदि मैं इस मोदक को अपने हाथों से नहीं तोड़ सकता, तो आप, ब्रह्मांड की साम्राज्ञी, राजराजेश्वरी जो सर्वाधिक वैभवशाली हैं और सर्वोत्तम की अधिकारिणी हैं, इसे कैसे खाएँगी। मैं आपसे क्षमा चाहता हूँ कि यह मोदक मैंने स्वयं नहीं बनाए। यह जानते हुए कि यह बहुत ख़राब ढंग से बनाए गए हैं, मैं इन्हें आपको कैसे अर्पित कर सकता हूँ? कृपया मुझे बताएँ क्या ये प्रसाद के योग्य हैं। मैं सत्य जानना चाहता हूँ।'

'नहीं, परंतु इससे कोई अंतर नहीं पड़ता,' एक परिचित स्वर ने धीमे-से उत्तर दिया।

मैं इस विचार से व्याकुल हो गया कि मेरे जीवन की सबसे महत्त्वपूर्ण साधना में विघ्न पड़ गया था। और यह विघ्न ऐसी जगह से आया था, जिसकी मुझे आशा

नहीं थी। तूफ़ान, भालू, सूअर, साँप, बिच्छू, मधुमक्खियाँ, झींगुर, बाघ, हिरण, चूहे, कीड़े और वन की अन्य कोई चुनौती मेरी हिम्मत नहीं तोड़ पाई, किन्तु इसने मेरा दिल तोड़ दिया। अन्य सबका प्रभाव केवल मुझ पर पड़ता था; इसलिए मैं उतना व्याकुल नहीं हुआ, किन्तु उस दिन वह मुझसे संबंधित नहीं था। उसका संबंध देवी माँ से था।

मैं आधे घंटे तक विलाप करता रहा और फिर मैंने मोदक एक तरफ़ रख दिया। मैंने आँखें बंद कीं और सीधे *चिंतामणि गृह* चला गया। यह वही स्थान था, जहाँ देवी माँ का निवास है। मैंने पूर्ण एकाग्रता और तीव्र कल्पना के साथ देवी माँ का ध्यान किया। यह कितना सुंदर स्थान था, उसकी ऊँची छतें, चमकते हुए रत्नजड़ित प्राचीन स्तंभ और फ़र्श पर बने बारीक़ निर्बाध रूपांकन। *आह, देवी माँ, श्री चक्र निवासिनी।* मैंने अपनी चेतना में उनका निर्बाध दर्शन किया। अगले एक घंटे में मैंने चेतना के उच्चतम स्तर पर रहते हुए अत्यंत स्वादिष्ट भोजन पकाया और उसे एक विशाल मेज़ पर रख दिया।

मुझे लगा जैसे दुनिया के विभिन्न भागों में पिछले अनेक वर्षों के दौरान मैंने जो भी विविधतापूर्ण और स्वादिष्ट भोजन किया था – न्यू यॉर्क से लेकर नई दिल्ली तक, सिडनी से लेकर सैन फ्रांसिस्को तक, लंदन से लेकर वेलिंगटन तक–वह सब इसी अवसर के लिए था। मैंने अपने हाथों से माँ को प्रत्येक व्यंजन थोड़ा-थोड़ा करके खिलाया। यह मेरी साधना का अत्यंत संतोषजनक क्षण था। मैं वर्तमान में लौट आया और आधे घंटे तक बैठा रहा।

'मुझे क्षमा कर दीजिए, देवी माँ। मैं योजनानुसार आपको मोदक का भोग नहीं लगा पाया। अब से, मैं साधना के शेष समय में मिष्ठान्न नहीं खाऊँगा। यदि मैं सफल नहीं हुआ और मैं आपको भौतिक रूप से भोग नहीं लगा पाया, तो मैं भी उस वस्तु को ग्रहण नहीं करूँगा,' मैंने धीरे-से कहा।

मैं मानस पूजा के महत्त्व और उसकी उपयोगिता पर जितना भी बल दूँ, कम होगा। यह आंतरिक पूजा का सर्वाधिक शुद्ध रूप है। *ललिता सहस्रनाम* में कहा गया है, '*अंतर्मुख समाराध्य बहिर्मुख सुदुर्लभ*'। इसका अर्थ है कि आंतरिक पूजा द्वारा देवी को सहजता से प्राप्त किया जा सकता है, जबकि बाहरी अनुष्ठानों द्वारा यह इतना सहज नहीं है। मैंने इस साधना को एक निश्चित ढंग से करने का संकल्प ले लिया था। अत: मुझे अपने संकल्प का मान रखना था, किन्तु यह मेरी अंतिम साधना थी, जिसमें मैं यंत्र बनाकर शास्त्रों के अनुसार श्री विद्या का अनुष्ठान करने वाला था। चिंतामणि गृह में देवी माँ के साथ व्यतीत किया वह एक घंटा मेरे लिए असाधारण अनुभव था। वह अनुभव इतना जीवंत और वास्तविक था कि मैं अपनी साधना समाप्त कर सकता था, किन्तु मुझे लगा कि मैंने उसे अपने चेतन मन से

तैयार किया था। वह भले ही मेरी चेतना का सत्य था, मैं चाहता था कि देवी माँ एक बार मुझे दर्शन दें और मेरे संसार में क़दम रखें। मैं संतुष्ट था, लेकिन तृप्त नहीं हुआ था।

प्रत्येक बीतते दिन के साथ मेरे मस्तक में हो रही उत्तेजना बढ़ती जा रही थी। यहाँ तक कि अपराह्न में विश्राम करना भी मेरे लिए एक चुनौती लगने लगी थी।

मैं जैसे ही अपना सिर, तकिये पर रखता, मुझे महसूस होता, मानो किसी ने मेरे मस्तक पर पैर रख दिया हो। सच कहूँ, तो चौदह वर्ष बाद भी मुझे इन स्पंदनों से बचने का कोई उपाय नहीं मिला है। ऐसा लगता है, जैसे उन्होंने मेरे मस्तिष्क में सदा के लिए कुछ बदल दिया। अपराह्न के बीच में, जब मैं लेटा था, तो मुझे फिर से संगीत सुनाई दिया। इस बार दिन के उजाले में! और शीघ्र ही, मुझे नींद आ गई और फिर एक सुंदर स्वप्न देखते हुए मैं जाग गया। वह स्वप्न मुझे स्पष्ट रूप से याद था।

मैंने स्वयं को एक मंदिर की सीढ़ियाँ चढ़ते हुए देखा। वह मंदिर पर्वतों के बीच स्थित था - सुंदर, चौड़ा और विशाल, मनमोहक परिदृश्य के साथ। मैंने मंदिर के भीतर पैर रखा, तो देखा कि वहाँ राधा और कृष्ण की मूर्तियाँ बहुत ही सुंदर ढंग से सजी हुई रखी थीं। फ़र्श पर काले और सफ़ेद रंग के चेक बने हुए थे। बहुत-से लोग शांत बैठे ईश्वर की स्तुति कर रहे थे। मैं आगे बढ़ा और मैंने हरे कृष्ण महामंत्र को ऊँचे स्वर में गाना आरंभ कर दिया। वे लोग मेरे साथ-साथ गाने लगे। उनका सामूहिक गान मेरी तुलना में लाखों गुना अधिक मधुर था। मुझे यह स्वप्न बहुत प्रिय है, क्योंकि मैं जब उठा, तो मैं सचमुच गा रहा था। मैं न केवल ऊँचे स्वर में गा रहा था, अपितु मुझे अपने स्वर-यंत्र पर दबाव भी महसूस हो रहा था।

कुछ स्वप्न आपको बहुत संतुष्ट करते हैं, वे भले ही अल्पावधिक होते हैं, किन्तु वे आपको पूर्णता देते हैं, जैसे औसत भोजन के बाद अच्छा मिष्ठान्न। यद्यपि मिष्ठान्न मुख्य भोजन की मात्रा से मेल नहीं खा सकता, भोजन भी मिष्ठान्न के बिना अधूरा रहता है।

मैं उठा, तो मेरा गला थका हुआ था, किन्तु मस्तिष्क तरो-ताज़ा था। ऐसा लगा, मानो मैं कई सप्ताह से सोया हुआ था, फिर दूसरे दिन स्वप्न में, एक और मंदिर, कुछ लोग, एक देव और मंदिर परिसर को देखा। मुझे प्रसाद और शेष बातें भी अच्छी तरह याद थीं। अगले दिन, मैंने ब्रह्मचारी को अपना स्वप्न सुनाया। मैंने उन्हें बताया कि कैसे मैंने एक विशालकाय मूर्ति, लोगों की पंक्तियाँ और मोदक बँटते देखे। मैंने स्वयं को टिकट ख़रीदते हुए देखा, मैंने मंदिर के भीतरी भाग को स्पष्ट रूप से देखा - फ़र्श, परिसर सबकुछ अत्यंत जीवंत था। ब्रह्मचारी ने कहा कि मेरा वर्णन दक्षिण भारत के एक प्रसिद्ध विष्णु मंदिर तिरुपति बालाजी से मेल खाता है। वे अनेक बार तिरुपति जा चुके थे, किन्तु मैं वहाँ पहले कभी नहीं गया

था। ब्रह्मचारी से अधिक मुझे अपने स्वप्न में वैसा ही मंदिर, मूर्तियों का आकार, रंग और मंदिर का फ़र्श आदि देखकर आश्चर्य हो रहा था। यदि उन्होंने मुझे बताया न होता तो मैं कभी यह नहीं जान पाता। एक और बात थी कि स्वप्न में मेरे सामने विशालकाय गरुड़ भी प्रकट हुए थे।

हिमालय में आवास के दौरान मैंने स्वप्न में अनेक मंदिर देखे और सच कहूँ, तो मैंने उनमें से कुछ को अपने साधना मोबाइल ऐप में क़ैद कर लिया है। मैं जब भी स्वयं को किसी मंदिर में देखता, तो मैं एक अवर्णनीय हर्ष से भर उठता, परंतु मैं वास्तव में देवी माँ के दर्शन करना चाहता था। मैं अपनी आँखें खोलकर उनकी झलक पाने के लिए व्याकुल था। जैसे-जैसे समय बीतता गया, मेरी निद्रा की अवधि कम होती गई। मैंने साधना में अधिक समय देना आरंभ कर दिया और दिनचर्या में तनिक परिवर्तन कर लिया। अब मेरे दिनचर्या कुछ इस प्रकार थी:

रात्रि 9.00 बजे	उठना (शाब्दिक एवं अन्यथा भी)
रात्रि 9.00 – 12.00 बजे	देवी माँ का ध्यान। निरंतर तीन घंटे
रात्रि 12.00 बजे	स्नान
रात्रि 1.00– सुबह 11.00 बजे	साधना (निरंतर आठ घंटे)
प्रात: 11.00 – संध्या 5.00 बजे	निरंतर छह घंटे देवी माँ का ध्यान (अधिकांश दिन मैं इसे स्थिति के अनुरूप ढालता रहता था)
संध्या 5.00 – रात्रि 9.00 बजे	निद्रा

मुख्य साधना के लगभग तीस दिनों के उपरांत फ़रवरी माह के आरंभ में, मैं निराश हो गया था। मुझे नहीं पता था कि मैं जो कुछ कर रहा था, वह देवी के दर्शन अथवा किसी भी सफलता में परिवर्तित हो पाएगा अथवा नहीं। मन ही मन, मैंने उस वंश परंपरा से प्रार्थना की, जिसमें मुझे दीक्षा दी गई थी।

मुझे साधना करते हुए दो घंटे हुए थे कि तभी मेरे सामने एक आकृति प्रकट हुई। वे एक ऋषि थे। वे मेरी ओर बढ़े, उन्होंने अपना हाथ उठाया और कहा, '*अति शीघ्र प्राप्ति होगी।*'

मैंने उनसे पूछा कि कितनी शीघ्र, किन्तु उन्होंने मुस्कराकर आशीर्वाद देने के लिए केवल धीरे-से अपना हाथ हिलाया। इससे मुझे साहस मिला और मेरा

मनोबल भी बढ़ गया। मैंने नवीन उत्साह एवं दृढ़ संकल्प के साथ ध्यान फिर से आरंभ कर दिया।

मेरे विचार से यहाँ यह उल्लेख करना मेरा कर्तव्य है कि मैं जब यह कहता हूँ कि मेरे सामने एक आकृति प्रकट हुई, तो इसका अर्थ यह नहीं कि कोई व्यक्ति सचमुच शारीरिक रूप से मेरे सामने प्रकट हुआ था, अपितु मैंने उन्हें केवल अनुभूत किया था। मैं ऐसी मानसिक स्थिति में था, जहाँ वास्तविकता और भ्रम के बीच की रेखा धुँधली हो चुकी थी। तो क्या मेरे सभी अनुभवों को गंभीरता से लिया जाएगा और उन पर पूरी तरह से विश्वास किया जाएगा? मैं नहीं जानता। मैं यहाँ केवल आपके साथ वह सब साझा कर रहा हूँ, जो मैंने उन दिनों में किया और यह बता रहा हूँ कि उसका परिणाम क्या निकला। मैं इससे अधिक या कम कुछ नहीं कह रहा।

मैंने अपनी साधना के अभी बस छत्तीस दिन ही पूर्ण किए थे और एक सौ चौदह दिन शेष रह गए थे। अब मुझे यह विश्वास नहीं रहा था कि देवी माँ अंतिम दिन प्रकट होंगी या फिर कभी दर्शन देंगी भी या नहीं।

सबसे अप्रत्याशित घटना 13 फ़रवरी, 2011 को घटित हुई, जो मेरी साधना का ठीक चालीसवाँ दिन था, जब मैं सबसे कम आशावादी और तैयार था।

14

देवी माँ

सातवाँ महीना, फ़रवरी, 2011

प्रातः लगभग 5 बजे, मैं पूरी सजगता के साथ ध्यान कर रहा था। तभी कुछ फ़ीट की दूरी पर मुझे एक आकृति दिखाई दी। वह आंशिक रूप से मुझसे दूर थी।

पिछले दो दशकों में मैंने विभिन्न देवियों, योगिनियों और यक्षिणियों की तांत्रिक साधनाएँ की थीं। वे सभी देवी माँ की निम्न रूप शक्तियाँ हैं। मैंने अनेक बार उनके दिव्य रूप के दर्शन किए थे, किन्तु ये दृश्य इतने अल्पकालिक थे कि मुझे उनका अर्थ समझ में नहीं आया। शेष अवसरों पर मैंने स्वप्न में इन आकृतियों को देखा था। इस बार, चूँकि मैं जाग रहा था, तो मुझे लगा, जैसे मैं पिछली बार की तरह किसी दिव्य रूप अथवा प्रेत को देख रहा हूँ और वह शीघ्र ही ओझल हो जाएगा। वह जो भी था, किन्तु मैंने उसे भटकाव की तरह ही देखा, जो मेरे ध्यान में बाधा उत्पन्न करने के लिए प्रकट हुआ था।

पहले से अधिक दृढ़ संकल्प के साथ, मैंने स्वयं को एकाग्रचित्त करने के लिए फिर से ध्यान लगाया। वह रूप ओझल नहीं हुआ। वह दीवार की ओर मुख करके खड़ा रहा। सहसा उसके हाथ लयबद्ध ढंग से हिलने लगे। कभी एक हाथ हिला तो कभी दूसरा, कभी दायाँ तो कभी बायाँ। मैं हाथों की उन सम्मोहक हरकतों से विचलित नहीं होना चाहता था, इसलिए मैंने अपना ध्यान मंत्र पर केंद्रित कर लिया।

वह आकृति मेरी ओर मुख करके फ़र्श पर बैठ गई। मैंने अब भी उसे ठीक से देखा नहीं था। मैं गहन ध्यान में डूबा हुआ था और उस आकृति को अनदेखा करने का दृढ़ निश्चय कर चुका था। 'आयो जी, आयो जी, सर्वानंद बाबा, आयो

जी,' (यहाँ आओ, यहाँ आओ, हे सर्वानंद, यहाँ आओ), एक अत्यंत मधुर स्त्री स्वर ने मुझे पुकारा।

स्वामी सर्वानंद नाम मुझे मेरे गुरु, कमौली के नागा बाबा ने दिया था, जिन्हें निर्वाण दर्शन मुनि उदासीन के नाम से भी जाना जाता था। दर्शन के कुछ माह के बाद मैंने इस नाम का उपयोग पूर्णत: बंद कर दिया और ओम स्वामी नाम अपना लिया। इस संसार में जहाँ हम मिथ्या-भाषण, क्रोध, ईर्ष्या और न जाने क्या-क्या करते हैं, मुझे लगा कि स्वामी सर्वानंद नाम को त्याग देना ही अच्छा होगा।

उस समय बावजूद इसके कि उस आकृति ने बाबा द्वारा दिए गए नाम से मुझे पुकारा था, मैंने ध्यान नहीं दिया और मैं साधना में लीन रहा। कुछ क्षण बाद, उन्होंने मुझे फिर पुकारा। यह सोचकर कि वह देवी माँ की सहयोगी ऊर्जा नित्या होगी, मैं ध्यान करता रहा और मैंने उनकी उपेक्षा कर दी। उन्होंने तीसरी बार मेरा नाम पुकारा और फिर वह मेरी ओर मुड़कर मुझे देखने लगीं। अब मैं उनकी उपेक्षा नहीं कर सकता था। उन्हें मेरा वह नाम पता था, जिसे मैं यदा-कदा ही प्रयोग अथवा प्रकट करता था। वह निरंतर वहाँ बैठीं थीं। यदि वह कोई अवांछनीय प्राणी होतीं अथवा मुझे आशीर्वाद देने आईं होतीं, तो अब तक अंतर्धान हो चुकीं होतीं, परंतु वह आकृति पैर मोड़कर ठीक उसी तरह फ़र्श पर बैठीं थीं, जैसे एक माँ अपने बच्चे के साथ बैठती है।

मैंने वह किया जो मैंने पहले कभी नहीं किया था; मैं ध्यान के बीच से उठ गया। शीत प्रचंड थी और मैंने ऊनी मोज़े पहने थे। मैंने तत्काल अपने मोज़े उतार दिए, जिससे मैं नंगे पैर उस आकृति का अभिवादन कर सकूँ। वहाँ पूर्ण साष्टांग करने के लिए पर्याप्त स्थान नहीं था। मैंने श्री यंत्र के आगे से घूमकर अग्नि कुंड के निकट तिरछा लेटकर प्रणाम किया। 'मैं सर्वानंद हूँ,' मैंने कहते हुए ऊपर देखा।

जिस तरह मोम, ऊष्मा को सहन नहीं कर सकता, जिस तरह अँधकार, प्रकाश में विलीन हो जाता है, मैं भी खो चुका था। मैं, एक छोटी-सी बूँद, समुद्र के विषय में क्या जान सकता था? मैं सोच भी कैसे सकता था कि मैं सृष्टि की रचयिता, साम्राज्ञी की दीप्तिमान आँखों में देख सकूँगा? मैंने जिनकी आजीवन प्रतीक्षा की, वह मुझे देख रही थीं। वह प्रकट हो गई थीं!

मैंने उनका धवल मुख, आँखों की तीव्र चमक, छोटी नाक और भरे हुए होंठ, श्यामवर्णा नदी की भाँति ज़मीन पर बहते केश देखे। देवी माँ का आभामंडल असहनीय था। मैं उन्हें देख नहीं पा रहा था। मैं नीचे गिरता, उससे पूर्व उन्होंने मुझे धीरे-से अपने सिर के ऊपर उठा लिया, मानो मैं कोई खिलौना हूँ। मैंने अपनी बाँहें उनकी गर्दन के चारों ओर डाल दीं। मैंने जैसे ही उनकी ओर देखा, उनकी देदीप्यमान आँखों ने जैसे मेरे अस्तित्व के प्रत्येक अणु को नष्ट कर दिया। उनके

केश से मेरा चेहरा ढक गया और मैं मानो किसी अलग संसार में प्रवेश कर गया था; एक अंतहीन खाई, जो देवी माँ की आँखों के समान गहरी थी। मुझे ब्रह्मांड के अकल्पनीय स्थानों पर ले जाकर माँ ने मुझे द्वैत की प्रकृति दिखाई, और यह दिखाया कि कैसे अँधकार और प्रकाश, सुख-दुख अविभाज्य होते हैं। उन्होंने अपनी बाँहों के हल्के झटके से मेरे सिर को पीछे झुका दिया। अब वे मेरी ओर देख रही थीं। अनंत भावों ने मुझे चेतना की एक अकथनीय अवस्था में धकेल दिया। मैंने अपना चेहरा फिर से उनके केश में छिपा लिया।

मेरे आग्रह और मेरी निरंतर पुकार सुनकर वे आ गई थीं, परंतु अब जब वे आ गईं, तो मेरे पास उन्हें अर्पित करने को क्या था? कुछ नहीं! वे, ब्रह्मांड की स्वामिनी, वन में एक टूटी कुटिया के ऊँचे-नीचे, गंदे फ़र्श पर बैठी थीं। वे ब्रह्मांड की स्वामिनी, माँ जगदम्बा हैं, उन्हें दिव्य सिंहासन पर विराजमान होना चाहिए था। मुझे नहीं पता था कि उनका स्वागत कैसे किया जाए। मुझे आश्चर्य हुआ कि कोई भिखारी, एक महारानी का आतिथ्य कैसे कर सकता है। मेरे पास उन्हें अर्पित के लिए कोई भी शुद्ध वस्तु उपलब्ध नहीं थी। मेरा हृदय, मेरा तन, मेरा मस्तिष्क सब अशुद्ध थे। मेरे पास नैवेद्यम तक नहीं था। मेरे पास पुष्प नहीं थे, किन्तु मैं उन्हें कुछ अर्पित करना अवश्य चाहता था।

मैंने सोचा, उनके नाम से अधिक पवित्र क्या हो सकता है। मेरे हृदय की गहराई से देवी माँ के लिए स्तुति निकल पड़ी। मैंने तनिक सिर उठाया, और यथासंभव ऊँचे स्वर में गाना आरंभ कर दिया। माँ ने मुझे एक बार पुनः धीरे-से आगे-पीछे हिलाया और उनके मुख पर करुणा, प्रेम एवं दया से परिपूर्ण रहस्यमय मुस्कान आ गई, फिर उन्होंने मुझे नीचे बैठाया और अंतर्धान हो गईं। मैं जो कुछ चाहता था, मैंने जो कुछ जाना था, वह वहीं थीं। उन्होंने केवल मुझे ही गोद में उठाकर नहीं झुलाया, अपितु मेरे पूरे अस्तित्व को झकझोर दिया था।

मेरी घड़ी में प्रातः 5:08 बजे थे। मैंने प्रार्थना की और दिल खोलकर विलाप किया। मैं तनिक हँस भी रहा था। कुछ देर तक इसी तरह प्रार्थना, विलाप और हँसना जारी रहा। धीरे-धीरे, मुझे यह आभास हुआ कि मैं कहाँ था और मेरे साथ क्या हुआ था। अविश्वासी लोगों अथवा शेष संसार की ओर से मेरे अनुभव को भ्रम अथवा विक्षिप्त मस्तिष्क की उपज बताकर उसकी उपेक्षा की जा सकती है। और इसमें मुझे कोई आपत्ति नहीं है, क्योंकि यदि किसी ने मुझे पहले ऐसी बात बताई होती, तो मैं भी इस पर विश्वास नहीं करता। मेरे अनुभव को व्यक्त करने के लिए ज्वलंत कल्पना पर्याप्त हो सकती है, परंतु मैंने जो कुछ देखा, उसे वर्णित करने के लिए कोई शब्द पर्याप्त नहीं हैं।

इसमें कोई संदेह नहीं कि मैंने जो अनुभव किया, वह पर्वतों, कुटिया, फ़र्श, मेरी श्वास की तरह पूर्ण रूप से वास्तविक था। शब्द, स्पर्श, क्रिया सबकुछ वास्तविक थे, किन्तु मेरे पास इसका कोई प्रमाण नहीं था। केवल वही व्यक्ति मेरी वास्तविकता को देख सकता है, जो उस अवस्था में प्रवेश कर सकता है। मैंने एक दृष्टि में आदिम सिद्धांत, सृष्टि की रचनात्मक स्त्री ऊर्जा रूप का दर्शन किया था।

वह एक मादक आभास था। मैंने उस दिन पूर्ण उत्साह के साथ यज्ञ किया। ऐसा लगा, जैसे देवी वहीं बैठी प्रत्येक आहुति को स्वीकार कर रही थीं, मानो वह मेरे द्वारा उच्चारित प्रत्येक मंत्र पर मुस्करा रही थीं। उस आनंद के लिए मैं अग्नि-कुंड में बैठ सकता था, मैं पर्वत से नीचे कूद सकता था। सच कहूँ, तो मैंने अपने जीवन में कभी इतनी गहरी संतुष्टि और पूर्णता का अनुभव नहीं किया। मैंने कभी स्वप्न में भी नहीं सोचा था कि यह सब इतनी शीघ्रता से हो जाएगा।

आप इसे संयोग कहें या कुछ और किन्तु उस दिन अग्नि में आहुति देना भी आश्चर्यजनक अनुभव था। पता नहीं कैसे, अग्नि में वायु कुछ इस तरह फँसी हुई थी कि यज्ञ के दौरान, कई लकड़ियाँ उस तरह की ध्वनि उत्पन्न कर रही थीं, जैसी मैं अपने हृदय में सुन सकता था। ऐसा लग रहा था, मानो अग्नि के टुकड़े शंखनाद कर रहे थे। मेरा हृदय हर्ष से भर उठा। मैंने अपने जीवन में ऐसा कोई महत्त्वपूर्ण कार्य नहीं किया था, जिसके लिए मुझे ये अनूठा अनुभव हो रहा था और मुझ पर कृपा की निरंतर वर्षा हो रही थी। मैं सचमुच देवी माँ की कृपा में डूबा हुआ था। मुझे इस बात पर विश्वास ही नहीं हो रहा था कि उन्होंने मुझे इतनी जल्दी दर्शन कैसे दिए। अभी तो मैं अपनी साधना के मध्य तक भी नहीं पहुँचा था।

मैंने शेष दिन अपनी कुटिया में शांत बैठकर उन क्षणों को याद किया और देवी से प्रार्थना की। बद्रीनाथ में भैरवी माँ के जो शब्द मैंने सुने थे, वे मेरे कानों में गूँज रहे थे; 'आपकी साधना तो पहले से ही पूर्ण है। आपको अब और कुछ खोजने की आवश्यकता नहीं है।'

मंत्र योग के मार्ग पर, अपने वचन का सम्मान करने अथवा संकल्प पूर्ण करने के महत्त्व एवं मूल्य को कम नहीं आँका जा सकता। वास्तव में, यह समझौता करना संभव नहीं है। उस दिन मैं उठकर स्वेच्छा से कुछ भी करने जा सकता था। यह न केवल वह दर्शन था, जिसकी तलाश में मैं था, बल्कि यह वह सब कुछ था, जिसकी मुझे अभिलाषा थी। जीवन एक ऐसे अनोखे मोड़ पर पहुँच जाता है, जहाँ फिर आप कुछ नहीं चाहते। दिनचर्या की कठोरता और तपस्या को सहन करना अब आवश्यक नहीं था, किन्तु मैं ब्रह्मांड के प्रति अपने संकल्प का सम्मान करना

चाहता था। मैंने कहा था कि मैं एक सौ पचास दिनों में पंचदशी की साधना पूर्ण करूँगा, इसलिए अब उससे पीछे हटना उचित नहीं था। अभी मात्र चालीस दिन पूर्ण हुए थे। वह मेरे जीवन का स्मरणीय चालीसवाँ दिन था। सर्वाधिक स्मरणीय दिन!

मुझे लगा, कौन जाने कि ईश्वरीय कृपा से मुझे पुरुष तत्त्व के दर्शन भी हो जाएँ, परंतु मैं इसके लिए ब्रह्मांड की शक्तियों पर दबाव नहीं डालना चाहता था। मैं अपनी साधना के शेष दिनों को देवी माँ की स्मृति में व्यतीत करना चाहता था।

मानव मस्तिष्क विचित्र वस्तु है। संभवत: संपूर्ण ब्रह्मांड की सर्वाधिक विचित्र वस्तु यही है। मेरे पास कोई पुन:दर्शन प्राप्त करने का कोई कारण नहीं था, किन्तु मैंने वह प्रयास किया।

परंतु परिस्थिति, मेरी सोच से कहीं अधिक चुनौतीपूर्ण थी। उस दर्शन के बाद मुझे लगा, जैसे कुछ गड़बड़ है। आप जानते होंगे कि वर्षा-ऋतु में दरवाज़ों की लकड़ी तनिक फूल जाती है। यह अंतर मात्र कुछ मिलीमीटर का होता है, किन्तु फिर उन्हें सहजता से खोलने-बंद करने में बाधा डालने के लिए पर्याप्त है। यह छोटा-सा अंतर बहुत घर्षण और चुनौती पैदा कर देता है। मेरी स्थिति भी कुछ ऐसी हो गई थी। मेरी चेतना में परिवर्तन आ गया था और मुझे आस-पास का संसार बेमेल लगने लगा था। ब्रह्मचारी से बातचीत करना तो दूर, मुझे कुछ देर के लिए उनकी बात सुनने में भी कष्ट होने लगा। पहले मैं श्रीमद्भगवद्गीता पर चिंतन करता था, किन्तु अब वह भी कठिन हो गया। मैं साधना के अतिरिक्त कुछ और नहीं कर पा रहा था और सिर में होने वाली संवेदनाओं की तीव्रता बढ़ती जा रही थी।

मुझे सोने में परेशानी होने लगी। ऐसा नहीं कि मैं सोना चाहता था और सो नहीं पाता था, परंतु मेरे लिए निद्रा की आवश्यकता ही समाप्त हो गई थी। फिर भी मुझे थकावट नहीं होती थी। निस्संदेह, मेरा शरीर और दिमाग़ स्थिर बैठने और एकाग्रता बनाए रखने के कारण आवश्यकता से अधिक थक चुका था, किन्तु वह निद्रा के प्रभाव से जैसे स्वतंत्र हो गया था।

दर्शन के बाद से संवेदनाओं की गहनता, अकल्पनीय और लगभग असहनीय हो गई थी। मुझे नहीं पता था कि मुझे क्या करना चाहिए या इसका सामना कैसे करना है। वे अत्यंत गहन संवेदनाएँ थीं, जो मेरे सिर में लगातार बनी हुई थीं। ऐसा लगता था, मानो कोई मेरे मस्तिष्क को भीतर से दबा रहा था। अधिकांश स्थिति में ये अत्यंत आनंददायक अनुभूति थी। इसमें तनिक नशे में होने जैसा आभास होता था, परंतु तीव्र सजगता के साथ। यहाँ तक कि छत पर चल रही मकड़ी भी तीव्र जागरूकता से

बच नहीं सकी थी। यह आवश्यक नहीं है कि सजगता का यह स्तर मानव मस्तिष्क के लिए अच्छा हो, क्योंकि यह उसके आवश्यकता से अधिक कार्य करने का संकेत भी है। मस्तिष्क में एक परिष्कृत तंत्र होता है, जो यह जानता है कि किस चीज़ की उपेक्षा करनी है और किस पर ध्यान देना है, परंतु संवर्द्धित चेतना की स्थिति में यह उन चीज़ों पर भी ध्यान देने लगता है, जिनकी उसे आवश्यकता नहीं होती।

इस स्थिति को देखते हुए ब्रह्मचारी के साथ रहना और सांसारिक बातें सुनना, संभवत: सहायक, यद्यपि अवांछनीय था। जब मैं उनके आस-पास होता, तो मेरा गांभीर्य और मेरी नीरवता दूर हो जाती। बीते चौबीस घंटे जैसे ग़ायब हो जाते थे। ऐसा लगता था, जैसे किसी प्रियजन के अंतिम संस्कार से लौटकर आप 'टॉम ऐंड जेरी' का शो देखने के लिए विवश हो गए हैं। मैं यह सब नहीं चाहता था, किन्तु प्रकृति ने मुझे यह सब करने के लिए विवश किया। जैसी ईश्वर की इच्छा!

इसके अतिरिक्त, मेरा अपना एक सरल नियम है। किसी से कुछ भी लेने से बचना चाहिए, चाहे वह कोई उपहार हो, सेवा अथवा किसी भी तरह का उपकार। यदि आप कुछ लेते हैं, तो उसे कभी भूलना नहीं चाहिए। ब्रह्मचारी के साथ जितनी भी चुनौतियाँ आईं, किन्तु फिर भी मैं उनका बहुत आभारी हूँ और उनकी सेवा का ऋण कभी नहीं चुका सकता। सच कहूँ तो मैं सहर्ष उनके चरण स्पर्श करके उन्हें धन्यवाद दूँगा। मेरे हृदय और जीवन में सदा ही उनका एक विशिष्ट स्थान रहेगा। उनके बिना मेरे लिए वन में रहना संभव नहीं था। मैं स्वयं को साधना में लीन कर पाया, मैं पूर्णत: एकांत में रहकर लोगों से मिलने से बच सका, क्योंकि ब्रह्मचारी मेरी प्रत्येक छोटी-बड़ी आवश्यकता का ध्यान रखते थे। चाहे यज्ञ की लकड़ी हो या नहाने के लिए पानी हो अथवा मेरा भोजन, उन्होंने प्रत्येक बात का बहुत ध्यान रखा।

मैंने तीन महीने से अधिक समय तक धैर्यपूर्वक उनकी बातें सुनीं। मैं यह जारी रखता, किन्तु चेतना में आए परिवर्तन ने मुझे सांसारिक कार्य करने में असमर्थ कर दिया था। देवी के दर्शन ने मेरे भीतर ज़ो परिवर्तन किया था, मैं उसके साथ जीना नहीं सीख पाया। ऐसा लगा, मानो मैं अब पहले जैसा नहीं रहा, जैसा कि अधिकतर लोग होते हैं, परंतु उन दिनों, यह मात्र कोई आभास नहीं, अपितु मेरी चेतना की वास्तविकता थी। मैं किसी से बात नहीं करना चाहता था या किसी की बात सुनना नहीं चाहता था, मैं किसी को देखना या स्वयं दिखना नहीं चाहता था। मैं अकेला रहना चाहता था। क्या पता मैं किसी पेड़ से टकरा कर उसमें समा जाता और ग़ायब हो जाता।

मैंने कहा, 'ब्रह्मचारी जी, यदि मैं सौ दिनों के एकांतवास में चला जाऊँ, तो क्या आप मेरा साथ देंगे? उस दौरान मैं कुछ नहीं बोलूँगा। मैं आपसे भी नहीं मिल पाऊँगा।'

'आप गर्म खाना कैसे खाएँगे, स्वामी जी?' उन्होंने पूछा।

हमने तय किया कि प्रतिदिन एक निश्चित समय पर, ब्रह्मचारी आएँगे और मंदिर की घंटी बजाकर मंदिर के पीछे छिप जाएँगे। मैं उनकी कुटिया में जाकर खाना खाऊँगा। माना कि मुझे गर्म रोटियाँ नहीं मिलतीं, किन्तु मैं उन दिनों मात्र दो रोटी और एक कटोरी दाल या सब्ज़ी खाता था। भोजन को चूहों से बचाने के लिए ब्रह्मचारी उसे डिब्बे में ढक कर रख देते थे। मेरे भोजन करने के समय के बीच ब्रह्मचारी मेरे लिए यज्ञ की लकड़ी और कुटिया में नहाने के लिए जल का प्रबंध कर देते थे।

यदि मुझे कुछ कहना होता, तो मैं उनके लिए कुटिया में लिखित संदेश छोड़ देता था, जिसका उत्तर वे अगले दिन मेरी कुटिया में दे सकते थे। भोजन के बाद मैं मंदिर की घंटी बजाता और फिर अपनी कुटिया में जाकर दरवाजा बंद कर लेता था। पाँच मिनट बाद ब्रह्मचारी अपनी कुटिया में लौट आते थे। उन्होंने यह भी वचन दिया कि वे उस मार्ग से गुज़रने वाले चरवाहों पर नज़र रखेंगे, जिससे कि कोई मुझे परेशान न करे। वसंत ऋतु जा चुकी थी और गर्मी का मौसम आने वाला था। उस समय चरवाहे प्रायः अपने मवेशियों को ऊँची जगहों पर ले जाते थे, जहाँ पर्याप्त घास उपलब्ध होती थी। मैं बहुत प्रसन्न था, क्योंकि मैंने एकांतवास का अनेक बार अनुभव किया था, किन्तु यह प्रथम अवसर था, जब मैंने सबसे दूर रहने का निश्चय किया था और जहाँ मैं देवी माँ के अतिरिक्त किसी के संपर्क में नहीं आने वाला था। मुझे व्याकुलता से इसकी प्रतीक्षा थी।

इसका सारा श्रेय ब्रह्मचारी को जाता है, क्योंकि उन्होंने न केवल प्रत्येक बात का सावधानीपूर्वक ध्यान रखा, अपितु मेरी आवश्यकताओं का पूर्वानुमान लगाकर और मेरी अनकही बातों को भी समझकर असाधारण बुद्धिमत्ता का प्रदर्शन किया।

इस दौरान मैंने अपनी दैनिक दिनचर्या में भी परिवर्तन किया था, जो कुछ इस प्रकार हो गई थी:

संध्या 6.00 बजे	**उठना और स्नान**
संध्या 7.00 बजे से सुबह 3.00 बजे तक	**साधना (निरंतर आठ घंटे)**
सुबह 3.00–4.00	**अग्निहोत्र यज्ञ**
सुबह 4.00–5.00 बजे	**भोजन**
सुबह 5.00–7.00 बजे	**प्रातः कालीन विश्राम**

सुबह 7.00 बजे से दोपहर 3.00 बजे	**देवी माँ का ध्यान (निरंतर आठ घंटे)**
दोपहर बाद 3.00 बजे से संध्या 6.00 बजे	**अपराह्न विश्राम (सामान्यत: सप्ताह में एक बार)। अन्य दिनों पर सुबह 7 बजे आरंभ किया गया ध्यान जारी रखता था।**

प्राय: मैंने पाया कि मैं दोपहर का विश्राम न करके प्रात: 7 बजे से संध्या 6 बजे तक ध्यान करता था। उसके बाद मैं स्नान करता और पूरी रात्रि साधना के लिए बैठ जाता था। वह अद्भुत समय था। अधिकांश दिन में जब मैं ऐसा करता था, तो प्रात:कालीन विश्राम की आवश्यकता कम हो जाती और मैं ध्यान में प्रात: एक घंटा और जोड़ लेता था। उन दिनों मैं नियमित रूप से दिन-भर में बाइस घंटे तक ध्यान कर लेता था।

मौसम कभी मेरे पक्ष में नहीं रहा, परंतु मुझे इसकी परवाह नहीं थी। लगभग हर दूसरे दिन वर्षा होती थी। बादल गरजते तो सीने में गड़गड़ाहट का स्वर महसूस होता था। वह अद्भुत और उल्लेखनीय अनुभव था।

रात्रि में एक दिन दीवार के बाहर से ढकी तिरपाल गिर गई। वह दीवार ठीक मेरे पीछे थी। सामान्य तौर पर, वर्षा होने पर आपको तिरपाल पर बूँदों के गिरने की तेज़ आवाज़ सुनाई देती थी, परंतु उस रात, भारी ओलावृष्टि हुई। विचित्र बात यह थी कि शोर उतना नहीं था, जितना होना चाहिए था। शीघ्र ही मैंने देखा कि मेरे पीछे पानी रिस रहा है। यदि वह जारी रहता, तो मेरे बैठने, सोने और ध्यान करने का स्थान भीग जाता। यदि कुटिया को कुछ हुआ, तो उसकी मरम्मत करने के लिए किसी को बुलाने के वास्ते मुझे अपने एकांतवास की प्रतिज्ञा तोड़नी पड़ती।

'क्या यही है पूरी परीक्षा देवी माँ, बस इतनी ही? मैंने ऊपर देखकर कहा। 'किन्तु अब क्यों? आपने मुझे अपना दर्शन दे दिया है। यदि आपको लगता है कि मैं आपके पूर्ण रूप का दर्शन करने से पहले उठ जाऊँगा, यदि आपको लगता है कि मैं बीच में अपनी साधना को रोक दूँगा, तो आपको पता होना चाहिए कि ऐसा नहीं होने वाला। यदि आप चाहती हैं कि मैं ठंडी और गीली जगह पर ही बैठूँ तो ठीक है। मैं यहाँ से नहीं उठूँगा।'

अगले दिन प्रात: मैं जब बाहर निकला, तो मैंने टॉर्च चारों ओर घुमाई और देखा कि तिरपाल के टुकड़े-टुकड़े हो गए थे। कीलों के आस-पास उसके छोटे-छोटे टुकड़े शेष बचे थे। संभवत: तिरपाल पुराना था और मौसम से ख़राब हो चुका था। उसकी स्थिति इतनी बुरी थी कि वह ओलावृष्टि नहीं झेल पाया। मैंने निश्चय

किया कि मैं इस विषय में ब्रह्मचारी को कुछ लिखकर नहीं दूँगा। मैं उसकी मरम्मत भी नहीं करवाने वाला था और न ही किसी को उस स्थान पर छेड़छाड़ करने देना चाहता था।

यह सुनने में विचित्र लगता है, किन्तु मैंने पानी के भीतर घुस आने के विषय में भी मन बना लिया था। यह संभवतः सबसे अव्यावहारिक बात थी, जिसके बारे में मैं सोच सकता था, लेकिन मैं अवज्ञाकारी महसूस कर रहा था। ऐसा नहीं है कि मैं अलौकिक शक्ति या किसी ऐसे व्यक्ति की आशा कर रहा था, जो मेरा तिरपाल ठीक कर देगा, परंतु मैंने तय कर लिया था कि मैं ब्रह्मचारी के अतिरिक्त किसी और को साथ नहीं रखना चाहता था। यदा-कदा तेज़ हवा, छत पर लगे तिरपाल के तार अथवा उसे सुरक्षित रखने के लिए उस पर रखे गए पत्थरों को भी हटा देती थी। यह संभवत: इसलिए होता, क्योंकि यह बिलकुल किनारे पर लगा था।

पता है फिर क्या हुआ? अगले दिन, मूसलाधार वर्षा हुई, किन्तु दूसरे दिन, थोड़े-से पानी को छोड़कर, दरारों से और पानी भीतर नहीं रिस पाया। मैं वहाँ जितना भी समय रहा, मैंने उस दीवार की कभी मरम्मत नहीं करवाई।

आज तक मुझे नहीं पता कि वह ऊर्जा कहाँ से आई या मुझे क्या प्रेरित कर रहा था। विशेषकर, यह देखते हुए कि मुझे पहले से ही दर्शन हो चुके थे। देवी माँ का निरंतर चिंतन, प्रतिक्षण उनकी शाश्वत स्मृति में व्यतीत करना तथा हिमालय में आवास, मेरे जीवन का सर्वोत्तम समय था। वास्तव में, उस अवधि तथा हिमालय आवास के दौरान मुझे दो अद्भुत चीज़ें मिलीं। एक, संसार और उपकरणों से पूर्णत: अलग रहकर भी मैं अत्यंत संतुष्ट और प्रसन्न था तथा दूसरा, चाहे मैं कुछ भी करता था, मैं ध्यान की अवस्था में बना रह सकता था। हिमालय में रहने की शारीरिक चुनौतियों के बदले मुझे मिला एकांत बहुत छोटा मूल्य था।

मेरे चारों ओर का संसार और भी मित्रवत हो गया था। चूहे अब स्वतंत्र रूप से घूमते थे। पहले, कभी-कभी वे उछलते हुए मेरी गोद में आ गिरते थे, किन्तु अब वे खेलते रहते और मुझे परेशान नहीं करते थे। उन्होंने यहाँ तक स्वतंत्रता ले ली थी कि जब मैं ध्यान में बैठता, तो वे मेरे आसन पर ही सो जाते। क्या आपने कभी किसी चूहे को सोते हुए देखा है? मैंने देखा है, अनेक बार। पक्षी, चाहे दिन में या रात में, मुझे परेशान नहीं करते थे। उन्होंने ऐसा करना बंद कर दिया था अथवा मेरा मन इस तरह प्रशिक्षित हो गया था कि मैं उनकी उपेक्षा करके साधना में लीन रह सकता था।

मेरे दैनिक क्रम में बदलाव के साथ एक और अद्भुत घटना घटी - मेरा मन चौबीसों घंटे ध्यान में रहने के लिए प्रशिक्षित हो गया था। दिन हो या रात, अपराह्न हो अथवा संध्या, प्रभात हो या गोधूलि वेला-हर घड़ी मैंने किसी न किसी समय

ध्यान किया था। कभी-कभी मैं सोचता हूँ, यदि मैंने केवल रात्रि में साधना की होती और दिन में बाहर निकल जाता, तो संभवतः मेरा मस्तिष्क इस प्रकार प्रशिक्षित नहीं हो पाता, क्योंकि ऐसे में वह सूर्य की उपस्थिति में ध्यान करने का अभ्यस्त नहीं हो सकता था। यह किसी खिलाड़ी को नदी में धारा के विपरीत या समुद्र में ज्वार के विपरीत तैरने का प्रशिक्षण देने जैसा था। यह उस तैराक को भँवरों और विशाल झरनों में फेंकने जैसा भी था, जिससे कि वह हर परिस्थिति में तैरने के लिए पूर्ण रूप से तैयार हो सके।

मेरा मन साधना में जब दृढ़ हो गया, तो मेरी दिनचर्या अटल हो गई और मेरी दैनिक आवश्यकताएँ व्यवस्थित होने लगीं। मुझे लगा, जैसे मैं इस संसार के शिखर पर हूँ। देवी माँ ने मुझे अपना दिव्य रूप दिखा दिया था- अब मुझे और कुछ नहीं चाहिए था। मैं पूर्णतः आश्वस्त था कि कोई भी वस्तु मुझे विचलित नहीं कर सकती, कोई बाधा मुझे रोक नहीं सकती। मैं तो यह भी सोचता था कि कोई बाधा मेरे रास्ते में आएगी ही नहीं!

परंतु जीवन की अन्य बातों की भाँति इस दृष्टिकोण में भी दोष थे।

15

आइड्स ऑफ़ मार्च

आठवाँ और नौवाँ माह, मार्च–अप्रैल, 2011

मैं जब तेरह वर्ष का था, तब मेरे अँग्रेज़ी शिक्षक और जीवन पर गहरा प्रभाव डालने वाले व्यक्ति प्रोफ़ेसर शर्मा ने मुझे शेक्सपियर के नाटक पढ़ने के लिए प्रेरित किया। *जूलियस सीज़र* पढ़ते समय मैंने पहली बार 'आइड्स' शब्द पढ़ा। सीज़र को दी गई एक भविष्यवक्ता की चेतावनी – मार्च की आइड्स (मध्य तिथि) से सावधान रहो – मुझे न जाने क्यों सदा याद रही।

मार्च के मध्य में, सहसा मेरी पेट की मांसपेशियों में असहनीय दर्द होने लगा। वह चुभने वाला और तीव्र दर्द था। वह इतना भयानक था कि पहले कुछ महीनों में हुआ घुटनों का दर्द उसके सामने कुछ भी नहीं था। मेरे लिए बैठना तो दूर, स्थिर रहना भी कठिन हो गया। मैंने बहुत सोचा–मुझे दिव्य दर्शन हो चुका था, कठोर अनुशासन के लिए मेरा शरीर और मन अभ्यस्त था, मेरे आहार में (समय के अतिरिक्त) कोई परिवर्तन नहीं आया, मेरी जीवन–शैली भी पहले जैसी ही थी–तो फिर यह पीड़ा क्यों?

'मैं समझ नहीं पा रहा हूँ, हे माँ!' मैंने अपनी आंतरिक आवाज़ से कहा। 'यह पीड़ा क्यों? और अभी क्यों?' यह कोई परीक्षा नहीं अपितु दंड प्रतीत होता है। और किसलिए? आपने मुझे अपने दिव्य रूप का दर्शन दिया है, मुझे अपनी गोद में झुलाया है, सँभाला है, स्नेह दिया है। फिर अब यह सब क्या हो रहा है? ख़ैर, यह जो भी है, इसे होने दीजिए। आप जितना उचित समझें, उतना कष्ट मुझे दीजिए, परंतु मैं वचन देता हूँ कि तीनों लोकों की कोई शक्ति मुझे मेरी साधना से डिगा नहीं सकती। मैं जब तक साधना पूरी नहीं कर लेता, यहाँ से उठने वाला नहीं हूँ!'

पीड़ा कम नहीं हुई। दस दिनों तक भयंकर कष्ट सहने के बाद, सहसा मुझे आभास हुआ कि पिछले सात माह से मैंने धूप के दर्शन नहीं किए थे। अगस्त और सितंबर के दौरान, मैं एक ठंडी और नम गुफ़ा में रहा था। अक्टूबर माह में, जगन्नाथ पुरी की यात्रा के दौरान तनिक धूप मिली थी, परंतु नवंबर से, मैं अपनी कुटिया के भीतर था, दिन-रात ध्यान में मग्न। संभवतः मेरे शरीर में विटामिन-डी की ही नहीं, अपितु अन्य आवश्यक तत्त्वों का भी अभाव हो रहा था। उसी दिन दोपहर में मैंने बाहर चटाई बिछाई और सूर्य की ओर पीठ करके बैठ गया।

खुले आकाश के नीचे, वनों के बीच, दिन के उजाले में ध्यान करने का अनुभव अविस्मरणीय था। ऐसा लगा, मानो हिमालय मुझमें विलीन हो रहा था। हिमालय के पर्वतों की सौंदर्य छटा अद्भुत होती है-दिन हो या रात, इनकी शांति भीतर तक उतर जाती है। यह किसी शिशु को शांत करने के लिए उसे कोई खिलौना थमा देने जैसा था। उसी रात्रि, जब मैं ध्यान के लिए बैठा, तो पीड़ा काफ़ी कम हो चुकी थी। इसके बाद मैं निरंतर एक सप्ताह तक प्रतिदिन धूप में बैठने लगा। मेरी पीड़ा पूरी तरह समाप्त हो गई। अब साधना के आनंद का अलग ही स्तर था, क्योंकि अब कोई शारीरिक कष्ट नहीं था।

अप्रैल के आरंभ में, झींगुर तथा अन्य कीट, अपराह्न में तेज़ आवाज़ करते थे। यह एक नया व्यवधान था। प्रत्येक चुनौती की तरह पहले कुछ दिनों तक ध्यान केंद्रित करना कठिन रहा, फिर धीरे-धीरे मेरा मन, इस ध्वनि की लय की उपेक्षा करना सीख गया और मैं पूर्ण रूप से साधना में लीन रहने लगा।

मैंने संकल्प लिया था कि जब तक साधना पूरी नहीं हो जाती, मैं मिष्ठान्न ग्रहण नहीं करूँगा, परंतु कभी-कभी भोजन के बाद शरीर को मिष्ठान्न की तीव्र इच्छा होती थी। इसका कारण संभवतः यह था कि एकाग्रता बनाए रखने में बहुत ऊर्जा लगती है। मैं नियमों में थोड़ी ढील दे सकता था और कुछ देर विश्राम करके साधना के लिए बैठ सकता था, परंतु मैं जानता था कि मेरे पास केवल एक ही मार्ग था-पूरी निष्ठा और समर्पण के साथ साधना जारी रखना। जीवन-भर मैंने कभी कोई कार्य अधूरी इच्छा से नहीं किया। मेरा सिद्धांत सदा से स्पष्ट था- जो करना है, उसे या तो पूरी मेहनत से करो,या बिलकुल मत करो।

साधना इससे भिन्न नहीं थी। मेरा उद्देश्य केवल बैठकर मंत्र जप की गिनती पूर्ण करना नहीं था। मैं सच में दिव्यता में लीन हो जाना चाहता था, अपने जाग्रत समय के हर क्षण को अपने सत्य की खोज और ईश्वर से एकाकार होने में समर्पित कर देना चाहता था। और ईश्वर वह शब्द है, जिसका प्रयोग मैं हल्के ढंग से नहीं करता।

कई बार, पोषण के अभाव के कारण मुझे महसूस होता कि मुझे अपना संकल्प कुछ अलग तरह से लेना चाहिए था। संभवतः मुझे माह में एक दिन का

विश्राम रखना चाहिए था, जिससे मेरे शरीर और मन को पूर्ण रूप से विश्राम करने का अवसर मिलता और मैं पुनः ऊर्जावान हो पाता, परंतु मैंने तो सीधे 150 दिनों का व्रत ले लिया था। भले ही मेरे शरीर को पर्याप्त पोषण और विश्राम नहीं मिल रहा था, किन्तु मेरी साधना में कुछ तो अद्भुत अवश्य घटित हो रहा था।

कभी-कभी मैं पूरा एक घंटा देवी माँ को अर्पित कर देता था। उस एक घंटे के दौरान, अत्यधिक एकाग्रता और श्रद्धा के साथ संपूर्ण भक्ति को समर्पित करते हुए, मैं उनको भोग लगाता। प्रत्येक दिन वे भी मुझे प्रेमपूर्वक भोजन करातीं। यह संपूर्ण अनुभव या जिसे आप दृश्यात्मक कल्पना कह सकते हैं - मुझे पूरी तरह संतृप्त, आनंदित और पोषित कर देता था। इस चिंतामणि गृह में व्यतीत किए समय के बाद, मैं अगले सात से आठ घंटे तक गहन ध्यान में लीन रह सकता था।

अप्रैल माह में, मैंने अपने अपराह्न के विश्राम का समय तीन घंटे से घटाकर दो घंटे कर दिया। मेरी दिनचर्या कुछ इस प्रकार हो गई थी:

संध्या 5.00 बजे	**उठना और स्नान**
संध्या 6.00 बजे से रात्रि 2.00 बजे	**साधना (निरंतर आठ घंटे)**
रात्रि 2.00 – 3.00 बजे	**अग्निहोत्र यज्ञ**
रात्रि 3.00 – सुबह 4.00 बजे	**वायु गमन (सजग उड्डयन)**
सुबह 4.00 – 5.00 बजे	**भोजन**
सुबह 5.00 – 7.00 बजे	**प्रात:कालीन विश्राम**
सुबह 7.00 बजे से दोपहर 3.00 बजे	**माँ भगवती का ध्यान (निरंतर आठ घंटे)**
दोपहर 3.00 से संध्या 5.00 बजे	**अपराह्न विश्राम (सप्ताह में एक बार); अन्य दिनों पर प्रात: 7 बजे आरंभ किया गया ध्यान जारी रहता था।**

वायु उड्डयन के लिए निर्धारित एक घंटे के दौरान, मैं केवल आँखें बंद करता और देवी माँ का स्मरण करता। इसमें गहन ध्यान, गंभीर एकाग्रता, जप अथवा स्तुति नहीं की जाती थी। मैं केवल देवी माँ की प्रेमपूर्ण स्मृति में डूबा रहता था।

यह मेरे जीवन के सर्वश्रेष्ठ निर्णयों में से एक सिद्ध हुआ, क्योंकि एक घंटे में, मैं प्रतिदिन, बिना अपवाद के सचमुच उड़ता था। इससे पहले कि मैं और कुछ

साझा करूँ, मैं यह स्पष्ट कर दूँ कि मेरा भौतिक शरीर कहीं नहीं जाता था। यद्यपि यह अनुभव ऐसा ही था, किन्तु वास्तव में, मेरा भौतिक शरीर वहीं रहता था। यह ऐसा लगता था, मानो मेरी चेतना ने एक नया शरीर धारण कर लिया हो, जो उड़ सकता था।

मैं आँखें बंद करता और देखता कि मैं एक स्थान से दूसरे स्थान तक हल्के और बड़े क़दमों से आगे जा रहा हूँ। इन हल्के और विशाल क़दमों का अनुभव अत्यंत रोमांचक था। मुझे लगता था कि मैं किसी भी क्षण हवा में उठ सकता हूँ। मैं हल्का-सा झुकता तो कुछ ही देर में मेरे दोनों पैर हवा में होते और मैं उड़ने लगता। यह ऐसा था, मानो मैं चंद्रमा अथवा अंतरिक्ष में था। यह सुनने में विचित्र लग सकता है, किन्तु मैंने पहले कभी ऐसी असीम स्वतंत्रता का अनुभव नहीं किया था।

कभी-कभी मैं स्वयं ही हँस पड़ता, क्योंकि मेरे वे विशाल पग और शरीर का अद्वितीय हल्कापन, मुझे भगवान विष्णु के वामन अवतार का स्मरण कराते थे, जिन्होंने दो ही पग में संपूर्ण ब्रह्मांड नाप लिया था।

मुझे आज तक वायु गमन का यह अनुभव होता है। यह सदा प्रातःकाल ही होता है और एक से तीन घंटे तक चलता है। चौदह साल बाद इसकी आवृत्ति कम हुई है, किन्तु गहराई में कोई कमी नहीं आई।

मुझे इसे लेकर कोई भ्रम नहीं था कि ये सब और इसके साथ प्रकृति ने मुझे साधना के दौरान जो भी अन्य उपहार दिए थे, जैसे कि रक्तचाप, हृदय की धड़कन, शरीर के तापमान आदि को नियंत्रित करने की क्षमता, ये सब केवल ध्यान भटकाने वाली उपलब्धियाँ थीं। मैंने कभी उन्हें पाने का प्रयास नहीं किया, कभी उनकी इच्छा नहीं की, कभी उन्हें संजोया नहीं और कभी उन्हें सँभालकर अपने पास नहीं रखा।

मैं अब केवल एक और दर्शन चाहता था-उन सर्वव्याप्त पौरुष तत्त्व का दर्शन। और मुझे यह भी आशा थी कि मेरे मस्तिष्क में होने वाली ये निरंतर संवेदनाएँ, दर्शन के बाद मेरी चेतना में होने वाला परिवर्तन और मेरी आनंदित मनःस्थिति, साधना के समाप्त होने के उपरांत सांसारिक क्रिया-कलापों के दौरान सहजता से नियंत्रित हो जाएँगी।

देवी माँ ने मुझे जो भी दिया था, उसके बावजूद एक बात थी, जो मुझे सबसे अधिक परेशान करती थी। वह मेरी आसन की स्थिरता से संबंधित थी। मैं छह या सात घंटे तक पूर्णतः स्थिर बैठ सकता था, किन्तु दस घंटे या उससे अधिक नहीं। आसन की पूर्णता तब प्राप्त होती है, जब आप जितनी देर चाहें, उतनी देर पत्थर की तरह स्थिर बैठ सकते हैं। मैं स्वेच्छा से जितनी मुझे ज़रूरत थी, उतना स्थिर होकर तो बैठ सकता था, लेकिन जितनी देर मैं बैठना चाहता था, उतनी देर नहीं। यद्यपि मुझे कुछ ही महीने के उपरांत लंबे समय तक स्थिर रहने का आनंद मिला, किन्तु

उस क्षण में ध्यान करते समय मुझे अपने शरीर में तनिक-सी हरकत भी अच्छी नहीं लगती थी। उससे मेरी चेतना वापस शरीर में लौट आती थी। मैंने सात घंटों से अधिक समय तक स्थिर न बैठ पाने की अक्षमता को अपनी व्यक्तिगत विफलता मान लिया। मुझे ऐसा महसूस हुआ, जैसे मैंने अपनी पूरी क्षमता की सीमा को छू लिया है।

ऐसा नहीं है कि मैंने सात घंटे की सीमा को पार करने का प्रयास नहीं किया। मैंने दिनभर एक जगह बैठे रहने की कोशिश की और सुबह और शाम की नींद को इतनी बार छोड़ा, जितना मुझे याद नहीं, लेकिन, मैं ऐसा नहीं कर पाया। यह संभवत: इसलिए हुआ, क्योंकि मेरा शरीर रात-भर ध्यान करने से थक चुका था अथवा इसलिए कि मुझे पर्याप्त निद्रा या पोषण नहीं मिल पा रहा था।

मैंने तरह-तरह के प्रयास किए - धूप में बैठना, योग, प्राणायाम, आसन बदलना, दिन के अलग समय पर प्रयास करना - परंतु मेरा शरीर लगभग सात घंटे पर थक ही जाता था। कोई झटका अथवा पीठ दर्द मुझे हिलने-डुलने पर विवश कर देता था अथवा घुटने या टखने में इतनी अधिक पीड़ा होने लगती थी कि मेरा ध्यान भंग हो जाता था। मैं आज तक साधना के दौरान उत्पन्न हुई विकृतियों के साथ जी रहा हूँ, विशेषकर मेरे बाएँ पैर की पीड़ा, क्योंकि दायाँ पैर ऊपर रहने के कारण बाएँ पैर पर अधिक भार रहता था।

मैं अनेक बार, बुद्ध अर्थात राजकुमार सिद्धार्थ के विषय में सोचता था। उन्होंने यह कैसे किया होगा? उन्होंने विलासिता और सुविधा-भरा जीवन जिया, किन्तु उन्होंने अपने आसन को सही रखा। उन्होंने यह सब बचपन से नहीं किया था। इसलिए मैं स्वयं से कहता था कि इसका कोई तरीक़ा है। मानव इतिहास में ऐसे दो लोग हुए हैं, जिन्होंने अपने आसन पर पूर्ण नियंत्रण प्राप्त किया। बुद्ध तथा महावीर। शरीर और मन की असाधारण स्थिरता की जब बात आती है, तो मैं बुद्ध के अतिरिक्त किसी और के विषय में नहीं सोच पाता। यह बहुत पुरानी बात नहीं है। मात्र 2,500 वर्ष पहले की कथा है। *उन्होंने यह कैसे किया?*

फिर सफलता की राह प्रशस्त हुई।

16

सांसारिकता के पार

नौवाँ और दसवाँ माह, अप्रैल–मई, 2011

18 अप्रैल को पूर्णिमा थी। मुझे यह तिथि निम्नलिखित घटना से पहले ही याद थी, क्योंकि दो दिन बाद मेरी बहन का जन्मदिन था। यह विचार मेरे मन में इसलिए आया, क्योंकि वह सदा से ही मेरे बहुत निकट थी और मुझे बिना किसी शर्त बहुत प्रेम करती थी।

उस समय चाँदनी दीवारों के छिद्रों से भीतर आ रही थी। मैं मंत्र पर ध्यान लगाए बैठा था। रात्रि के 2 बज चुके थे। साधना के दौरान, मैं प्रायः अपने मन में मंत्रोच्चार करते हुए आँखें आधी खुली रखता था। मुझे लगा कि आँखें बंद होने पर कुछ देर बाद, एकाग्रता में कमी आ जाती थी। यद्यपि आँखें खुली रखने से उन्हें बाह्य जगत से सूचना मिलती थी, जिसे मस्तिष्क आनुवंशिक रूप से संसाधित करने के लिए विवश होता था, परंतु मैं किसी तरह - निरंतर अभ्यास अथवा ईश–कृपा या संभवतः दोनों कारणों से - आँखें पूरी तरह से खुली होने के बावजूद अपने भीतर उतर सकता था।

मैं धीरे–धीरे जप कर रहा था कि तभी मेरे सामने एक आकृति प्रकट हुई। मैं इतना चकित हो गया कि मैंने जप रोक दिया। धरती से लगभग छह इंच ऊपर तैरती हुई वह बुद्ध की सुंदर आकृति थी। अब भी, जब मैं यह प्रसंग लिख रहा हूँ, तो मेरा हृदय प्रेम, श्रद्धा और आभार से भरा है। उन्होंने ऐसे समय पर मेरी सहायता की, जब मैं सचमुच उत्तर जानने के लिए संघर्ष कर रहा था।

बुद्ध का सुंदर, आकर्षक रूप, चाँदनी की किरणों में बिखरा हुआ हल्का भूरा रंग, तीखे नैन–नक़्श, भरा हुआ चेहरा, छरहरी भुजाएँ और लंबे हाथ आदि मुझे

वह सब स्पष्ट रूप से स्मरण है मानो वह पाँच मिनट पहले की बात हो। उनकी एक झलक पाना अविश्वसनीय आनंद का अनुभव था। बुद्ध अपनी प्रसिद्ध बैठी हुई मुद्रा में थे, जो ध्यान की सर्वोत्कृष्ट मुद्रा मानी जाती है। उनका दुशाला नीचे धरती पर लटक रहा था।

मैंने कहा, 'मैं स्थिर नहीं बैठ पाता हूँ।'

'शशश...,' उन्होंने अपनी उंगली होंठों पर रखते हुए कहा। 'केवल मुझे देखो।'

'लेकिन मैं कैसे बैठूँ-'

'केवल देखो।'

आप सबसे सुंदर व्यक्ति के विषय में सोचिए। अब उसके सौंदर्य को किसी बड़ी संख्या से गुणा कर दीजिए। बुद्ध का आकर्षण, उनकी ऊर्जा, स्थिरता से निसृत हो रहा आनंद और उनके रूप से मिल रही कृपा, अद्वितीय एवं अद्भुत थी। वे सचमुच तथागत - जो सांसारिकता के पार हो - वही थे।

और बस यूँ ही, वे अंतर्धान हो गए।

और बस यूँ ही, उन्होंने मुझे वह प्रदान कर दिया, जिसकी मुझे तलाश थी।

और बस यूँ ही, मैंने ध्यान की सबसे बड़ी बाधा को पार कर लिया।

और बस यूँ ही, जीवन आगे बढ़ गया।

इसमें तनिक भी अतिशयोक्ति नहीं है। यदि कुछ है, तो यह कि मैं इस घटना के प्रभाव को बहुत कम करके बता रहा हूँ।

इस घटना के बाद कई दिनों तक मैंने पूर्ण स्थिरता के साथ नियमित रूप से बाइस घंटे तक ध्यान किया। यदि मैंने मौन और एकांतवास का संकल्प न लिया होता, तो मैं अपनी दिनचर्या में कुछ और परिवर्तन के लिए ब्रह्मचारी से संपर्क करता, परंतु साधना की प्रतिबद्धता तथा लिखित पर्चियों द्वारा संवाद - जिसका उत्तर मुझे अगले दिन मिलता - की चुनौतियों के चलते इस दिनचर्या में किसी प्रकार का परिवर्तन व्यावहारिक नहीं था। मैं ब्रह्मचारी को कष्ट नहीं देना चाहता था, अन्यथा, मैं उनसे मंदिर में न आने या मेरा भोजन न लाने के लिए कहता और बता देता कि मैं अधिक नहीं तो तीन दिन और तीन रात्रि तक निरंतर ध्यान में बैठना चाहता था।

बुद्ध का दर्शन मेरी अपेक्षा से कहीं अधिक था। मेरे शरीर ने अब मेरे ध्यान के संकल्प में बाधा डालना बंद कर दिया था। यदि आप इस मार्ग पर हैं, तो आपको पता होगा कि यह कितना बड़ा आशीर्वाद होता है, जब आपका शरीर आपकी साधना के मार्ग में बाधा बनना बंद कर देता है।

मेरी साधना में अपूर्व सुधार हुआ, फिर मेरे लिए पक्षी, झींगुर, कुटिया के कीट, मकड़ियाँ, वर्षा, वन्य पशु आदि सब निरर्थक हो गए और कोई चीज़ मेरे ध्यान को बाधित नहीं कर पाती थी।

वास्तव में, बुद्ध के दर्शन के बाद एक विशेष प्रकार की सहजता आ गई थी। मैं अधिकांश समय आनंद में रहता था और ध्यान केंद्रित करना बहुत सहज हो गया था। यद्यपि अब भी थकावट होती थी, किन्तु आरंभ की अपेक्षा अब यह उतना कठिन नहीं था, फिर भी, ऐसा लग रहा था कि मेरी चुनौतियाँ समाप्त नहीं हुई थीं।

17

अनाहार

9–10, मई 2011

9 मई को, मैं प्रात:काल भोजन के लिए ब्रह्मचारी की कुटिया पर गया। मैंने बंद प्लेट और कटोरी को खोला। वह भोजन को चूहों से बचाने के लिए उसे वस्त्र से ढक देते थे। मेरा नियम था कि मैं भोजन से पहले कुछ घूँट पानी पीता था। चौबीस घंटों में, भोजन के अलावा, मुझे जल के सेवन पर बहुत ध्यान देना पड़ता था। जब आप कई घंटों तक निरंतर ध्यान में बैठे रहते हैं, तो बीच में पेशाब करने के लिए उठने की इच्छा नहीं होती। मैं तब तक केवल एक बार अपने आसन से उठा था, जब मुझे देवी माँ के दर्शन हुए थे।

मैं पहले थोड़ा जल पीता, फिर भोजन करता, फिर मुँह धोकर अपराह्न फिर कुछ घूँट जल पीता। मेरा शरीर इसका अभ्यस्त हो गया था। उस दिन दाल को कटोरे में डालते हुए मुझे लगा कि उसमें कुछ कीड़े थे। मैंने ध्यान से देखा तो पाया कि यह बात सच थी। मुझे नहीं पता कि दाल में कीड़े कैसे आ गए, किन्तु वे उबल चुके थे।

मैंने कहा, 'मुझे दुख है, देवी माँ किन्तु मैं यह भोजन ग्रहण नहीं कर सकता। यह आपको अर्पित करने योग्य नहीं है।'

मैंने रोटियाँ भी वापस डिब्बे में रख दीं, दाल का कटोरा प्लेट से ढक दिया और ऊपर चम्मच में दाल भरकर रख दी, जिसमें कीड़े भी थे, जिससे कि ब्रह्मचारी वापस आकर उन्हें देख पाएँ। मैंने चम्मच एक ओर रख दिया और चुपचाप बैठ गया। मैं अपनी कुटिया में लौटना चाहता था, लेकिन मैं जा नहीं सका, क्योंकि मुझे डर था कि मेरी भेंट ब्रह्मचारी से हो जाएगी। उस समय उनके मेरी कुटिया में होने की संभावना थी। संभव था कि वे बाल्टी में पानी भर रहे हों, लकड़ी की व्यवस्था

कर रहे हों या फिर यूँ ही वहाँ बैठे हों। यदि मैं उन्हें देख लेता, तो एकांतवास का संकल्प भंग हो सकता था।

मैंने कीड़ों के लिए ब्रह्मचारी को दोषी नहीं माना। अँधेरे में इस प्रकार की चूक हो जाना सहज बात थी। उन्होंने आधी रात में टॉर्च की रोशनी में भोजन पकाया था। यह कोई सरल या नियमित कार्य नहीं था।

कुछ देर बाद, मैं अपनी कुटिया में वापस चला गया। मैंने तनिक विश्राम किया और फिर ध्यान के लिए बैठ गया। मैं योजना के अनुसार ध्यान नहीं लगा पाया, क्योंकि मुझे शौचालय जाना था। मुझे इसकी आशा थी, क्योंकि मैंने कुछ खाया नहीं था, केवल पानी पिया था। यह कोई बड़ी समस्या नहीं थी, क्योंकि अच्छा हुआ ऐसा मेरी मूल साधना के बीच में नहीं हुआ। मैंने संध्या को अधिक पानी नहीं पिया, जिससे रात्रि में मेरी साधना शांतिपूर्वक चलती रही।

अगले दिन, मैं अपने साथ काग़ज़ का एक टुकड़ा ले गया, जिसमें मैंने ब्रह्मचारी को लिखकर बताया था कि मैं पिछले दिन भोजन क्यों नहीं कर पाया। मुझे लगा कि उन्हें यह आभास ही नहीं हुआ होगा कि भोजन में कीड़े थे और वह खाने योग्य नहीं था। मैं अत्यंत भूखा और बहुत थका हुआ था। मैंने एक गिलास पानी पिया और फिर दाल वाला प्रेशर कुकर खोला। मुझे भोजन किए अड़तालीस घंटे बीत चुके थे। उस दिन दाल अलग थी, किन्तु मैंने जब उसे कटोरे में डाला, तो मुझे फिर उसमें कीड़े दिखाई दिए।

'अच्छा?' मैंने ऊपर देखकर कहा। 'आप इस तरह मेरी परीक्षा लेना चाहती हैं? कोई बात नहीं। यह भी कर लेते हैं।'

मैंने पिछले दिन की तरह चपाती डिब्बे में वापस रख दी और पर्ची को ऊपर रख दिया, ताकि भूल से भी यह ब्रह्मचारी की दृष्टि से चूक न जाए। मेरे मन में विचार आया कि मैं एक चम्मच कीड़े वाली दाल रोटी के डिब्बे में रख दूँ, ताकि ब्रह्मचारी उसे देख सके, किन्तु मैं उन्हें परेशान करना अथवा भोजन नष्ट नहीं करना चाहता था। मुझे एक बार पुनः ब्रह्मचारी पर दया आई, क्योंकि उन्हें बहुत कठिन परिस्थितियों में मेरी देखभाल करनी पड़ रही थी।

मुझे अपनी कुटिया में ब्रह्मचारी की लिखी पर्ची मिली, जिसमें पूछा गया था कि क्या मुझे अपने भोजन में कोई परिवर्तन करने की इच्छा थी, क्योंकि मैंने पिछले दिन कुछ खाया नहीं था। इससे यह स्पष्ट हो गया कि ब्रह्मचारी को कीड़ों के विषय में कोई जानकारी नहीं थी। मुझे उनके लिए यह सोचकर और दुख हुआ कि उन्होंने भूल से वह भोजन खा लिया होगा।

10 मई को बहुत गर्मी थी। मुझे भोजन का एक भी निवाला खाए लगभग साठ घंटे बीत गए थे। मेरा मस्तिष्क कार्य करना बंद कर रहा था और ऊर्जा कम

होती जा रही थी। मैं दिन-भर ध्यान में बैठा रहा, किन्तु उसमें न तो एकाग्रता थी और न ही मुझे उससे अच्छा अनुभव हो रहा था। मैंने अधिकांश समय देवी माँ से बात करने में व्यतीत कर दिया। मुझे तेज़ भूख लगी थी और सिर भारी था, किन्तु मैं उस पीड़ा को सहन कर पा रहा था।

मैंने संध्या के समय जल पिया। मुझे बहुत प्यास लगी थी। अत: मैंने आवश्यकता से अधिक पानी पी लिया। मुझे तुरंत पता चल गया कि मुझसे भूल हो गई थी। मुझे पता था कि मुझे जितना पानी पीना चाहिए, मैं उससे अधिक पानी पी रहा था, किन्तु मैं बहुत प्यासा था। साधना आरंभ करने के मात्र दो घंटे बाद मुझे लगा कि मूत्राशय फट जाएगा। मैंने उसे एक घंटे तक रोकने का प्रयास किया, किन्तु मेरे गुर्दे दर्द करने लगे। यदि मैं कुछ और देर बैठ पाता, तो भी एकाग्रता के साथ ऐसा करना संभव नहीं था। आख़िर, मैंने देवी माँ से बीच में उठने की अनुमति माँगी। इसके लिए मुझे उनसे डाँट पड़ी। उन्होंने मुझे आवश्यक कार्य करने, आत्म-शुद्धि तथा न्यास के संक्षिप्त अनुष्ठान पूर्ण करके साधना को पुनः आरंभ करने का आदेश दिया।

यह एकमात्र ऐसा अवसर था, जब मैं साधना के बीच में उठ गया था। और एक बार तब ऐसा हुआ था, जब मुझे तीन महीने पूर्व दर्शन हुए थे।

शेष रात्रि में साधना सामान्य रही। मैं यह नहीं कहूँगा कि मेरी एकाग्रता बहुत अच्छी थी, किन्तु मेरी परिस्थिति एवं अवस्था को देखते हुए वह बुरी नहीं थी। उस दिन साधना आधे घंटे बाद समाप्त हुई, किन्तु ब्रह्मचारी इतने समझदार थे कि उन्होंने मंदिर के पीछे ही प्रतीक्षा की।

मैं धीरे-धीरे ब्रह्मचारी की कुटिया की ओर बढ़ा। मुझमें तनिक भी ऊर्जा शेष नहीं थी। दरअसल, मैं एक अतिरिक्त रोटी खाने के विषय में सोच रहा था। ब्रह्मचारी ने अपनी कुटिया में मेरे लिए एक पर्ची रखी थी, जिसमें क्षमा माँगी गई थी। उन्होंने मुझसे गाँव जाकर सब्ज़ियाँ लाने की अनुमति माँगी, जिससे कि वे मेरे लिए फिर से दूसरा व्यजंन भी पका सकें।

मैंने अनेक दिनों तक दाल और सब्ज़ियाँ दोनों खाईं। बीते कुछ सप्ताह से ब्रह्मचारी की कुटिया के मालिक भूपाल सिंह, जो सप्ताह में एक बार हमारे लिए सब्ज़ियाँ लाते थे, किसी पारिवारिक समारोह में गए हुए थे।

बर्तनों के निकट मेरी लिखित अनुमति प्राप्त करने के लिए एक क़लम और काग़ज़ रखा था। मैंने लिखा कि इसकी कोई आवश्यकता नहीं है।

उस समय यह कहना कि मेरा भूख से बुरा हाल था, बात को हल्के में लेना होगा। मैं दरअसल, मूर्छित होने की कगार पर था। मैं ठीक से सोच या काम भी नहीं कर पा रहा था। मैंने अंतिम बार 8 मई को सुबह 4 बजे भोजन किया था। और अब 11 मई को सुबह 4.30 बजे थे।

ब्रह्मचारी ने काबुली चने बनाए थे। उनमें कीड़े दिखने की क्या संभावना हो सकती थी? और देखिए, कीड़े फिर मौजूद थे। मुझे यह भी नहीं पता कि मैंने उन्हें कैसे देखा, लेकिन मुझे वे दिख गए। वे केवल एक-दो ही थे, किन्तु वे मेरे कटोरे में गिरे और प्रत्येक कीड़ा, चावल के दाने से दोगुना बड़ा था। मैंने प्रेशर कुकर की जाँच की, किन्तु उसमें कोई कीड़ा नहीं था। एक क्षण के लिए, मैंने सोचा कि मैं दूसरा चम्मच लेता हूँ, परंतु मैं यह भी नहीं कर पाया। नागा बाबा के आश्रम में, मैंने रोटियाँ खाई थीं, जिनका आटा बजरी और मिट्टी के साथ पीसा जाता था, किन्तु उबले हुए कीड़े युक्त भोजन खाना मेरे लिए संभव नहीं था।

'ठीक है,' मैंने देवी माँ से कहा। 'मुझे आशा है कि आप प्रसन्न होंगी। मैं भूखा रह लूँगा।'

मेरी कुटिया में ब्रह्मचारी ने एक और पर्ची रखी थी, जिसमें लिखा था कि वह आज गाँव जाकर सब्ज़ियाँ ले आएँगे। उन्होंने लिखा था कि उन्हें मेरी आज्ञा के विरुद्ध जाने का दुख था, किन्तु ऐसा करना आवश्यक था। उन्होंने लिखा कि मुझे ऐसा भोजन परोसने के बाद, वे स्वयं का सामना नहीं कर पा रहे हैं। उन्होंने यह भी लिखा कि उन्होंने पिछले दिन से कुछ नहीं खाया है, क्योंकि उन्हें मेरे भूखे होने के कारण ग्लानि हो रही थी।

उन्होंने लिखा, 'मैं अगला निवाला तभी खाऊँगा, जब आप खा चुके होंगे।'

11 मई का दिन बहुत धीमी गति से बीता। मुझे चिंता थी कि मैं रात को साधना में बैठ पाऊँगा अथवा नहीं, क्योंकि मेरे भीतर तनिक भी ऊर्जा शेष नहीं थी। यदि मैं साधना में बैठ भी गया, तो क्या मैं पूर्णत: एकाग्र रह पाऊँगा, शांत रह पाऊँगा अथवा फिर मैं अपने संकल्प से डिग जाऊँगा? मुझे तनिक भी अनुमान नहीं था कि मेरे साथ क्या होने वाला था।

18

तूफ़ान से पहले की शांति

11 मई, 2011

मैंने शाम को जब पुनः ध्यान आरंभ किया, तो मैं असहनीय भूख से व्याकुल था। आज मेरी साधना का 127वाँ दिन था और मुझे भोजन किए हुए चौरासी घंटे से अधिक हो चुके थे। आश्चर्य की बात थी कि मैं अभी तक मूर्छित नहीं हुआ था। ऐसा नहीं कि भूखे रहना संभव नहीं था। भारत में लाखों लोग नवरात्रि के दौरान मात्र जल पीकर रहते हैं और मुझे तो अभी चार दिन भी पूरे नहीं हुए थे। तो बात यह नहीं थी कि मैंने कुछ खाया नहीं था, अपितु यह थी कि कम खाकर भी मैंने अपनी एकाग्रता को दिन-रात बनाए रखा था। सर्वोच्च स्तर की एकाग्रता को बनाए रखने में बहुत अधिक ऊर्जा लगती है। इसके अतिरिक्त, 13 फ़रवरी को देवी माँ के दर्शन के बाद, मेरा ध्यान अत्यंत गहरा हो गया था। यद्यपि मेरा मस्तिष्क बिना ऊर्जा के चल रहा था। वह कभी भी अटक सकता और काम करना बंद कर सकता था। यदि ऐसा हुआ, तो केवल मैं जानता था कि मैं किस तरह टूट जाऊँगा। भोजन की अनुपलब्धता के कारण साधना खंडित होने का विचार मेरे जीवन के स्वप्न का सर्वाधिक दुखद परिणाम होता।

वैसे भी, उस दिन अपराह्न मैंने इस बात का पूरा ध्यान रखा कि चाहे मुझे कितनी भी प्यास लग जाए, किन्तु मुझे जल ग्रहण नहीं करना था। इसका कारण यह था कि मैं ध्यान के बीच में पेशाब करने के लिए उठना नहीं चाहता था। मैं श्री विद्या के पंचदशी मंत्र का जप कर रहा था और मेरा हृदय लय में झूम रहा था।

क ऐ ई ल ह्रीं, ह स क ह ल ह्रीं, स क ल ह्रीं।
क ऐ ई ल ह्रीं, ह स क ह ल ह्रीं, स क ल ह्रीं।
क ऐ ई ल ह्रीं, ह स क ह ल ह्रीं, स क ल ह्रीं।

मंत्र के प्रत्येक अक्षर, प्रत्येक लघु ध्वनि, प्रत्येक पुनरावृत्ति पर सावधानीपूर्वक ध्यान देना था, क्योंकि ये पुकार देवी माँ के लिए थी। मैं उनसे पुनः दर्शन देने के लिए आग्रह नहीं कर रहा था। मैं पूर्ण निष्ठा के साथ 150 दिनों का जप करने के अपने संकल्प का सम्मान करना चाहता था। मैं अपनी जागृत अवस्था के प्रत्येक क्षण को दिव्य मंत्र से भर देने का प्रयास मात्र कर रहा था।

मंत्रोच्चारण के मध्य कभी-कभी, मेरा मन संकेत देता था कि शरीर थक गया है और ऊर्जा कम हो रही है। मेरा ऊर्जा का भंडार बहुत पहले समाप्त हो चुका था। कल्पना कीजिए, आप भूखे, कुपोषित और नींद से वंचित हैं और फिर भी आपको चलती ट्रेडमिल से बाँध दिया गया। आप दौड़ नहीं सकते और ऊर्जा भी नहीं है, किन्तु यदि आप नीचे उतर गए, तो वर्षों का परिश्रम व्यर्थ हो जाएगा अथवा आपकी मृत्यु तक हो सकती है। आप किसी तरह दौड़ते रहेंगे। आपके शरीर में गंभीर रूप से पानी की कमी हो जाएगी और वह शिथिल हो जाएगा। आपके पैर लड़खड़ा सकते हैं, किन्तु आप दौड़ते रहते हैं, क्योंकि आप मरना नहीं चाहते। मैं मानसिक रूप से ऐसा ही महसूस कर रहा था। मैं एक बाघ की सवारी कर रहा था और मैं उससे उतर नहीं सकता था। इस बीच, अनेक बार मेरे मन ने मुझे जप रोककर सो जाने के लिए उकसाया। *तुम्हारी साधना पूर्ण हो चुकी है। फिर यह यातना क्यों? रुक जाओ और विश्राम करो। मूर्खता मत करो।* मैंने स्वयं को याद दिलाया कि कुछ ही देर प्रातः 4.30 बज जाएँगे और फिर मैं कुछ खा सकता हूँ। मैं अपने मन की उपेक्षा कर देता और उसके साथ संवाद नहीं करता। अब तक, हज़ारों घंटे ध्यान में व्यतीत करने के बाद मैं इस प्रक्रिया को भली-भाँति समझ चुका हूँ। मन बोलता रहता है और आप उसकी उपेक्षा कर देते हैं। मन उपेक्षा करता है और आप ध्यान की सहज अवस्था में एकाग्रता बनाए हुए रहते हैं। मन केंद्रित होता है और आपकी गति तेज़ हो जाती है। मैं धीरे-से अपना ध्यान पुनः देवी माँ पर केंद्रित करूँगा।

क ऐ ई ल ह्रीं, ह स क ह ल ह्रीं, स क ल ह्रीं।
क ऐ ई ल ह्रीं, ह स क ह ल ह्रीं, स क ल ह्रीं।
क ऐ ई ल ह्रीं, ह स कह ल ह्रीं, स क ल ह्रीं।

मुझे ध्यान करते हुए लगभग सात घंटे हुए थे कि सहसा मुझे लगा अकारण, मेरी कुटिया मादक सुगंध से महक उठी। एक क्षण के लिए मैंने सोचा कि क्या कोई

कस्तूरी मृग बाहर ही है। मैंने कभी उसे देखा नहीं था और न ही मुझे पता था कि कस्तूरी की सुगंध कैसी होती है। मैंने केवल इत्र में कस्तूरी की सुगंध को महसूस किया था, परंतु यह सुगंध इतनी वास्तविक थी, भले ही मेरी परिचित कस्तूरी जैसी नहीं थी, फिर भी मुझे लगा जैसे बाहर कस्तूरी मृग है अन्यथा उस सुगंध का कोई अन्य कारण नहीं हो सकता था। उस मधुर और सम्मोहक सुगंध ने मानो मुझ पर जादू कर दिया। मुझे पता था कि मैं तब भी मंत्र जप कर रहा था। मेरे मन में यह चल रहा था – *क ऐ ई ल ह्रीं, ह स क ह ल ह्रीं, स क ल ह्रीं* – किन्तु मुझे लगा जैसे मेरा पूरा शरीर विघटित हो रहा है। ऐसा लगा, जैसे ये इस धरती पर मेरे अंतिम क्षण थे और यह कि मैं शीघ्र ही वाष्प बन जाऊँगा और उस गंध में विलीन हो जाऊँगा, जो मेरी कुटिया में भर चुकी थी। *मैं उन लोगों के साथ अपना सत्य साझा करने का वचन कैसे निभाऊँगा, जिन्हें मेरी प्रतीक्षा थी?*

मानसिक वार्ता करने के स्थान पर मैंने देवी माँ पर अपना ध्यान फिर से केंद्रित कर लिया। यद्यपि वन्य सुगंध ने मुझे पूर्ण रूप से अपने वश में कर लिया था, मेरा यह कहना अतिशयोक्ति नहीं है कि मुझे लगा, जैसे वह सुगंध मुझे किसी अन्य जगत में ले जाएगी।

श्रीकृष्ण कहते हैं, '*गृहीत्वैतानि संयाति वायुः गन्धानिवाशयात्*', आत्मा मन की वृत्तियों को उसी प्रकार बहा ले जाती है, जिस प्रकार वायु, गंध को अपने साथ ले जाती है। यह आत्मा की, परमात्मा की सुगंध थी।

मेरी आँखें आधी खुली थीं, जैसा कि प्राय: होता था। मैंने अपनी कुटिया की दीवारों, उसकी छत, सामने ठंडे अलाव को विलीन होते हुए महसूस किया, मानो सब रेत से बना था और प्रत्येक बीतते क्षण के साथ उसके कण ब्रह्मांड में उड़ रहे थे। सब कुछ इतनी तीव्रता से विघटित हो रहा था कि मैं समझ नहीं पाया। इस बीच, सुगंध ने मुझे मदहोश कर दिया। ऐसा लगा, मानो मैं फूलों की घाटी में हूँ। अंतर केवल इतना था कि वहाँ न घाटी थी और न फूल।

पिछले तेरह वर्षों में यात्राओं के दौरान, मैंने इस आशा में कि संभवत: कोई सुगंध उस सुगंध के निकट मिल जाए, सौ से अधिक प्रकार के इत्रों की सुगंध को सूँघा होगा, किन्तु मैं उस सुगंध को आज तक नहीं पा सका। मैं कितनी शिद्दत से चाहता हूँ कि शब्दों का कोई ऐसा तरीक़ा हो, जिससे जादुई ढंग से इन पन्नों पर ख़ुशबू बिखर जाए, ताकि आप भी उसी संसार में पहुँच जाएँ, जहाँ कभी मैं गया था।

तभी सहसा अप्रत्याशित ढंग से मैंने अपनी कलाई पर एक गर्म स्पर्श महसूस किया। मैं तनिक चौंक गया। मैं किसी भी प्रकार से डरा नहीं, और न ही मेरे भीतर कोई आदिम भय था। मैं मरने के लिए सहर्ष तैयार था।

मैंने कलाई की ओर देखा। एक नाजुक और सुडौल हाथ ने उसे पकड़ रखा था। संभवतः मुझे भ्रम हुआ होगा। मैंने मंत्रोच्चारण रोक दिया।

एक पुरुष की आवाज़ सुनाई दी, 'तुम्हें यहाँ नहीं होना चाहिए।'

मैंने ऊपर देखा। ऐसा महसूस हो रहा था, जैसे मैं सीधे सूर्य की ओर किसी लेंस से देख रहा हूँ। उस तेज़ प्रकाश में मेरी आँखें चौंधिया गईं और मैंने स्वाभाविक प्रतिक्रिया के तौर पर उन्हें बंद कर लिया।

'मैं कुछ नहीं देख पा रहा,' मैं आँखें सिकोड़ने का प्रयास करते हुए बड़बड़ाया। प्रकाश बहुत तीव्र था और मैंने फिर से आँखें बंद कर लीं। सचेत ढंग से नहीं, अपितु स्वाभाविक रूप से। मैं ध्यान की मुद्रा से बाहर आ गया था। मैंने सहसा आँखों को अपने बाएँ हाथ से ढक लिया।

मैंने पूछा, 'आप कौन हैं?'

'यहाँ नहीं,' उस स्वर ने कहा। 'पहले मेरे लोग खाएँगे।'

पहले मेरे लोग खाएँगे। ये वही शब्द थे। मैं इन्हें कभी नहीं भूल सकता।

मुझे कलाई से बहुत ज़ोर से और तेज़ी से खींचा जा रहा था। यद्यपि मेरी आँखें बंद और बाँह से ढकी हुई थीं, फिर भी मुझे ऐसा महसूस हो रहा था, जैसे मैं लाखों तेज़ चमकती रोशनियों के बीच अत्यंत तीव्र गति से सफ़र कर रहा हूँ।

इसके बाद पुनः अँधेरा छा गया।

फिर वही शांति व्याप्त हो गई।

वही मादक सुगंध फिर लौट आई।

मैं आँखें खोलकर देखना चाहता था, किन्तु ऐसा लग रहा था, मानो मेरी आँखें जम गई हों और उन्हें खोलना तो दूर, मैं पलक भी नहीं झपका सकता था। मैं बैठा रहा, किन्तु मैंने अपने हाथ पुनः ध्यान मुद्रा में, अपनी गोद में रख लिए। ऐसा लग रहा था, मानो कुछ हुआ ही नहीं।

कुछ ही क्षणों में तारों वाले वाद्य-यंत्रों से मधुर संगीत बजने लगा। यह उस संगीत से अलग था, जो मैंने पहले अनेक बार सुना था।

'अपनी आँखें खोलो,' पुरुष स्वर ने कहा।

मैंने आँखें खोलीं, तो देखा कि अग्निकुंड और सामने रखा श्री यंत्र ग़ायब ही हो चुके थे। मैं घबरा गया। मैंने बाएँ-दाएँ देखा, किन्तु मुझे अपनी जीर्ण-शीर्ण कुटिया की दीवारें दिखाई नहीं दीं। मैंने नीचे देखा। मेरा आसन भी अब वहाँ नहीं था। मैं एक गद्देदार और सुविधाजनक आसन, जो एक गलीचे पर टिका था, पर पालथी मारकर बैठा था। वह गलीचा बहुत बारीक़ी से बुना गया था। मुझे उसके

विषय में अभी कुछ भी स्पष्ट याद नहीं है। मैंने स्वयं को जगाने के लिए चुटकी काटी, परंतु इससे कोई सहायता नहीं मिली।

'यहाँ देखो, मेरी आत्मा, यहाँ पर,' उन्होंने धीमे स्वर में कहा। 'यहाँ देखो।'

मैंने सीधे ऊपर देखा और पाया कि वह एक बहुत बड़ा सभागार था, जिसकी छत काफ़ी ऊँची थी और उसमें बहुत-से स्तंभ थे। इससे पहले कि मैं उसका सौंदर्य निहार पाता, वह स्वर मुझे फिर सुनाई पड़ा।

वह धीमे स्वर में बोले, 'तुम्हारी दाहिनी ओर।'

मैंने दाहिनी ओर देखा, तो मेरी दृष्टि चमकते हुए संगमरमर के स्तंभ पर पड़ी। वे स्तंभ कमल पुष्प एवं अन्य प्रतीकों की महीन आकृतियों से सजे थे, जिनमें से अधिकांश को मैं उस समय पहचान नहीं पाया और न ही अब वे आकृतियाँ मुझे याद हैं। उन स्तंभों की सबसे बड़ी विशेषता यह थी कि उनमें नक़्क़ाशीयुक्त झरोखे थे, जिनसे प्रकाश भीतर आ सकता था। उस समय स्तंभों से प्रकाश निकल रहा था, किन्तु वह चकाचौंध करने वाला प्रकाश नहीं था, जैसा कि कुछ देर पहले था। मैंने खंभे के पार देखने का प्रयास किया, जिससे आवाज़ का स्रोत, यदि कोई था, तो वह पता लग पाए, परंतु वहाँ कोई नहीं था।

तभी मैंने देखा कि खंभे के पीछे से एक मुकुट और एक चेहरा मेरी ओर देख रहा था। मैं बिना सोचे-समझे तुरंत उठ खड़ा हुआ। आप ऐसे क्षणों में चाहते हुए भी कुछ सोच नहीं सकते। चेतन मन यानी मस्तिष्क का सजग हिस्सा, उपस्थित ही नहीं होता। प्रेम अंधा हो अथवा नहीं, किन्तु वह निश्चित रूप से विचारहीन और तर्क से परे होता है। मैं जैसे ही स्तंभ के निकट पहुँचा, एक मधुर हँसी फूट पड़ी। मेरे शरीर की प्रत्येक कोशिका कंपन करने लगी, मानो मैं सितार हूँ और कोई कुशल संगीतकार उसे बजा रहा है। मेरा दिल जान गया था कि मैंने दुनिया का सबसे बड़ा इनाम जीत लिया है, किन्तु चेतन मन की अनुपस्थिति में निश्चित रूप से कुछ कह पाना कठिन था।

मैं उत्सुकता से स्तंभ के चारों ओर घूमकर बोलने वाले को खोज रहा था। तभी मुझे अपनी कलाई पर एक परिचित स्पर्श महसूस हुआ। अँगूठियों वाले हाथ से सुंदर कंगन वाली कलाई तक मेरी दृष्टि बाजूबंद पर पड़ी। इसके बाद मुझे हल्का सा ढका हुआ कंधा दिखा और फिर गर्दन के नीचे काले घुँघराले बाल और सिर पर एक शानदार मुकुट। मैं कुछ क्षण मुकुट को निहारता रहा, जो पंक्तिबद्ध रत्नों से सजा था। इसके उपरांत मैंने दीप्तिमान मस्तक और फिर नेत्रों को देखा। अहा, वे नेत्र!

मेरे आँसू रुकने का नाम नहीं ले रहे थे। मैं रोना नहीं चाहता था, क्योंकि ऐसा करने से दृष्टि धुँधली हो जाती है, किन्तु स्वयं को रोक पाना कठिन था। मैंने उन नेत्रों में झाँककर देखा, जो शरारत और प्रेम से चमक रहे थे। मैंने उनके गाल,

तीखी नाक, धनुष के समान मुड़ा हुआ ऊपरी ओष्ठ तथा कोमल गुलाब की पंखुड़ी के समान निचला ओष्ठ देखा। जब वे कांति बिखेरते हुए मुस्कराए, तो उनके होंठ उल्लास में खिल उठे। अहा, वह ठोड़ी! उनके चेहरे से कोमलता और शक्ति समान मात्रा में झलक रही थी। मैं खुलकर रो रहा था और इसका कारण मात्र प्रेम अथवा हर्ष नहीं था। मैं विलाप कर रहा था। मैं रो-रो कर बिलख रहा था। आँसू, नाक, सब बह रहे थे।

उन्होंने अपने लहराते उत्तरीय (अंग वस्त्र) के किनारे से माँ की भाँति धीरे-से मेरा चेहरा पोंछा।

'पहले, तुम खाओ,' उन्होंने कहा और मेरी कलाई को ज़ोर से पकड़कर मुझे दूसरी जगह की ओर ले गए।

'नहीं, नहीं, नहीं,' मैंने कहा। 'पहले मैं आपको देखना चाहता हूँ।'

मेरे आँसू रुकने का नाम नहीं ले रहे थे। इससे मेरी दृष्टि धुँधली हो रही थी। मैं नाक साफ़ करना और अपना चेहरा पोंछना चाहता था, किन्तु मेरे पास टिश्यू या रूमाल नहीं था। यह सोचकर मुझे बुरा नहीं लगा और न ही मैं इसके प्रति सजग था। यह संभवत: इसलिए, क्योंकि उस समय चेतन मन सक्रिय नहीं था। मैं उनकी पकड़ से मुक्त होकर एक क़दम पीछे हट गया तथा उनके भव्य रूप को देखने लगा, जो मेरे समक्ष खड़ा था। यदि मैंने ऐसा न किया होता, तो मैं आज जो विवरण लिख रहा हूँ, वह नहीं लिख पाता।

उन्होंने अपनी सुंदर और घुमावदार भौंहों को तनिक उठाया और मुस्कराए। उनके शरीर के ऊपरी भाग पर एक दुशाला और माला थी। जैसा मैंने विभिन्न शास्त्रों में पढ़ा था, वैसे कोई अन्य आभूषण वहाँ नहीं थे। उनके मस्तक पर मानक नामम अर्थात वैष्णव तिलक, जैसा हमारे विश्व में हमें दिखता है अथवा ऊर्ध्व-त्रिपुंड (दो खड़ी रेखाएँ और मध्य में एक चिह्न) भी नहीं लगा था, अपितु उनके मस्तक पर उस तरह के दो चिह्न थे, जैसे मेरे मस्तक पर लगे होते हैं। शीर्ष पर चंदन का वृत्त और मस्तक पर सिंदूर (भृकुटि मध्य)। मुझे नहीं पता कि इसका क्या अर्थ निकाला जाना चाहिए। मैं किसी बात का कोई अर्थ निकालने की स्थिति में भी नहीं था। उनका मुख-मंडल असाधारण था, जो दैवी संपूर्णता एवं परम सौंदर्य का मिश्रण था। यदि संपूर्णता का कोई साकार रूप हो सकता है, तो वह मेरे समक्ष उपस्थित था।

उनके गले में लटकी माला, कसकर बाँधे गए मोटे-भरे हुए पुष्पों से नहीं बनी थी, अपितु वह कोमल से दिखने वाले नीले रंग के फूलों की माला थी, जिनमें से प्रत्येक पुष्प बहुत कम पंखुड़ियों से युक्त था। ऐसा लगा, जैसे मैंने उन्हें स्पर्श किया, तो वे मुरझाकर गिर जाएँगे। वे पुष्प उनके चौड़े साँवले वक्ष के सामने अत्यंत विशिष्ट दिख रहे थे।

मैंने लाल वस्त्र पहने भगवान विष्णु का चित्र न कभी देखा था और न ही उसके विषय में कहीं पढ़ा था। वे सदैव पीले या नीले रंग के वस्त्र में होते हैं, किन्तु मेरे सामने चक्रधारी, महाविष्णु, कमर तक लाल रंग का लंबा उत्तरीय और लाल धोती पहने खड़े थे। उनकी कमर पर सुनहरी पट्टी बँधी थी, जिसके ऊपर नीलम जैसे रत्नों से जड़ित एक और कमरबंद बँधा था, यद्यपि मुझे ठीक से नहीं पता कि वे कौन-से रत्न थे।

उनके चरण सबसे सुंदर थे। मेरी इच्छा हुई कि मैं नीचे गिरकर पकड़ लूँ और फिर कभी न छोड़ूँ। उसी क्षण, उन्होंने फिर से मेरी कलाई पकड़ी और मुझे एक अलग कक्ष में ले गए। मुझे याद नहीं कि मैं थोड़े क़दम चला या अधिक, परंतु मैं कुछ समझ पाता, उससे पहले ही मैं एक अन्य कक्ष में पहुँच गया, जहाँ अनेक प्रकार के व्यंजन रखे थे।

और मानो इतना ही काफ़ी न हो, वो मुझे अपने कोमल हाथों से खिलाने भी लगे। वे ऐसे स्वादिष्ट व्यंजन थे, जो मानव जाति के लिए अवर्णनीय एवं अज्ञात थे। मैं केवल विलाप कर सकता था। मैं इसकी अपेक्षा देवी माँ की स्त्री ममता, प्रकृति, से तो कर सकता था, परंतु यहाँ तो वे, भगवान स्वयं मुझे अपने हाथों से खिला रहे थे। कुछ ही निवाले खाकर मेरा पेट भर गया। उनसे कुछ पूछने अथवा कोई बात करने की इच्छा ही नहीं शेष रह गई।

यावानर्थ उदपाने सर्वतः सम्प्लुतोदके।
तावान्सर्वेषु वेदेषु ब्राह्मणस्य विजानतः।।

अनेक छोटे तालाबों से जो कुछ प्राप्त होता है, वह प्रयोजन बड़ा सरोवर भी पूर्ण कर सकता है। इसी प्रकार, जो उस दैवी शक्ति की वास्तविकता को समझ लेता है, उसे सांसारिक वस्तुओं के विषय में जिज्ञासा नहीं होती।

–श्रीमद्भगवद्गीता, 2.46

जो मुझे जानते हैं, उन्हें पता है कि मैं आज भी भोजन करते हुए बहुत कम बोलता हूँ। प्रत्येक भोजन मेरे लिए दिव्य यज्ञ के समान है। मुझे हर बार वे क्षण याद आते हैं, जब उन्होंने मुझे भोजन कराया था और मैं यह कह सकता हूँ कि वे सर्वाधिक भाग्यशाली तथा वांछनीय क्षण थे।

उस समय मेरी चेतना की स्थिति चाहे, जो भी रही हो, मैं कोई हलचल पैदा नहीं करना चाहता था। मैं यथास्थिति में रहने का इच्छुक था। यह बात मैं जानता था कि कुछ माह पूर्व जब देवी माँ ने मुझे दर्शन दिए थे, तब मैं पूर्ण रूप से उसके

लिए तैयार नहीं था और सच कहूँ तो, मैं अब भी तैयार नहीं था, लेकिन क्या प्रेम की प्रचंड लहरों से जीवन रूपी जहाज की रक्षा करना संभव है?

मुझे उनकी महिमा का गुणगान करने, *विष्णु सहस्रनाम* का जप करने अथवा यह बताने का अभी विचार नहीं आया कि मेरे लिए उनके दर्शन करने का क्या अर्थ था। मैं विलाप नहीं रोक सका। मैं उनसे मात्र इतना कहना चाहता था कि आप अपने इस सेवक को सदा अपनी सेवा में ही रखिएगा। *स्थितो अस्मि गत सन्देह करिष्ये वचनं तव। यह जीवन आपके प्रति और आपके उद्देश्य को समर्पित है। आप मुझसे जो भी माँगेंगे, मैं उसे पूरा करूँगा।*

मैंने अगले क्षण आँखें खोलीं, तो देखा कि मैं अपनी कुटिया में लौट चुका था। मेरे आँसू बह रहे थे और मेरे मन में यही जप चल रहा था:

क ऐ ई ल ह्रीं, ह स क ह ल ह्रीं, स क ल ह्रीं।
क ऐ ई ल ह्रीं, ह स क ह ल ह्रीं, स क ल ह्रीं।
क ऐ ई ल ह्रीं, ह स क ह ल ह्रीं, स क ल ह्रीं।

सब कुछ पूर्ववत था - यंत्र, अग्निकुंड, कुटिया, मेरा आसन, सब कुछ। ऐसा लग रहा था, मानो कुछ हुआ ही नहीं। दो चीज़ों के अतिरिक्त कोई परिवर्तन नहीं हुआ। एक, मुझे अब भूख नहीं लग रही थी, क्योंकि मुझे अभी-अभी तृप्तिप्रद भोजन कराया गया था। मैंने हर दृष्टि से आवश्यकता से अधिक खा लिया था। दूसरा, मैंने अपने दाहिने कंधे को जब सूँघने के लिए सिर झुकाया, तो पाया कि वह सुगंध अब भी मौजूद थी। मैंने बाएँ कंधे को सूँघा, तो वह भी उतना ही सुगंधित था। मैंने हवा को सूँघने का प्रयास किया, किन्तु उसमें सुगंध का हल्का-सा ही प्रभाव था। मैंने अपनी दाहिनी कलाई को सूँघकर देखा, तो लगा जैसे मैं उस सुगंध के प्रभाव से मूर्छित हो जाऊँगा।

मैंने घड़ी देखी, सुबह के 2.48 बजे थे। मैंने जप बंद कर दिया और जो कुछ अभी-अभी हुआ था, उसकी महिमा में डूब गया। योग, योगेश्वर, राजराजेश्वर, विश्वात्मा, योगियों के परम योगी और राजाओं के राजा, ब्रह्मांड की आत्मा ने मेरे शुष्क अस्तित्व को स्थायी रूप से तृप्त कर दिया था। यह दर्शन सबसे बड़ी लॉटरी जीतने के समान था।

आप मेरे इस अनुभव को भ्रम कहकर इसकी उपेक्षा कर सकते हैं। कोई भी तार्किक अथवा शिक्षित व्यक्ति यही करना चाहेगा। हम इसके लिए ऊँचाई, भोजन और ऑक्सीजन का अभाव, निद्रा का अभाव आदि अनेक कारण और स्पष्टीकरण प्रस्तुत कर सकते हैं। सब ठीक है। तथापि, मेरा पेट इतना भर गया था कि मैं अगले

दो दिन तक कुछ नहीं खा सका। ब्रह्मचारी को बुरा न लगे या आश्चर्य न हो, तो मैंने अपना खाना एक प्लास्टिक की थैली में रखा और पशुओं के खाने के लिए अपनी कुटिया के बाहर रख दिया, क्योंकि मेरा मौन व्रत अब भी चल रहा था। मुझे पता है कि संशयवादी व्यक्ति के लिए इन बातों का कोई अर्थ नहीं है। इस तरह का संदेह करने के लिए मैं आपको दोषी नहीं मानता। यदि मैंने इसे स्वयं अनुभव न किया होता, तो मुझे भी संदेह होता।

एक क्षण के लिए, यह ध्यान रखें कि मैंने पैंतालीस वर्ष की आयु तक दुनिया-भर की यात्राएँ की हैं तथा न्यू यॉर्क, लंदन, सिडनी और सैन फ्रांसिस्को जैसे जीवंत शहरों में रह चुका हूँ। संसार के धर्मों और संस्कृतियों से परिचित होने के कारण, मैंने व्यवसाय में औपचारिक शिक्षा प्राप्त की है। मैंने कार्यकारी और उद्यमी की भूमिकाओं में विभागों और कंपनियों का संचालन किया है। मैंने उद्यमों के लिए सॉफ़्टवेयर कोडिंग की है। दुनिया में कंप्यूटर से अधिक तर्क की आवश्यकता किसी अन्य क्षेत्र में नहीं होती। मशीन केवल 0 या 1, हाँ या ना समझती है। अत: मैं जब कुछ कहता हूँ, तो मेरा विश्वास कीजिए : मैं मतिभ्रम और दिव्य दर्शन के बीच का अंतर जानता हूँ। ऐसी न मेरी मंशा है और न ही उद्देश्य कि आप मुझ पर विश्वास करें। मैंने आपके समक्ष केवल सत्य को उसी रूप में प्रस्तुत किया है, जैसा मुझे अनुभव हुआ था।

मैं यह सोच भी नहीं सकता था कि यह दिन भी आएगा। कुछ महीने पूर्व ही मुझे देवी माँ के दर्शन हुए थे और मैं तभी से संतुष्ट था। उसके बाद, मैं केवल 150 दिन की साधना का संकल्प पूर्ण कर रहा था। मैं मंत्र द्वारा देवी माँ का आह्वान अवश्य कर रहा था, किन्तु मैंने यह कभी नहीं सोचा था कि मैंने जो चाहा, उसकी इच्छा कितनी भी तीव्र क्यों न रही हो, वह यूँ ही सत्य हो जाएगा।

परंतु फिर साधना की यही विशेषता है। आपको इसमें मात्र एक ही बार सही होना है, परंतु वह 'एक बार' कब आएगा, यह आप नहीं बता सकते। साधक मात्र इतना कर सकता है कि वह भीतर की चिंगारी को बुझने न दे और उसे जीवित रखे। *'करुणा पुकारिया पे द्वारिका ना दूर बा।'* प्रेम-भरी पुकार से ईश्वर अधिक दूर नहीं रह सकते। हम यह अनुमान नहीं लगा सकते कि ईश-कृपा की वर्षा हमें दिव्य प्रेम से कब भिगो देगी। हमें केवल निरंतर प्रयास जारी रखना है।

मेरा विचार है कि इस किताब को तीन प्रकार के लोग पढ़ेंगे। एक वे लोग, जो मुझसे अथवा मेरी पिछली किताबों से भली-भाँति परिचित हैं। दूसरे वे लोग, जो मेरे कार्य के विषय में थोड़ा-बहुत जानते हैं और अंत में, वे लोग, जिन्होंने इस किताब को पढ़ने से पहले मेरे बारे में कभी नहीं सुना। आप चाहे किसी भी श्रेणी में हों, इतना जान लें कि यह किताब मेरे विषय में नहीं है। यह मेरे बारे में कभी थी ही

नहीं। यह मेरे धर्म, हमारे धर्म, सनातन धर्म और साधना के विषय में है। यह किताब मेरी साधना और मेरे कुछ अनुभवों का लेखा-जोखा मात्र है। यह मेरी यात्रा है और मैं आपका आभार व्यक्त करता हूँ कि आप इस यात्रा में मेरे साथ सम्मिलित हुए हैं।

यह भी कहना होगा कि *मेरी* यात्रा से आपको वह अनुभव, भक्ति अथवा परिवर्तन प्राप्त होने की संभावना नहीं है, जिसकी आप तलाश कर रहे हैं। इससे आपकी आस्था दृढ़ होगी, क्योंकि आपने जो कुछ यहाँ पढ़ा है, वह विशुद्ध सत्य के अतिरिक्त कुछ नहीं है और, वह कितना भी असहज अथवा अविश्वसनीय क्यों न प्रतीत हो, हड्डियों में ठंडी हवाओं की तरह, सच्चाई अनिवार्य रूप से अपना रास्ता खोज लेती है। फिर भी, यह आपकी यात्रा नहीं कहलाएगी। इसके लिए, आपको साहस जुटाना होगा और अपने अभियान पर ख़ुद निकलना होगा। मैं यह सुझाव नहीं दे रहा कि आप सब कुछ त्याग दें और हिमालय चले जाएँ। मैं आपको अपने जीवन का आकलन करने और यह जानने के लिए प्रोत्साहित कर रहा हूँ कि आपका मन वास्तव में कहाँ लगता है, आपके लिए वास्तव में क्या मायने रखता है और ऐसा क्या है, जिसे आप अधूरा नहीं छोड़ना चाहेंगे?

नलिनी-दलगत-जलमती-तरलं, तद्वज-जीवितम्-अतिशय-चपालम्। जीवन तेज़ी से बीत रहा है। यह कमल के पत्ते पर ओस की बूँद की भाँति अनिश्चित है। यह भय अथवा संदेह में सिकुड़कर बैठे रहने का समय नहीं है। यह इस बात को महसूस करने का क्षण है कि हो सकता है आपको वह कार्य करने का दूसरा अवसर न मिले, जो आप सदा करना चाहते थे। क्या आप इस अवसर को जाने देंगे अथवा इसका लाभ उठाएँगे? अपना विकल्प सावधानी से, किन्तु जल्दी चुन लीजिए। समय आ चुका है।

यह कोई नहीं जानता कि आप सब खो देंगे अथवा ब्रह्मांड पर विजय प्राप्त कर लेंगे। फिर भी, आप वह तो कर ही सकते हैं, जो मैंने किया : भीतर की चिंगारी को जलाए रखिए। *यह साधना से संभव है।*

तो फिर जाइए, उस अग्नि को प्रज्वलित कीजिए और सत्य के प्रकाश को मुक्त होने दीजिए!

विज्ञानं यदिदं प्राप्तं यदिदं स्थानमर्जितम्,
जन्मान्तरेऽपि मे देवा मां भूतस्य परीक्षयः।
दुर्गतावपि जातायं त्वं गतिसत्वम् मतिर्मम,
यदि नाथं च विज्ञानं तावताऽस्मि कृति सदा।
न कामकलुषं चित्तं मम ते पादयोः स्थितम्,
कामये वैष्णवत्वं च सर्वजन्मसु केवलम्।

भले ही मुझे महानतम ज्ञान एवं ऐश्वर्य प्राप्त हो जाए,
मुझे किसी भी जन्म में आप अपने चरण-कमल को विस्मृत मत होने दीजिए।
परिस्थितियाँ कितनी भी कठिन क्यों न हों,
आप ही मेरे गंतव्य और आप ही मेरी यात्रा हैं।
यदि मैं आपको तनिक भी जान लूँ तो पर्याप्त होगा।
मेरे पास आपके चरण कमलों में अर्पित करने के लिए व्यथित मन के अतिरिक्त कुछ नहीं है।
और मेरी एकमात्र इच्छा यही है कि मैं प्रत्येक जन्म में आपकी भक्ति में लीन रहूँ।

यह आरंभ का अंत है

आप जो कहानी पढ़ना चाहते थे, हिमालय में मेरी साधना की कहानी, वह समाप्त हो चुकी है। अगला अध्याय, लाक्षणिक तौर पर और वैसे भी, आपके पढ़ने योग्य तभी होगा, यदि आपकी रुचि यह जानने में हो कि मैंने बीते चौदह वर्ष (साधना के उपरांत जीवन) कैसे व्यतीत किए, मैं आज कैसे जीता हूँ और इसके पीछे कारण क्या है।

लकड़ी काटो, पानी लाओ

एक लोकप्रिय ज़ेन कहावत है:

आत्मसाक्षात्कार से पूर्व : लकड़ी काटो, पानी लाओ।

आत्मसाक्षात्कार के पश्चात : लकड़ी काटो, पानी लाओ।

संन्यास के मार्ग पर मेरा अनुभव तनिक भिन्न रहा है। यह कुछ इस प्रकार है:

आत्मसाक्षात्कार से पूर्व : लकड़ी काटो, पानी लाओ।

आत्मसाक्षात्कार के पश्चात : बहुत सारी लकड़ी काटो, बहुत सारा पानी लाओ।

'बहुत' से मेरा तात्पर्य कई हज़ार गुना अधिक से है, क्योंकि आपको अपने पास आने वाले अनेक लोगों को भोजन खिलाना और स्नान कराना होगा। आपको सामाजिकता निभाना, संसार से जुड़ना और निरंतर लोगों से मिलना-जुलना होगा। लोगों से मिलना-जुलना मेरा तरीक़ा कभी नहीं रहा। याद रखिए, प्रसिद्ध लोग और राजनेताओं से भिन्न, आप संन्यासी बनने का विकल्प इसलिए नहीं चुनते, क्योंकि आपको सार्वजनिक जीवन की लालसा होती है। वास्तव में, यह ठीक इसके विपरीत है।

उस व्यक्ति के लिए जो अंतर्मुखी हो चुका होता है, लोगों से निरंतर मिलना-जुलना और उनका अभिवादन करना थका देने वाला कार्य है। ऐसे में आप साधु की तरह कम और किसी व्यवसायी की भाँति अधिक महसूस करते हैं। *क्या मैंने जीवन के सर्वाधिक महत्त्वपूर्ण वर्ष, सोशल मीडिया पर प्रभावशाली व्यक्ति बनने के लिए लगा दिए? क्या मानवता की सहायता करने और वेदों को पुनर्जीवित करने के मेरे लक्ष्य के लिए सुर्खियों में रहना आवश्यक है?*

मैंने यह बहुत पहले ही निर्णय कर लिया था कि मैं लोगों को यह तय नहीं करने दूँगा कि मुझे संन्यासी के रूप में कैसे रहना और कैसा आचरण करना चाहिए।

मुझे हृदय की बात प्रस्तुत करने की अनुमति दें। आपके लिए यह जानना महत्त्वपूर्ण है कि मैं आज अपना जीवन कैसे जीता हूँ (संक्षेप में कहूँ, तो मैं बहुत अच्छी तरह जी रहा हूँ) क्योंकि सत्य तब तक पूर्ण सत्य नहीं बनता, जब तक आप उसे पूर्ण रूप से न जान लें। मेरे आश्रम में आने वाले हज़ारों लोग या मेरी किताबें पढ़ने और मेरे वीडियो देखने वाले लाखों लोग कभी-कभी इस बात पर चकित होते हैं कि मुझ तक पहुँचना इतना कठिन क्यों है, मैं मीडिया को साक्षात्कार क्यों नहीं देता अथवा मैं अपने शिष्यों से भौतिक उपहार और दान स्वीकार क्यों नहीं करता, जबकि कोई गुरु पारंपरिक रूप से ऐसा नहीं करता।

किसी और कारण से नहीं, किन्तु सत्य और पारदर्शिता की भावना के हित में, मैं यह महसूस करता हूँ कि अपनी जीवनशैली की कुछ झलकियाँ आपके समक्ष प्रस्तुत करना उचित है, जिससे मैं अपने बारे में ईमानदार धारणा क़ायम रख सकूँ।

3 जून, 2011 को मेरी साधना समाप्त हो गई, जिसके बाद, मैंने अगले चालीस दिन, असम के कामाख्या में एक संक्षिप्त प्रवास के साथ-साथ, पश्चिम बंगाल के कलिंपोंग नामक स्थान पर व्यतीत किए। मैं कलिंपोंग में एक माह पूर्ण एकांत में रहा और मैंने उच्छिष्ट गणपति की साधना की। एक दयालु व्यक्ति मेरे लिए प्रतिदिन शाकाहारी भोजन तैयार करते थे और मेरे दरवाज़े पर छोड़ देते थे, जिससे मैं एकांत में रह पाया। उनसे एक बार भी इस कार्य में चूक नहीं हुई।

निरंतर एकांत में रहने का मेरा कारण, आज भी वही है, जो चौदह वर्ष पूर्व था: समाधि की गहन संवेदनाओं को सँभालना। मैं एकांत में स्वयं को अधिक प्रभावी पाता हूँ। मुझे लगता है कि मैं गहन आत्म-निरीक्षण की स्थिति से संसार की बेहतर सेवा कर सकता हूँ। सूर्य, पृथ्वी पर रहकर नहीं, अपितु उससे दूर रहकर हमें ऊष्मा प्रदान करता है और जीवन का संरक्षण करता है। मैंने एकांत की तलाश संसार से भागने के लिए नहीं, अपितु उसमें रहना सीखने के लिए की थी। मैं जानता हूँ कि यह विरोधाभासी महसूस हो सकता है, किन्तु आप इसे एक क्षण के लिए मान लीजिए।

योगी युंजिता सततं आत्मानं रहसी स्थितः, एकाकी यत- चित्तात्मा निराशिर अपरिग्रह,

श्रीकृष्ण कहते हैं कि एक योगी को अतिचेतन अवस्था में दृढ़ रहने के लिए अपने भीतर जाना चाहिए और अधिकांश समय एकांत में व्यतीत करना चाहिए। यद्यपि, हिमालय में गहन साधना और दर्शन ने मुझे भौतिक जगत में पहले ही अक्षम कर दिया था। परिणामस्वरूप, मुझे इसके विपरीत कार्य करना पड़ा। मुझे अपना ध्यान संसार की ओर मोड़ने तथा अधिक व्यस्त रहने की आवश्यकता थी, अन्यथा मैं आपके या किसी अन्य व्यक्ति के लिए कोई काम नहीं कर पाता। कोयल, शाखाओं और पत्तियों में छिप सकती है, किन्तु यदि वह अपनी प्रतिभा

से आपको प्रसन्न करना चाहती है, तो उसे गाना होगा। निरंतर समाधि की स्थिति में मुझे बातचीत करने या कुछ भी लिखने के लिए संघर्ष करना पड़ रहा था। मुझे यह सब अपने भीतर समाहित करना और इसे अच्छे ढंग से सँभालना सीखना था।

मुझे एक योगिक अभ्यास का पता था, जिसके विषय में मेरा यह मानना था कि उससे मुझे समाधि की गहन संवेदनाओं को बेहतर ढंग से आत्मसात करने में सहायता मिल सकती है। मैंने अपनी साधना के सभी मंत्र इस किताब में साझा किए हैं, किन्तु मैं इस एक अभ्यास को सार्वजनिक नहीं कर सकता, क्योंकि यह विशेष रूप से समाधि की तरंगों को आत्मसात करने के लिए तैयार किया गया है। यदि इस अभ्यास को बिना गहन समाधि के किया जाए, तो यह आपके तंत्रिका तंत्र को अपूरणीय क्षति पहुँचा सकता है। इस अभ्यास को दिन में आठ घंटे से अधिक नहीं करना चाहिए, जिसे दो-दो घंटे के चार सत्रों में विभाजित किया जाता है। इसके बाद, मेरे पास दिन में सोलह घंटे शेष थे। मैंने सोचा कि मुझे इस अवधि को साधना में लगा देना चाहिए। एकांतवास के उपरांत, मैंने गंगटोक, दार्जिलिंग और कलिंपोंग में कुछ मठों का दौरा किया। मैं देखना चाहता था कि क्या मैं किसी ऐसे व्यक्ति से मिल सकता हूँ, जो गहन अभ्यास से गुज़रे हों, और संभवत: मुझे बता पाएँ कि वह मस्तिष्क में निरंतर उठती आनंद की तरंगों का सामना कैसे करते हैं। यद्यपि यह अभ्यास व्यर्थ सिद्ध हुआ, क्योंकि मुझे ऐसा कोई व्यक्ति नहीं मिला।

उत्तरी हिमालय में गहन एकांत के दो अतिरिक्त महीने व्यतीत करने के लिए, मैं रुद्रनाथ गया और वहाँ मैंने भगवान शिव की साधना की, जो मुझे बचपन में सिखाई गई थी। इसमें रोचक बात यह है कि इस साधना में मात्र देवी काली का बीजाक्षर है और इसका आरंभ 'प्रणव', ॐ से और अंत पौरुष ऊर्जा 'फट' से होता है। मैंने बचपन में इस साधना के पुरश्चरण एक-दो बार किए थे, किन्तु वह उतना गहन नहीं था, जितना मैंने उसे अब करने की योजना बनाई थी।

इसका मंत्र 'ॐ क्लीं क्लीं क्लीं क्लीं क्लीं फट' है।

यहाँ भी यह उच्चारण 'क्लीम' या 'क्लींग' नहीं अपितु 'क्लीं' है, जिसका अंत हल्की-सी, अनुनासिक ध्वनि से होता है। यह उसी तरह है, जैसे आप हिंदी या संस्कृत में 'माँ' शब्द का उच्चारण करते हैं। मुझे बताया गया कि यह मंत्र भगवान शिव को अति प्रिय है।

मैं अपने मस्तिष्क में उठने वाली तरंगों को नियंत्रित करने के लिए प्रतिदिन आठ घंटे योगाभ्यास करता था और दस घंटे शिव साधना करता था, परंतु इससे कोई सहायता नहीं मिली और तरंगें अधिक गहरी होतीं गईं।

हिमालय में कुल तेरह माह पूर्ण करने के पश्चात, मैंने 7 अक्टूबर, 2011 को अपने माता-पिता और प्रियजनों से भेंट की। मैं लगभग अठारह महीने से उनसे

दूर था (मैं अपनी यात्रा के पहले पाँच महीने अपने गुरु के आश्रम में ही रहा)। 11 अक्टूबर, 2011 को, मैंने संन्यास से पूर्व ख़रीदे आश्रम की धरती पर पैर रखे और फिर अपना अधिकतर समय वहीं व्यतीत करने लगा।

मेरा उद्देश्य सच्चे साधकों का मार्गदर्शन करना तथा उनके साथ अपना सत्य साझा करना था। मुझे याद आया कि मैं मार्ग खोजने और सत्य को पाने के लिए कितना व्याकुल था। यदि मैं किसी ऐसे व्यक्ति से मिलता, जो मेरे जितना ही व्याकुल था, तो मैं उसे यह बताना चाहता था कि हाँ, आज के समय में भी, शास्त्रों में वर्णित शाश्वत सत्य का अनुभव करना पूर्ण रूप से संभव है। मैं यह बताना चाहता था कि मैंने क्या किया और यह उनके लिए कैसे सहायक हो सकता है। यदि आप वही करें, जो मैंने किया, तो संभवत: आपको भी वही परिणाम मिलेगा। मैंने व्यावहारिक रूप से बिना किसी से संपर्क किए एक सुदूर स्थान को इसलिए चुना था, जिससे केवल गंभीर साधक ही वहाँ पहुँच सकें, जो विशेष रूप से आध्यात्मिक उद्देश्य से यात्रा करना चाहते हैं। इसके अतिरिक्त, सत्य कहूँ, तो मैं केवल अकेला रहना चाहता था।

नवंबर, 2011 से मैंने आश्रम में नियमित प्रवचन देना आरंभ कर दिया। जैसे-जैसे साधकों और भक्तों का आना-जाना बढ़ता गया, मैंने पाया कि मैं बार-बार इसी तरह के प्रश्नों के उत्तर दे रहा हूँ। यद्यपि इनमें से अधिकतर प्रश्न आत्म-साक्षात्कार के विषय में नहीं थे। वे जीवन की अन्य चुनौतियों को लेकर होते थे, जैसे शादी करना अथवा तलाक़ लेना, बच्चे होना या न होना, शिक्षा, व्यवसाय, रोग, ऋण, संबंध, क्रोध, वासना आदि।

गोस्वामी तुलसीदास कहते हैं, *'सरदातप निसि ससि अपरहि, संत दरस जिमि पातक टरई,'* अर्थात जिस तरह शरद का चंद्रमा दिन की गर्मी को दूर कर देता है, उसी तरह संत के दर्शन मात्र से जीवन के कष्ट दूर हो जाते हैं। लोग वास्तव में इस बात पर विश्वास करते थे।

मैंने उनसे अनेक बार कहा कि मेरे पास इसे पाने का छोटा या आसान मार्ग नहीं है और यह कि मैं इस पर विश्वास भी नहीं करता, क्योंकि मैं नहीं चाहता था कि कोई मुझे पूज्य समझे, क्योंकि यह हमारे धर्म अथवा हमारे स्वयं के लिए अच्छा नहीं था। फिर भी, वे लोग अपनी निष्ठा में अडिग रहे। यद्यपि मैं उनकी भावनाओं को समझ सकता हूँ, क्योंकि मैं भी अपने गुरु, नागा बाबा का बहुत अधिक सम्मान करता हूँ। वे अब भौतिक रूप में मेरे साथ नहीं हैं, फिर भी मैं उनके द्वारा कहा गया कुछ भी कार्य करने को तैयार रहता था। गुरु और शिष्य के बीच ऐसा ही पवित्र बंधन होता है, परंतु उस बंधन का अर्थ यह नहीं है कि हम प्रयास करना छोड़ दें अथवा ज्ञान की खोज बंद कर दें। जो मुझे खोज रहे थे, मैं उनके लिए

केवल प्रार्थना कर सकता था और उनका मार्गदर्शन कर सकता था, यात्रा उन्हें ही करनी थी।

मैंने ध्यान शिविर आयोजित किए और कुंडलिनी, ध्यान, मंत्र और अन्य सभी चीज़ों पर किताबें लिखीं, जिन्हें मैंने अनुभव से सीखा था, जिसमें मैंने आत्मसाक्षात्कार अथवा अन्य प्रकार के मार्गों के बारे में विस्तार से बताया है। हमारा लक्ष्य धन अर्जित करना नहीं था और हमने कुछ अर्जित किया भी नहीं। हम बहुत कठिनाई से अपनी लागत पूरी कर पाते थे। मेरी किताबों से होने वाली आय मेरे जीवनयापन के ख़र्च का 20 प्रतिशत भी नहीं थी, परंतु मैं निर्धन रहकर भी प्रसन्न था। साधु के पास धन नहीं होना चाहिए, है ना?

मेरे इस मत को 2015 में गहरी चोट पहुँची, जब मेरे पिता को दिल का दौरा पड़ा। मेरी दृष्टि में उन्होंने अत्यंत ईमानदारी और पारदर्शिता के साथ जीवन व्यतीत किया था। *क्या त्याग का अर्थ यह है कि मेरे परिवार के सदस्य पीड़ित थे, जो सदा मेरे साथ खड़े रहे? क्या भिक्षु बनने का यही अर्थ था कि मैं दूसरों की सहायता कर सकता था, किन्तु उन व्यक्ति की नहीं, जिन्होंने मुझे बड़ा किया, मेरा पालन-पोषण किया? उन्होंने मेरी शिक्षा (और अपने अन्य दो बच्चों की शिक्षा) के लिए अपने जीवन-भर की बचत ख़र्च कर दी तथा मेरे समस्त निर्णयों का बिना शर्त समर्थन किया, परंतु आज वही व्यक्ति अस्पताल में भर्ती थे। डॉक्टरों ने सर्जरी से पहले हमें तत्काल 4.2 लाख रुपये जमा कराने को कहा था।*

मेरे पिता पूर्णतः स्वस्थ रहते थे। वे पिछले कई दशकों से प्रतिदिन व्यायाम और सैर करते थे, कई प्रकार के अस्वास्थ्यकर खाद्य पदार्थों से दूर रहते थे, अपने स्वास्थ्य का पूरा ध्यान रखते थे। वे आजीवन शाकाहारी रहे और उन्होंने कभी धूम्रपान नहीं किया अथवा मदिरा का सेवन नहीं किया। वे संयमित और लगभग सदैव ही घर का बना भोजन खाते थे, इसलिए उन्हें दिल का दौरा पड़ना तनिक आश्चर्यजनक था।

मैं अस्पताल में खड़ा था। मेरे पास उतने पैसे नहीं थे। मैंने अस्पताल में ग्राहक सेवा केंद्र पर लोगों से बात की, लेकिन उन्होंने कहा कि उनकी स्थिति ऐसी है कि वे मेरी ज़्यादा मदद नहीं कर सकते, उनके हाथ बँधे हुए हैं, और उन्हें पहले पैसे की आवश्यकता थी। मैंने कैनेडा में अपने भाई को फ़ोन किया और उस आपात स्थिति की सूचना दी। उन्होंने तुरंत मुझे अपने क्रेडिट कार्ड का विवरण दिया। इसके बाद मेरे पिता को ऑपरेशन थियेटर में ले जाया गया। टोरंटो में सुबह के लगभग 2 बजे थे। (सर्जरी सफल रही और दुर्भाग्य से 2021 में हुई दुर्घटना से पहले तक वे पूरी तरह स्वस्थ और हृष्ट-पुष्ट थे। यदि आपकी इसमें रुचि है, तो आप इस घटना

के बारे में मेरी वेबसाइट, https://os.me/make-hay-while-the-sun-shines/ पर पढ़ सकते हैं)।

मैं यह नहीं चाहता कि आप मेरे निजी जीवन के सांसारिक पक्ष पढ़कर ऊब जाएँ, परंतु चीज़ों को सही परिप्रेक्ष्य में रखने के लिए यह आवश्यक है। यह मेरे साधना के मार्ग पर चलने से बहुत पहले की बात नहीं है। उस समय विभिन्न परियोजनाओं से मेरी औसत आय 1 मिलियन अमेरिकी डॉलर प्रति माह थी, फिर भारत में जिस कंपनी की मैंने सह-स्थापना की, उसका वार्षिक राजस्व 120 करोड़ रुपए था और अगले कुछ वर्षों में यह बढ़कर 1,300 करोड़ रुपये प्रति वर्ष हो गया। मैंने कंपनी में अपनी 51 प्रतिशत भागीदारी एक रुपये के बदले में छोड़ दी थी। जो इस बात को नहीं जानते, उन्हें बता दूँ कि संन्यास लेने से पूर्व मैं वार्षिक रूप से करोड़ों का दान देता था। बीस साल की उम्र से प्रकृति ने मुझे भरपूर आशीर्वाद दिया, मैंने समृद्ध जीवन व्यतीत किया और दिल खोलकर दान भी किया। दान से मुझे संतोष प्राप्त होता था।

यदि आप एक क्षण के लिए इस स्थिति को समझ सकें कि मैं भीड़ भरे अस्पताल में अपने संन्यासी वाले वस्त्रों में खड़ा, ग्राहक सेवा कर्मचारियों से विनती कर रहा था कि वे मेरे पिता की सर्जरी आरंभ करवा दें और मैं इस बीच धन का प्रबंध कर रहा हूँ। ऐसे संन्यास से क्या लाभ!

वैसे भी मैंने जो भी धन अर्जित किया था, वह संयोग या भाग्य से मुझे नहीं मिला था। ईश्वर की कृपा के साथ-साथ मैंने उसे कड़े परिश्रम तथा अपनी बुद्धि से अर्जित किया था। वे गुण अब भी मेरे पास थे। भौतिक संपदा मेरे लिए सदा धूल के समान थी, जिसे मैं जितना चाहूँ, संसार में कहीं से और कुछ भी करके अर्जित कर सकता था।

गुरु के निवास से निराश होकर जाने के उपरांत मैंने ब्रह्मांड और देवी माँ के समक्ष प्रतिज्ञा की थी कि मैं कभी किसी अन्य व्यक्ति का द्वार नहीं खटखटाऊँगा (यदि आप पढ़ना चाहें, तो यह घटना मेरे संस्मरण 'इफ़ ट्रुथ बी टोल्ड' में लिखी है)। उस घटना को चौदह वर्ष हो चुके हैं और मैं आज भी अपनी प्रतिज्ञा पर अडिग हूँ। यह अहंकार नहीं, अपितु अटूट भक्ति है। एक संन्यासी और एक सांसारिक व्यक्ति के बीच यही अंतर है। यह उचित है या अनुचित, किन्तु सांसारिक व्यक्ति इधर-उधर भागता है, किसी भी व्यक्ति को पूजने लगता है, जिससे उसे सहायता की आशा हो। इसमें कोई संदेह नहीं है कि सहायता का माध्यम सदा कोई व्यक्ति ही बनता है और मैं ऐसी असंख्य प्रकार की सहायता के लिए लोगों का आभारी हूँ, जिन्होंने मेरा साथ दिया है, परंतु मैंने बहुत समय पहले ही यह निश्चय कर लिया था कि मैं ब्रह्मांड के साथ सीधा संबंध बनाने जा रहा हूँ।

जा पर कृपा राम की होए, ता पर कृपा करे सब कोय, अर्थात जब ईश्वर आपके साथ होता है, तो हर व्यक्ति आपके पक्ष में हो जाता है। मैंने इसे अपने जीवन का मूल सिद्धांत बनाया कि मैं किसी भी रूप में सबकी सहायता करूँगा, करुणा के सिद्धांत का पालन करूँगा और केवल सत्य बोलूँगा। ईश्वर के प्रति समर्पण के साथ जीते हुए मुझे लगा कि अब समय आ गया है कि मैं देवी माँ का प्रतिरोध करना बंद कर दूँ और सबकुछ उनके हाथ में छोड़ दूँ। माँ की तरह, वह मुझे सँभालने का प्रयास कर रही थीं और मेरे पीछे समृद्धि से भरा चम्मच लेकर दौड़ रही थीं, परंतु मैं शरारती, उत्साही बालक की भाँति उन्हें चकमा दे रहा और हर्षित होकर इधर-उधर भाग रहा था। मैंने सोचा कि अब ऐसा कुछ नहीं करूँगा।

मैं अब अच्छा व्यवहार करने वाला सदाचारी बालक बनने जा रहा था, जिसे उसकी कुर्सी से बाँध दिया गया था, और मेरी माँ मुझे जो खिलाना चाहती थी, अब उससे मुझे कोई परेशानी नहीं थी। समय आ चुका था कि मैं अपनी आत्मा को ब्रह्मांड के समक्ष प्रकट करूँ, जिससे वह स्वयं तय करे कि मेरी सहायता के लिए कब और कौन माध्यम बनेगा। यह तरीक़ा पूर्ण रूप से प्रभावी सिद्ध हुआ।

क्षिप्रं भवति धर्मात्मा शश्वच-छन्तिम निगच्छति, कौन्तेय प्रतिजानिः न मे भक्तः प्रणश्यति, श्रीकृष्ण कहते हैं, सबसे बड़ा पापी भी पुण्यात्मा बन जाता है और स्थायी शांति का अनुभव करता है। हे कुंती-पुत्र, यह जान लो कि मेरा भक्त कभी नहीं भटकता।

मैं अस्पताल के एक कोने में गया और मैंने बोतल से थोड़ा जल अपनी दाहिनी हथेली में लिया और संकल्प किया, 'हे देवी माँ, मैं अब से आपके मार्ग में अड़चन नहीं डालूँगा। आप जैसे चाहें, वैसे मुझे रखें। मैं अब से धन के द्वार भी बंद नहीं करूँगा।'

जेके राउलिंग ने एक बार कहा था कि निर्धनता में कोई आकर्षण नहीं होता। मुझे पता है कि यह कहने से उनका क्या आशय था। आप भी समझ गए होंगे। यही बात संन्यास जीवन के लिए भी सत्य है। तपस्या, अनुचित संयम और अत्यधिक अनुशासन, आदि को कुछ समय के लिए आपके प्रशिक्षण और आध्यात्मिक परंपराओं में स्थान मिल सकता है, किन्तु ये आजीवन चलने वाले अभ्यास नहीं हैं। निस्संदेह, इसी तरह, व्यभिचार और मूर्खता भी हमारे लिए अच्छी नहीं होती। कोई व्यक्ति समय और प्रतिभा को नष्ट करके भौतिक या आध्यात्मिक रूप से प्रगति नहीं कर सकता।

युक्ताहार-विहारस्य युक्त-चेष्टास्य कर्मसु, युक्त- स्वप्नवबोधस्य योगो भवति दुःख-हा, अर्थात श्रीकृष्ण कहते हैं कि आत्म-साक्षात्कार, जो आपको संसार के दुखों से ऊपर उठने में सहायता करता है, संयमित जीवन में ही निहित है। वह चाहे

भोजन हो अथवा मनोरंजन, कार्य करना हो अथवा शयन, प्रत्येक चीज़ के पीछे सजगता आवश्यक है।

यदि मैं संसार की सेवा तथा अपने कार्यों को प्रभावी ढंग से करना चाहता हूँ, तो मुझे पहले स्वयं का ध्यान भी रखना होगा। उस तरह नहीं, जैसे संसार उचित समझता है, अपितु वैसे जैसे मैं इसे उचित समझता हूँ। वैसे भी मैं यहाँ अपने विषय में संसार का मत परिवर्तित करने नहीं, अपितु अपना सत्य साझा करने के लिए आया हूँ। उस दृष्टि से देवी माँ ही मेरा संसार हैं, और इसके अतिरिक्त मुझे कोई बात प्रभावित नहीं करती।

महाभोगा महैश्वर्या महावीर्या महाबला... देवी माँ, महानतम सुख, ऐश्वर्य, रचनात्मकता, शक्ति, ज्ञान और सिद्धि का प्रतीक हैं। देवी माँ, महात्रिपुरसुंदरी के इसी स्वरूप ने मुझे दर्शन दिए थे।

वे कामाक्षी हैं, उनकी दृष्टि से इच्छाएँ जागृत होती हैं, और वे ही कामदायनी है, जो समस्त इच्छाओं की पूर्ति करती हैं। मेरा लक्ष्य संसार की संपत्ति को पाना नहीं था और न ही मुझे निर्धनता में आनंद मिल रहा था।

भगवान विष्णु जो *श्रीदः श्रीशः श्रीनिवासः श्रीनिधिः श्रीविभावनः हैं* अर्थात जो समस्त ऐश्वर्यों को धारण करते हैं, जिनमें संसार की समस्त संपत्ति आश्रय पाती है और उन्हीं से उत्पन्न होती है, उन भगवान विष्णु ने मुझे दर्शन दिए थे। वही विष्णु जिन्होंने प्रह्लाद और ध्रुव जैसे भक्तों को राज्य प्रदान किया था। यदि वे चाहते कि मैं सुदामा की तरह जीवन-यापन करूँ, तो मुझे इसमें कोई आपत्ति नहीं थी, परंतु क्या वे यह चाहते थे?

और भैरवी माँ का क्या, जिन्होंने कहा था, 'साधु तो बन गए, पर राजा हो और राजा ही रहोगे।' (मैंने अपने संस्मरण *'इफ़ ट्रुथ बी टोल्ड' में इसके विषय में लिखा है)। क्या राजा का जीवन ऐसा होता है?* धन का अभाव देखना और अपने पिता को मूलभूत चिकित्सा से वंचित रखना? पहली बार, स्वामी विवेकानंद के ग़ैर-पारंपरिक मूल्यों ने मुझे बहुत गहराई से प्रभावित किया। उनके साथी भिक्षु शिष्यों ने उनसे प्रश्न किए, किन्तु उन्होंने भिक्षु बनने के बाद भी अपने परिवार की देखभाल करना जारी रखा। वे कहते थे, 'मैं ऐसे संन्यास का समर्थन नहीं करता, जिसमें यह कहा जाए कि तुम अपनी माँ को त्याग दो।'

मैं कहीं न कहीं, स्वयं से परेशान था, क्योंकि मुझे लग रहा था, जैसे मेरे भोलेपन का अंत ही नहीं है। इसकी कोई आवश्यकता नहीं थी। मेरे आसपास अनेक ऐसे लोग थे, जो मुझसे प्रेम करते थे और मेरे लिए कुछ भी करने को तैयार थे। अनेक भक्तों और शिष्यों को तो इस बात का पता ही नहीं था कि मैं किन

परिस्थितियों से गुज़र रहा हूँ, अन्यथा वे कभी मुझे अकेला नहीं छोड़ते। यह पूर्ण रूप से मेरी भूल थी।

कुल मिलाकर, सत्य यही था कि कारण जो भी हो, किन्तु मेरी जो स्थिति थी, वह थी, परंतु उस दिन मैंने स्थिति को बदलने का निर्णय लिया तथा ब्रह्मांड को अपने माध्यम से निर्बाध रूप से कार्य करने की अनुमति दे दी। मुझे अपनी साधना के दौरान उत्पन्न हुई ऊर्जा के बेहतर प्रबंधन के लिए मात्र एक बार और एकांत में जाने की आवश्यकता थी और मैं यह कार्य 2017 में ही कर पाया। 2016 में मेरे पास प्रकाशक के साथ-साथ अन्य प्रतिबद्धताएँ भी थीं। इस बीच, हमने आश्रम में बिजली तथा पेयजल की व्यवस्था भी कर ली।

मैंने 2016 में स्वयं को पीछे रखा, परंतु 2017 में 150 दिन की साधना एवं गहन एकांतवास व्यतीत करने के उपरांत मैं आगे बढ़ने के लिए तैयार था। आश्रम किसी जादुई ढंग से लगातार बढ़ता रहा। मैंने संसार के विभिन्न देशों में ध्यान शिविर आयोजित किए और यह कार्य 2019 तक चलता रहा, जिसके बाद मुझे अपने किसी भी कार्यक्रम का शुल्क लेने में सहज महसूस नहीं होता था। यदि मेरे वश में होता तो मैं सब पूर्णत: निःशुल्क कर देता। और मैंने वही किया। आज सभी पाठ्यक्रम निःशुल्क हैं। कोई भी व्यक्ति उन्हें प्राप्त कर सकता है और उसे कोई भुगतान करने की आवश्यकता नहीं है। आश्रम में मेरे सभी प्रवचन मेरी वेबसाइट (os.me) पर निःशुल्क प्रसारित किए जाते हैं। मेरे सभी आध्यात्मिक लेख भी निःशुल्क उपलब्ध हैं। मुझे काफ़ी नुक़सान भी होता है, मेरी किताबों की चोरी की गई प्रतियाँ (पायरेटेड) इंटरनेट पर उपलब्ध हैं।

आज केवल एक ही चीज़ है, जिस पर शुल्क देना पड़ता है। आश्रम में आने वाले लोगों के ठहरने का ख़र्च, परंतु वह भी मात्र अपने ख़र्चों की पूर्ति के लिए लिया जाता है और मुझे इससे कोई लाभ नहीं होता। आश्रम मेरे ख़र्चों का भुगतान नहीं करता। यदि मेरे हाथ में होता, तो मैं इसके लिए भी कोई शुल्क नहीं लेता। यदि संभव होता, तो मेरे पास आश्रम तक नहीं होता। क्यों? यह इसलिए क्योंकि ये सब ध्यान भटकाने वाली चीज़ें हैं। ये मुझे सामान्य चीज़ों पर समय व्यय करने के लिए विवश करते हैं और ये सब ऐसे कार्य हैं, जो कोई भी कर सकता है। मैं अपना समय वैदिक महिमा का प्रचार करने और लोगों की सहायता करने में लगाना पसंद करूँगा।

सब कुछ निःशुल्क हो जाने के उपरांत एक प्रश्न स्वाभाविक रूप से उठता है; मैं जीवनयापन कैसे करता हूँ? ऐसा नहीं है कि मेरी किताबों की लाखों प्रतियाँ बिकती हैं। मैं बहुत प्रसिद्ध अथवा या लोकप्रिय भी नहीं हूँ और न ही मैं कभी ऐसा बनना चाहता हूँ। मैं किसी मंच पर अपना विज्ञापन या प्रचार नहीं करता। (जो

लोग ऐसा करते हैं, उनसे मेरा कोई विरोध नहीं है। अनेक प्रसिद्ध गुरु एवं महान लोग संसार के लिए अद्भुत कार्य कर रहे हैं।) आज तक न मैंने अपनी व्यक्तिगत आवश्यकताओं के लिए दान स्वीकार किया है और न ही मैं अपने बनाए संगठनों, विशेष रूप से श्री बद्रिका आश्रम तथा वैदिक साधना फ़ाउंडेशन से किसी तरह की राशि प्राप्त करता हूँ। यदि कुछ लिया भी, तो मैंने अपने भक्तों के एक समूह से व्यक्तिगत रूप से 1.3 मिलियन डॉलर से अधिक का उधार लिया था और उस धन राशि को मैंने साधना ऐप बनाने में लगा दिया। (मुझे अब भी उनका 1.1 मिलियन डॉलर से अधिक लौटाना है।) परंतु हाँ, मैं मानता हूँ कि आश्रम और फ़ाउंडेशन, मेरे सहायक कर्मचारियों के वेतन का भुगतान अवश्य करते हैं।

इसे गरिमा कहें अथवा उत्तरदायित्व, परंतु मुझे लगता है कि भक्तों द्वारा दिया गया कोई भी दान, मात्र उसी उद्देश्य पर ख़र्च किया जाना चाहिए, जिसके लिए दान दिया गया है। मेरे अपने जीवन को अपने ढंग से जीने के लिए यह स्वाभाविक था कि मैं वही करूँ, जो मुझे अच्छी तरह करना आता है। साधना, है न? हाँ। परंतु मैं इसके लिए शुल्क नहीं ले सकता था। यह धर्म की मूल प्रकृति के विरुद्ध है। विशेष तौर पर ऐसी स्थिति में, जबकि अन्य धर्मों में आप सब कार्य निःशुल्क कर सकते हैं, तो फिर सनातन धर्म का पालन करने वाले व्यक्ति को किसी भी प्रकार का शास्त्र-निहित ज्ञान प्रदान करने के लिए उससे कोई भी शुल्क क्यों लिया जाना चाहिए।

मैंने अपना अधिकांश समय, अपने अन्य व्यावसायिक कौशल का उपयोग करने में लगाना आरंभ कर दिया। मैं उन महान लोगों के अद्भुत संगठन का निर्माण करने में सहयोग दे सकता था, जो रोज़गार पैदा करेंगे, कार्यस्थल को फिर से परिभाषित करेंगे तथा इस संसार को बेहतर जगह बनाएँगे। मुझे यह कार्य सार्थक प्रतीत हुआ। यह कहने करने की आवश्यकता नहीं है कि इससे मेरे ख़र्चों (और मेरी सहायक टीम की यात्रा एवं उनके रहने के ख़र्च) से कहीं अधिक भुगतान किया जाता था। हो सकता है कि यह मेरी पसंद का कार्य न हो, किन्तु यह संसार का भिन्न ढंग से मूल्य बढ़ाता है तथा इससे मुझे वित्तीय उद्देश्यों के साथ धर्म के घालमेल से बचने में सहायता मिलती है।

मैं पारंपरिक मार्ग भी चुन सकता था, जिसमें एक गुरु, एक बृहद् आध्यात्मिक संगठन का निर्माण करता तथा हेलिकॉप्टरों एवं निजी जेट में भ्रमण करता है। (यहाँ भी मैं उन लोगों का विरोध नहीं कर रहा, जो ऐसा करते हैं। मुझे विश्वास है कि वे बहुत परिश्रम करते हैं)। आप चाहें तो मुझे पुरातन विचारधारा वाला व्यक्ति कह सकते हैं, किन्तु जिस प्रकार आदर्श शासन एवं श्रेष्ठ समाज के लिए राज्य तथा धर्म का अलग रहना आवश्यक है, उसी प्रकार धार्मिक संगठन और उसके संस्थापक के

हितों को स्पष्ट रूप से सीमांकित किया जाना चाहिए। दोनों को परस्पर मिला देने से, कहीं न कहीं हितों का टकराव अवश्य होता है। मैंने पुरुषार्थ का मार्ग चुना है। साथ ही, मेरी वर्तमान जीवनशैली मुझे अज्ञात रहकर व्यक्तिगत रूप से दान देने की अनुमति देती है, जो सदा मेरे अस्तित्व का अभिन्न अंग रहा है।

मुझे नहीं पता कि भविष्य में यह कैसे संभव होगा, किन्तु वर्तमान में ऐसा ही चल रहा है। आपको पूर्ण सत्य बताने के लिए कह रहा हूँ कि मैं प्रथम श्रेणी से यात्रा करता हूँ, सामाजिक शोरगुल और वार्तालाप से दूर, अधिकांश समय भारत से बाहर रहकर व्यतीत करता हूँ और मेरे साथ दो स्वामी रहते हैं। यदि आप मुझे कहीं टहलते, जिम में व्यायाम करते, किसी अच्छे रेस्तराँ में भोजन करते अथवा महँगी गाड़ी चलाते हुए देख लें, तो चकित न हों। जी हाँ, मैं वही संन्यासी हूँ, जिसने अपनी पोर्श कार दान कर दी थी, किन्तु देवी माँ ने कहा, 'नहीं, मेरे पास तुम्हारे लिए अन्य योजनाएँ हैं।' और उन्होंने मुझे असीमित सुख-सुविधाएँ दीं, जिनमें शानदार गाड़ियाँ भी शामिल हैं।

मैंने सोचा कि आपको ये बातें पता होनी चाहिए, जिससे कि आप साधना के मेरे कठोर दिनों के आधार पर मेरी कोई छवि न बना लें। आप मेरी प्रशंसा करें अथवा मुझे उस रूप में देखें, जैसा आपके विचार से मैं हूँ, इसके स्थान पर मैं चाहूँगा कि आप मेरी उपेक्षा करें, मुझसे अप्रसन्न अथवा असहमत हो जाएँ, क्योंकि आपका विश्वास मेरे लिए मेरी मिथ्या छवि से अधिक महत्त्वपूर्ण है। मुझे दुख है यदि आपको यह सब जानकर निराशा हुई, परंतु मुझे इस बात का कोई दुख नहीं है कि आपको सत्य पता लग गया है। इसके अतिरिक्त, मैंने कभी यह दावा नहीं किया कि मेरा सत्य आपको पसंद आएगा।

मैं वह साधु नहीं हूँ, जो नारंगी दीवारों वाले कक्ष में नारंगी बिस्तर पर सोता और नारंगी जूते पहनता है। मैंने आरंभ में उस तरह का बनने का प्रयास किया था, किन्तु यह सब करना मेरे लिए संभव नहीं था। मैं परंपरागत साधु की छवि में फ़िट नहीं हो सकता, जो आपको अधिक पसंद आती है, परंतु मैं आपको यह अवश्य बता सकता हूँ कि मैं आपसे कभी मिथ्या नहीं कहूँगा। *मेरे दिल में बस रहे हैं तेरे बेपनाह जलवे, जिसमें न हो नूर तेरा, वो चिराग ही बुझा दूँ।* मेरे हृदय में आपके लिए इसी तरह की भावना है। मैं आपको कभी कोई गुप्त एजेंडा या गुप्त उद्देश्य वाली कोई बात नहीं कहूँगा। मैं आपको कभी भ्रमित नहीं करूँगा। मैं आपको मूर्ख बनाने अथवा आरामदायक जीवन का कोई सरल और छोटा मार्ग भी नहीं बता सकता। इसका सीधा-सा कारण यह है कि मुझे आपसे कुछ नहीं चाहिए। आप वही करते हैं, जो आपको पसंद है और मैं भी वही कर रहा हूँ।

नुसरत फ़तेह अली ख़ान का गीत है: '*नित खैर मंगा सोन्या मैं तेरी, दुआ ना कोई होर मंगदा...।*' मैं केवल आपके हित के लिए प्रार्थना करता हूँ। इसके अतिरिक्त, मेरा कोई उद्देश्य नहीं हैं।

अपना संपूर्ण जीवन आपके समक्ष रख देने के उपरांत मैं अब यह विश्वास से कह सकता हूँ कि पूर्ण सत्य, मेरा सत्य आपके पास है।

जाइए, अपना सत्य खोजिए। अंत में, यह सार्थक सिद्ध होगा।

लेखक के बारे में

ओम स्वामी ने आध्यात्मिकता और स्वास्थ्य पर अपनी बेस्टसेलिंग किताबों के माध्यम से संसार में लाखों लोगों के जीवन को प्रभावित किया है। सदा सामाजिक चकाचौंध और वार्तालाप से दूर रहने वाले इन एकांतप्रिय और रहस्यवादी संत ने एक दशक बाद अपने संस्मरण की अगली कड़ी लिखी है।

स्वामीजी 100% निःशुल्क और लोकप्रिय साधना ऐप के संस्थापक भी हैं। वे महीने में एक बार अपने ब्लॉग os.me पर लिखते हैं तथा आप उनके विषय में अधिक जानकारी omswami.com पर प्राप्त कर सकते हैं।

अनुवादक के बारे में

आशुतोष गर्ग: एमए (हिंदी), स्नातकोत्तर डिप्लोमा (पत्रकारिता, अनुवाद), एमबीए। लेखक एवं अनुवादक। अँग्रेज़ी-हिंदी दोनों पर समान अधिकार। विगत 20 वर्षों से पौराणिक-आध्यात्मिक विषयों पर नियमित लेखन। अनेक प्रतिष्ठित साहित्यिक मंचों पर बतौर वक्ता आमंत्रित।

प्रकाशित कृतियाँ: अनुवाद (35); पौराणिक उपन्यास (05) *अश्वत्थामा, इंद्र, कल्कि, कुबेर, 4 सिंगल मदर्स*; शब्द-प्रयोग कोश (02), सूक्ति संग्रह (01), पहेली-किताब (01)। इनकी अधिकतर मौलिक और अनूदित पुस्तकें बेस्टसेलर हैं। मौलिक उपन्यासों का क्षेत्रीय भाषाओं में भी अनुवाद हो रहा है।

सम्मान:

(1) 2022 में 'द *लास्ट गर्ल*' किताब के लिए 'अमर उजाला शब्द सम्मान'

(2) 2016 में तत्कालीन राष्ट्रपति डॉ. प्रणब मुखर्जी द्वारा 'राष्ट्रपति पुरस्कार'

संप्रति: रेल मंत्रालय में वरिष्ठ पदाधिकारी।

संपर्क : ashutoshgarg343@gmail.com